EDUCAÇÃO INFANTIL E FORMAÇÃO DOCENTE NA PANDEMIA:
CONEXÕES E INFLEXÕES

LUCIANA OSTETTO
LEDA MARINA
(ORGS.)

EDUCAÇÃO INFANTIL E FORMAÇÃO DOCENTE NA PANDEMIA:
CONEXÕES E INFLEXÕES

PAPIRUS EDITORA

Capa	Fernando Cornacchia
Coordenação	Ana Carolina Freitas
Copidesque	Mônica Saddy Martins
Diagramação	DPG Editora
Revisão	Simone Ligabo

Dados Internacionais de Catalogação na Publicação (CIP)
(Câmara Brasileira do Livro, SP, Brasil)

Educação infantil e formação docente na pandemia: Conexões e inflexões / Luciana Esmeralda Ostetto, Leda Marina (orgs.). – Campinas, SP: Papirus, 2022.

Vários autores.
Bibliografia.
ISBN 978-65-5650-133-8

1. Coronavírus (COVID-19) – Pandemia 2. Educação infantil 3. Pedagogia 4. Prática de ensino 5. Professores – Formação I. Ostetto, Luciana Esmeralda. II. Marina, Leda.

22-128838 CDD-370.71

Índices para catálogo sistemático:

1. Educação infantil: Professores: Formação: Educação 370.71

Cibele Maria Dias – Bibliotecária – CRB-8/9427

1ª Edição – 2022
1ª Reimpressão – 2023
Livro impresso sob demanda – 120 exemplares

Exceto no caso de citações, a grafia deste livro está atualizada segundo o Acordo Ortográfico da Língua Portuguesa adotado no Brasil a partir de 2009.

R. Barata Ribeiro, 79, sala 316 – CEP 13023-030 – Vila Itapura
Fone: (19) 3790-1300 – Campinas – São Paulo – Brasil
E-mail: editora@papirus.com.br – www.papirus.com.br

SUMÁRIO

PREFÁCIO
FORMAÇÃO DOCENTE EM TEMPOS SOMBRIOS: NO COLETIVO, CONSTRUINDO TEMPOS DE ESPERANÇAR

Trilhar processos formativos no contexto pandêmico foi – e ainda tem sido – uma experiência um tanto singular e desafiadora. A luta pela preservação da vida atravessou nosso cotidiano de tal modo que se entranhou em nossas ações, nossas percepções, nossos sentimentos, causando o medo, o recolher-se, o estar isolado.

O isolamento nos assombrou, pois não era somente uma distância física. Sentíamos o assombro da ausência, da falta: de contato, de falar, de ouvir, de ver o outro. Na tentativa desenfreada de preservar nossa saúde, mesmo estando longe, fisicamente, nosso corpo queria estar perto do outro, de algum modo.

Na universidade, fomos vivendo dicotomias e enfrentamentos, pois sabíamos que não podíamos nos encontrar, mas tínhamos plena certeza de que precisávamos de encontros. Como fazer? Como proceder? Como caminhar rumo ao processo de aproximação sem podermos de fato nos aproximar? Como coordenadora do curso de pedagogia nesse tempo, muitas incertezas diante do desconhecido assombravam meus fazeres para o momento e para o porvir. No entanto, diante da crise, uma certeza se fez presente: a coletividade, a dialogicidade, a escuta, a colaboração eram o farol que nos guiaria nessa travessia.

Na Faculdade de Educação (FEUFF) e no curso de Pedagogia da Universidade Federal Fluminense (UFF), estratégias foram dialogicamente construídas, ações coletivas foram sendo implementadas, como a realização do "Festival em casa com a FEUFF", um evento 100% virtual que potencializou a proximidade diante da necessidade de afastamento nos primeiros tempos da pandemia, quando o semestre letivo foi suspenso. Professores e professoras da FEUFF propuseram, em caráter de ações extensionistas, atividades formativas que reuniram graduandos das licenciaturas e docentes da educação básica e do ensino superior numa grande festa de trocas e construção de conhecimentos. Essa experiência trouxe, em primeira instância, um preâmbulo do que poderíamos fazer caso precisássemos retornar às aulas sem poder contar com o presencial. As experiências vividas naquele festival encheram os corações de esperança e pudemos vislumbrar uma possibilidade do encontro com os estudantes para a continuidade do seu processo formativo regular no curso.

Conforme o tempo foi correndo – e o relógio marcando, *impecavelmente*, o passar das horas, dos minutos e dos segundos –, as ações e as decisões governamentais e internas da universidade também foram ganhando contornos que nos diziam da necessidade de retomar o semestre suspenso. Se era preciso prosseguir, mesmo diante da adversidade, questionamo-nos como fazer, como caminhar, como direcionar nossas iniciativas de modo que não agíssemos sem articulações importantes por dentro da FEUFF. Então, criamos grupos de trabalho para pensar no retorno de atividades de ensino de modo remoto, em caráter excepcional.

As discussões coletivas, reunindo professores, servidores técnico-administrativos e estudantes, levaram-nos a entendimentos e trocas importantes, visto que foram servindo de referência para pensarmos nossas ações docentes. Discussões no âmbito do Núcleo Docente Estruturante (NDE) do curso de Pedagogia, no colegiado de curso, assim como nos grupos de trabalho, dos quais a professora Luciana Ostetto, uma das autoras e organizadoras deste livro, participou ativamente, conduziram-nos a muitas perguntas, à busca de respostas e à consciência de que muito descobriríamos no decorrer da caminhada.

Com uma primeira aproximação dos estudantes, por meio de formulários *on-line*, envio de mensagens, contatos telefônicos, foi-se compreendendo que a luta pela preservação da vida não se dava somente no âmbito da necessidade de isolamento físico e na realização de práticas de segurança sanitária. Havia, também, a necessidade de se aproximar afetivamente, na perspectiva walloniana, em que a afetividade é o alcance do outro, ao mesmo tempo que de nós mesmos. O alcance que nos propulsiona ao desenvolvimento integral – emocional, cognitivo, sociocultural. Isso se somou à perspectiva freiriana, da nossa vocação ontológica de ser mais, e pudemos levantar nossos olhos para horizontes que reafirmavam a necessidade de estarmos juntos, de nos lançarmos além, de vislumbrarmos, na continuidade do processo formativo dos estudantes na universidade, o esperançar. Esperançar nas trajetórias de formação pessoal e profissional, na interação com os pares, no envolvimento que se figurava como possibilidade de emergir do ostracismo imposto pelas circunstâncias que nos cercavam diante da pandemia: o isolamento, o *lockdown*, o desemprego...

Porém, em meio a tantas discussões, ficava-nos o questionamento: como estabelecer um processo profícuo de formação, em especial nos campos de estágio? Como pensar o componente formativo num ambiente *on-line*, se nossa condição essencial de formação era o contato e a imersão no campo como espaço de pesquisa-formação, um processo reflexivo, crítico e de trocas entre os sujeitos ali presentes? Como promover condições efetivas de formação docente diante do imponderável?

Nesse caminho, fomos construindo decisões que buscavam delinear ações pautadas em nossa preocupação com um processo formativo que não fosse aligeirado em sua essência e em sua característica própria, o compromisso com uma formação crítica, integral. Em discussões específicas sobre esse componente, decidimos que manteríamos a oferta dos estágios, os quais, na UFF, são entendidos e denominados como Pesquisa e Prática Educativa. Debates específicos e comprometidos com uma educação de qualidade foram realizados da perspectiva da educação transformadora e crítica – como argumenta Paulo Freire (1968) e endossa, com mais desdobramentos, Saviani (2012). A crise, instaurada na sociedade por conta da pandemia, mobilizou-nos a pensar uma formação para além dos "quintais do conhecimento", como explora Miguel Arroyo (2013). A importância da relação teoria-prática, da interdisciplinaridade, da práxis emancipatória no processo formativo e a indispensável relação de coformação com a educação básica também jamais deixaram de ser o foco.

Desse modo, após muitos debates internos e externos, foi proposto pelo NDE e aprovado pelo colegiado de curso o documento de reorganização didático-pedagógica do curso de Pedagogia da UFF,[1] para o semestre letivo que seria desenvolvido *on-line*, em caráter excepcional e temporário. Esse documento apontou diretrizes para a realização de Pesquisa e Prática Educativa. Diante desse panorama, os fazeres e os saberes começaram a circular e se realizar mediante a prática do discente, em diálogo com os processos de excepcionalidade nestes tempos sombrios.

Quais seriam as qualificações imagéticas para estes tempos? Tempos sombrios? Tempos desérticos? Ventos de morte e desesperança? Podemos dizer que sim. Mas, em contraponto a esse panorama tão cinzento, há que se vislumbrar também os sinais da vida que insiste em pulsar. A vida que nos impulsiona a criar, a colorir os dias e as noites, a ressignificar e matizar com tons diversos até mesmo o imponderável. Imagens da semente que germina em solo árido. Da flor que brota entre as pedras. Da nascente de água que surge em meio rochas.

Muito conectada e imersa na visualização dessas últimas imagens é que vejo a beleza da construção deste livro, desta obra que ora temos o

1. Disponível na internet: feuff.sites.uff.br/wp-content/uploads/sites/158/2021/11/Documento-de-REORGANIZAC%CC%A7A%CC%83O-DIDA%CC%81TICO-PEDAGO%CC%81GICA-semestre-letivo-excepcional-2020_1_Curso-Pedagogia_FEUFF.pdf.

privilégio de acessar e conhecer. São relatos de uma docente do ensino superior que se vê diante do dilema de colocar em suspenso preceitos caros a sua trajetória de formadora de professoras e professores para a educação básica *in loco*, em contato com a terra, com os cheiros, os sabores e os saberes da escola. A perspectiva do estar com, do estar lá foi ressignificada diante de um desafio assumido e colocado a si mesma, consciente das (de)limitações que se impunham. Os preceitos, já não mais em suspenso, porém "ressituados", encontram nas janelas virtuais possibilidades de vislumbrar o mundo, de estar lá, de se conectar às pessoas e construir saberes que claramente nos apresentam de modo vívido a consciência de que somos seres sociais e históricos que vivenciam ao mesmo tempo em que fazem a história.

São relatos de futuras professoras em processo de formação inicial que trazem a riqueza das vivências, o compartilhar das incertezas, dos medos e também dos desafios, e que fazem despontar em nós o olhar para a boniteza do processo de aprender reflexivamente, num movimento interno de conhecimento e autoconhecimento, assim como também de aprender com o outro, em mediação.

Nesse trilhar da formação docente no contexto pandêmico, temos um encontro com o trabalho de imersão e observação mediante o contato com imagens, fotografias, o aprender mediante a criação, imaginação, o "desabituar o olhar" para poder verdadeiramente enxergar. Trilhamos por tessituras de narrativas de fazeres e encantamentos via mediações com pares que estão no campo formativo da escola. Nesses encontros, o processo e o significado de se tornar docente foi sendo fortalecido e configurado por meio do compartilhar de experiências que valorizam o cotidiano e a centralidade das crianças nos processos de ensino-aprendizagem. O ato de educar e a instituição escolar ganharam dimensões mais amplas, que extrapolam os sujeitos e as instituições, compondo-se num amálgama complexo e vívido. Nesses sentidos, o processo de se compreender na docência e, mais que isso, compreender-se na docência em tempos tão excepcionais, como o tempo presente, refletiu a grande inventividade e necessidade de reinvenção, na busca pela manutenção dos vínculos.

Olhando para a atuação na profissão, o mundo se torna um campo aberto de possibilidades e vislumbres. O processo reflexivo do caminhar em busca de novos sentidos, a busca de saídas diante do inusitado, do não saber o que fazer prova que não há receitas que nos guiem a métodos fixos que garantam o sucesso na ação educativa. No processo de incompletude do ser humano, vemo-nos como possibilidades de complementação e do constante aprender. Nesse sentido, o livro vai projetando a experiência docente como um constante experienciar de aventuras – o aventurar-se a experienciar. Esse processo não se dá sem a angústia, o medo, também a alegria e as expectativas do caminho até se chegar à descoberta.

Em tempos áridos, é mais do que necessário o processo de fazer florir a imaginação e a criação, buscando na coletividade o esperançar. Nas trajetórias relatadas, mediante a escuta e as vivências, foram vislumbradas muitas possibilidades de reflexão, de conhecimento da realidade escolar via o foco importante da formação: o da equipe pedagógica que vivencia o cotidiano e também lida com os desafios do contexto atual. Nesse campo, vivenciar o estágio mediante uma estratégia de buscar a reinvenção necessária para o tempo presente possibilitou o acesso a ricas experiências, vistas e vividas por outros ângulos, de outras formas, via janelas virtuais que não substituem e nem substituirão o estar no chão da escola, mas que, diante do panorama, potencializaram formas de aprender o ofício do mestre. Nesse sentido, houve o desenvolvimento de potencialidades de modo atuante e prospectivo com o tempo presente, dialogando com as viabilidades de rotas que se faziam, apesar e para além de. Como que no fio da navalha, foi-se propondo o real possível, com a clara consciência de que se estava distante do "real ideal" (se é que ele existe...).

Emoções foram se configurando no espaço virtual de vivências, pois a certeza da condição *sine qua non* do presencial para o processo formativo se fez premente todo o tempo; no entanto, a proposição de saídas diante dessa inviabilidade apontou para uma construção em diálogo com os outros, com os desafios postos e com os interlocutores atentos. Nesse sentido, um lindo movimento se fez: a escola foi à universidade, mediante as janelas virtuais, para compartilhar saberes e fazeres formativos.

A escola que protagoniza a interlocução nesse trabalho – a Unidade Municipal de Educação Infantil (Umei) Rosalda Paim –, por sua vez, potente na organização do seu espaço físico e do seu currículo centrado na criança, precisou se repensar na pandemia. Com as portas fechadas, buscou mediante janelas virtuais se conectar ao seu coletivo, que se manteve unido em encontros que enriqueceram experiências e olhares, enrobustecendo a esperança e a confiança para enfrentar a tempestade. As crianças, por sua vez, foram também acessadas, mediadas por tecnologias, integradas à poesia, à literatura, às deliciosas receitas culinárias especiais, potencializando vivências, potencializando a infância.

Diante do convite da universidade, no contexto do componente de estágio curricular – Pesquisa e Prática Educativa II – mediado pela professora Luciana Ostetto, o papel das docentes e das cozinheiras como coformadoras das estudantes se fez num dinâmico processo de dodiscência (Freire 1996): as narrativas sobre o que ocorria antes e durante a pandemia permitiam a escuta e a reflexão, assim como a ressignificação do próprio fazer e a experienciação de devires – devires que se veem num espectro de inacabamento que permite novas conexões, abertura para desafios diferenciados, busca afetiva pelo eu e pelos Outros que se constituem na partilha.

Uma dentre as muitas belas narrativas deste livro vem seguida pela afirmação de que "o lugar que as crianças constroem é diferente do lugar dado a elas". Seria ousado nos pensarmos nesse mesmo enquadre? Mais uma vez, aprendemos com as crianças. O lugar que nos foi dado diante de todo o contexto pandêmico foi diverso daquele que realmente construímos. Foi ressignificado. Transbordou para processos de construção de autoria, autonomia, acolhimento, observação de si e do mundo, valorização de saberes e fazeres. Transbordou para o convite à roda. Convite à cantiga. Convite a esperançar.

Nesse movimento em que temos a consciência de que somos seres incompletos e inacabados, abrimo-nos à nossa maior riqueza: o ser com os outros, em comunhão, como já nos dizia Manoel de Barros (1998), falando de si e falando de nós:

> *A maior riqueza do homem é sua incompletude.*
> *Nesse ponto sou abastado.*
> *Palavras que me aceitam como sou — eu não aceito.*
> *Não aguento ser apenas um sujeito que abre*
> *portas, que puxa válvulas, que olha o relógio, que*
> *compra pão às 6 da tarde, que vai lá fora,*
> *que aponta lápis, que vê a uva etc. etc.*
> *Perdoai.*
> *Mas eu preciso ser Outros.*
> *Eu penso renovar o homem usando borboletas.*

Professora Doutora Walcéa Barreto Alves
Coordenadora do Curso de Pedagogia – UFF
Novembro de 2021

Referências bibliográficas

ARROYO, M.G. (2013). *Ofício de mestre: Imagens e autoimagens*. 15ª ed. Petrópolis: Vozes.

BARROS, M. de (1998). *Retrato do artista quando coisa*. Rio de Janeiro: Record.

FREIRE, P. (1968). *Pedagogia do oprimido*. Rio de Janeiro: Paz e Terra.

________ (1996). *Pedagogia da autonomia: Saberes necessários à prática educativa*. São Paulo: Paz e Terra.

SAVIANI, D. (2012). *Escola e democracia*. 42ª ed. Campinas: Autores Associados.

APRESENTAÇÃO
NA DUREZA DO TEMPO PANDÊMICO, UM LIVRO SOBRE DESVIOS POSSÍVEIS

Um presente sempre é composto por linhas processuais cruzadas, não só temporalidades singulares, mas também direções discordantes e, portanto, desvios possíveis.
Peter Pál Pebart

Este livro nasce de um desvio possível, traçado na singularidade de um tempo marcado pela incerteza e pelo medo, de um presente que, em sua excepcionalidade, interpelava-nos, em desafio: como dar seguimento aos projetos pedagógicos, à formação de professores, à educação infantil, enfim, como dar seguimento à vida, diante da trágica crise sanitária imposta pela pandemia do novo coronavírus? Que direção tomar, quando tudo parecia ter parado? Quando, em isolamento físico, estava difícil ver o horizonte, entre agonia e aflição, aí se fez o desvio, no cruzamento de direções, entre o pessoal e o profissional, entre o dentro e o fora, entre o individual e o coletivo, entre o real e o virtual, entre a universidade e a educação básica.

O ato desta escrita-apresentação nos leva a revolver a memória em busca de cenas que compuseram o passado recente, reportando-nos aos primeiros meses de 2020. No remexer de fios, pela rememoração, recuperamos o sentimento de assombro com tudo o que um vírus provocava em escala planetária, seguido de incredulidade – estava mesmo acontecendo? – e consequente apatia. Gestos e ações foram radicalmente alterados – não podíamos sair às ruas, as escolas, de todos os níveis, suspenderam as atividades, professores e alunos não podiam se encontrar em seus espaços comuns, suas salas de aulas não podiam ser ocupadas com seus corpos em movimentos interativos. Para continuar, para preservar a vida, de cada um e de todos, foi preciso nos recolhermos aos limites das paredes de nossas casas.

Entre o imperativo da paralisação e a necessidade vital de movimento, entre a aparente inatividade e a atividade desejada (pelos educadores, pelos estudantes, pelas crianças, pelas famílias), entre o avanço da doença, que fazia muitas vítimas, o testemunho de mortes que poderiam ser evitadas, caso a política fosse outra, vivíamos a tensão entre nada vale, tudo se equivale, vale tudo e qualquer coisa, como referiu Peter Pál Pebart (2021), em seu artigo "Espectros da catástrofe". Como também ponderou o autor, estávamos vivendo uma "atmosfera ainda inabarcável", mas a excepcionalidade fundada pela interrupção forçada se mostrou como oportunidade de desvio e redefinição de direção, em vários campos da existência. De tal maneira, na educação, campo no qual nos situamos, da perplexidade e da pausa provocadas pela quebra de uma suposta normalidade pré-pandêmica, alguns movimentos foram esboçados. No caso da Universidade Federal Fluminense (UFF), as atividades presenciais foram protocolarmente suspensas em março de 2020 e, no campo das licenciaturas, foi necessário pensar em uma reorganização didático-pedagógica para o estágio curricular. Foi aprovada, pelas instâncias da administração universitária, a proposta de "estágio remoto excepcional".[1] Mas como fazê-lo? O documento orientador era único; no entanto, a direção a ser tomada para sua efetivação, não. Tudo era novo. Tínhamos as linhas básicas definidas administrativamente, mas, na prática, linhas discordantes se cruzavam, desafiavam viabilidades.

---

1. Disponível na internet: http://divisaopraticadiscente.uff.br/wp-content/uploads/sites/229/2020/09/DOCUMENTO-ESTAGIO-REMOTO-COLEGIADO-AGOSTO-2020.pdf.

Lentamente, na escuta e no olhar desacelerados, coletivamente, confiando, pudemos vislumbrar um desvio: cultivar encontros, forjar espaços-tempos pelas janelas virtuais, suscitar o diálogo teoria-pesquisa-prática por meio da narrativa de experiências de profissionais de uma unidade de educação infantil. Se os estudantes-estagiários não podiam se deslocar até as instituições para viver a complexidade de seu cotidiano, os profissionais – diretoras, professoras, cozinheiras, coordenadora pedagógica – poderiam se deslocar até eles. E assim foi. Na virtualidade, apresentada como única saída viável para o desenvolvimento das atividades acadêmicas naquele período crítico, o encontro entre profissionais da Umei Rosalda Paim e os estudantes de pedagogia, no âmbito do componente curricular Pesquisa e Prática Educativa II (PPE II) – que corresponde ao estágio curricular em educação infantil –, fez-se de maneira desafiadora, mas intensa e significativa. E este livro traz narrativas que contam um tanto da experiência vivenciada nesses encontros, durante o primeiro e o segundo semestres letivos de 2020 (efetivados entre setembro de 2020 e maio de 2021).

A Umei Rosalda Paim é uma unidade que atende crianças pequenas, entre 2 e 5 anos, foi fundada em 2013, decorrente da municipalização de uma creche comunitária, então assumida pela rede pública de Niterói, no Rio de Janeiro. Está situada no centro da cidade. No seu projeto político-pedagógico, a formação docente tem destaque e, nessa conjunção, a parceria com a Faculdade de Educação da UFF tem sido um fecundo espaço de diálogo, por meio de projetos de pesquisa e extensão (dos quais participam seus professores, seja em cursos oferecidos na universidade, seja em atividades realizadas durante os horários de estudo na Umei) e também de ensino, por meio da acolhida de estudantes de pedagogia para realizarem o estágio curricular. Dessa forma, uma relação de mão dupla, que fertiliza aprendizagens mútuas, vem se construindo nos últimos anos. A Umei tem assumido o importante papel de coformadora de novos profissionais da educação infantil, recebendo e supervisionando estagiários do curso de Pedagogia da Faculdade de Educação da UFF. No contexto pandêmico, os laços foram reafirmados e fortalecidos pelo atravessamento conjunto do desafio e, assim, os artigos aqui compartilhados são, ao mesmo tempo, testemunho de um tempo que nos exigiu disposição para aprender a continuar e reflexão crítica sobre os limites e as possibilidades de se fazer formação docente em educação infantil em contextos excepcionais, como o que vivemos sob a catástrofe pandêmica.

Organizada em duas partes, esta coletânea oferece um panorama de um ano letivo desenvolvido por meio de atividades a distância, síncronas e assíncronas, que só pôde ser efetivado com muita cooperação e confiança mútua, no desafiador contexto pandêmico, que impôs a criação de estratégias emergenciais para a formação docente, tais como o "estágio remoto excepcional".

A primeira parte, "Estágio na pandemia: Formação docente em desvio", reúne artigos da professora e de suas estudantes de pedagogia que, após cursarem o componente curricular, refletem sobre o vivido, dão seu testemunho e analisam impactos sobre suas vidas. A importância do contato entre universidade e educação básica – trocando, cooperando, buscando juntas alternativas para atravessar a crise e garantir uma formação docente de qualidade – é sobretudo destacada nos escritos testemunhais, críticos e reflexivos produzidos.

No Capítulo 1, "No umbigo do deserto acadêmico-pandêmico, sob o céu seco da tela, resplandecer o encontro possível", a professora Luciana Ostetto rememora a singularidade do contexto pandêmico vivido, as dores, a escuridão e o isolamento implicados, e conta a trajetória do componente curricular PPE II, que, de modo excepcional, foi realizada durante o período pandêmico, de forma virtual, com base em diferentes estratégias. O artigo revela, também, os caminhos percorridos em parceria, amizade e cooperação, reunindo estudantes do curso de pedagogia e a Umei Rosalda Paim.

A estudante Juliana Coutinho Morgado, no Capítulo 2, "Como se fazer professora-pesquisadora longe das crianças? O estágio docente em tempos de pandemia", revela sua dificuldade inicial em imaginar uma disciplina de estágio que, em regra, permite o encontro entre os futuros docentes e as crianças, ser realizada de forma virtual. Mas, aos poucos, a autora vai descrevendo as estratégias encontradas para que a disciplina ganhasse vida e sentido e como os encontros com as profissionais da Umei, mesmo de forma virtual, a escuta e o diálogo com suas narrativas, articulados com os autores estudados no semestre, ajudaram-na a vislumbrar novas aprendizagens.

"'Entre a semente e a flor existe o tempo': Relatos de uma jornada de estágio em tempos adversos" é o título do Capítulo 3, escrito pela estudante Beatriz Batistela Silva Rodrigues, que traz, em sua narrativa, a redescoberta da Umei Rosalda Paim, uma vez que a autora já conhecia o prédio da escola, pois, em seu caminhar pela cidade, ele se mostrara como uma referência aos seus olhos. A redescoberta se dá pelas janelas virtuais, pelo acolhimento da aluna-estagiária e pela relação de afeto que é percebida nos relatos dos profissionais que colaboram no processo formativo pelos diálogos abertos virtualmente. A autora fala da instituição, de sua proposta pedagógica, dos retratos da prática docente apresentados pelos professores. Debruça-se com maior cuidado na questão da alimentação e, por fim, abre-se ao aprendizado em tempos de pandemia.

O Capítulo 4 dá destaque ao binômio cuidar-educar, conceitos imprescindíveis para as instituições de educação infantil, especialmente aquelas que atendem em horário integral. Com o título "Cuidar e educar: Diálogo com profissionais da educação infantil na pandemia", sua autora, a estudante Marcele Corrêa Figueiredo, discute os conceitos de cuidar e educar, tendo como pano de fundo o retrato de um projeto político-pedagógico que vem sendo construído pela Umei Rosalda Paim, bem como ressalta as contribuições do estágio para sua formação. Revela, também, as aprendizagens que foram sendo tecidas ao longo dos encontros virtuais, como a compreensão da centralidade da criança no projeto pedagógico, que devem mover a gestão da escola, perpassando o fazer docente, estendendo-se até as questões referentes à alimentação.

O Capítulo 5, "Formação docente em tempos de pandemia: Narrativas do vivido", é escrito por muitas mãos. As estudantes Beatriz L. Ornelas Silva, Carolina Maria Rodriguez Salles, Erica Farias Nascimento,

Gleyce Lima Silveira e Letícia Miranda Ciuffatelli, baseadas no trabalho produzido coletivamente para a finalização da disciplina PPE II, resgatam o percurso do processo formativo vivido durante a pandemia de Covid-19. Destacando o encontro com a Umei Rosalda Paim como possibilidade de reflexão e aprendizado, tematizam um conceito central para a prática pedagógica na educação infantil: a brincadeira. A reflexão tecida por elas encontra nas narrativas dos profissionais que estiveram em diálogo outras possibilidades de compreender a brincadeira, outras formas de garantir o brincar como lugar de criação e potência.

Um relato sobre como a impossibilidade de retomar as atividades acadêmicas presenciais ao longo do ano de 2020 afetou a autora e como isso impactou seu olhar sobre a educação e o próprio processo formativo é a matéria do Capítulo 6, "Em tempos de exceção: Potencializando esperanças na formação docente e na prática pedagógica da educação infantil – Narrativa de percurso". Nele, a estudante Marta Passos Burla reflete como, ao longo da disciplina PPE II, foi ressignificando esse tempo pandêmico e suas consequências, tecendo significativas reflexões baseadas no encontro com diferentes autores e temáticas.

O Capítulo 7, "Quando tudo parou e foi preciso reinventar caminhos: Experiências formativas de uma estudante de pedagogia no contexto da pandemia", escrito por Amanda Fernandes Rodrigues Magon dos Santos, discute, em sua primeira parte, os fundamentos teórico-práticos desenvolvidos na disciplina de PPE II de fevereiro a maio de 2020. O capítulo prossegue, dialogando com as narrativas e as experiências apresentadas pelos profissionais da Umei Rosalda Paim, reafirmando como foi importante a disposição para reinventar caminhos e tecer aprendizados, apesar das dores e das dificuldades.

No Capítulo 8, o último da primeira parte deste livro, "A vida (e a formação docente) escancarada e perfurada pela tela", a estudante Letícia Riva se dedica a refletir sobre o encontro com os profissionais em diálogo que, para ela, deram vida a um estágio desenvolvido nos limites da virtualidade. Com um olhar sensível, a autora levanta questões acerca da desigualdade social que atinge com mais força as escolas públicas brasileiras durante a pandemia. É esse mesmo olhar afetuoso que encontra aconchego nas narrativas da Umei Rosalda Paim. Assim, o estágio ganha sentido e marca o lugar da esperança.

A segunda parte do livro, "Profissionais da educação infantil: Contribuições à formação docente na pandemia", traz escritos de profissionais da Umei Rosalda Paim que atuam em diferentes setores – gestão, coordenação pedagógica, cozinha, docência – e que, dispostos a superar as barreiras do mundo virtual, colocam-se em situação de diálogo e cooperação e recebem os estagiários não na escola, mas nas janelinhas virtuais de suas casas. Receber estudantes do curso de pedagogia em um momento tão singular se torna uma possibilidade de ressignificar fazeres e saberes.

Ao longo dos últimos anos, a Umei Rosalda Paim tem se colocado em constante diálogo com a universidade e um dos temas de investimento tem sido a questão do registro e da documentação pedagógica. De certa forma, as narrativas que se apresentam na segunda parte do livro revelam a potência do registro como possibilidade de reflexão e diálogo com a prática pedagógica, uma vez que, ao revisitar seus apontamentos, os profissionais foram tecendo novos significados para o seu fazer. Nesse sentido, o encontro com estudantes num contexto tão adverso se tornou uma rica oportunidade de aprendizado.

No Capítulo 9, "Fragmentos de uma jornada atravessada pela pandemia: Revisitar ações, avaliar realizações, redimensionar projetos", as autoras Leda Marina e Celia Claudia Wolf apresentam um pouco da trajetória da Umei Rosalda Paim do ponto de vista da gestão, destacando inicialmente as crianças como aquelas que geram as pistas para o trabalho pedagógico e administrativo. As autoras também trazem para o diálogo temáticas que se revelam centrais no desenvolvimento da ação gestora, seja antes da pandemia, seja no momento em que nos encontramos. Dessa forma, destacam o espaço como um elemento do currículo, os eixos do trabalho pedagógico, o papel da alimentação, o atravessamento da pandemia e as possibilidades de ressignificar o percurso se valendo do diálogo estabelecido com a universidade.

O Capítulo 10, escrito pela pedagoga Krýsthinna Franco Sepúlvida de Abreu, tecendo fio a fio a rememoração da sua própria trajetória escolar, ressignifica a sua prática. Assim, "Registros de uma pedagoga da educação infantil: Narrativas da prática em tempos de pandemia" é um texto que destaca o fazer do pedagogo na rede municipal de Niterói e como tal função ganha sentido na Umei Rosalda Paim, em especial em tempos de pandemia.

Ao aceitar um convite inesperado, dialogar com futuros professores através de um encontro virtual, Silvana Penha Moura Inácio e Elenice Carvalho Ambrósio, cozinheiras da Umei Rosalda Paim, dão voz a suas experiências no Capítulo 11, "A cozinha, entre cheiros e sabores: Nutrição, cuidado e educação". As autoras rememoram a infância e contam como foram compreendendo o seu fazer como parte de um projeto político-pedagógico. A narrativa revela as concepções acerca da educação infantil que invadem a cozinha da Umei Rosalda Paim. As imagens dão vida ao narrado. E é com o coração aos pulos que revelam a descoberta da potência de serem cozinheiras em uma escola que atende crianças pequenas.

O Capítulo 12, "Na aventura de narrar a experiência: Uma professora de bebês conversa com estudantes de pedagogia", escrito pela professora Natalia Ribeiro da Silva Barros, destaca detalhes da rotina que revelam a inteireza de trabalhar com crianças tão pequenas. Nesse sentido, as interações e as brincadeiras que vivencia diariamente são compreendidas como possibilidade de estar junto. As ações que envolvem a música, a arte e a literatura também são destaques nessa narrativa como experiências que potencializam o desenvolvimento da criança. A professora-autora compreende o binômio cuidar-educar como eixos do seu trabalho, que ganham sentido na observação, no planejamento e no registro da prática pedagógica. Além disso, percebe como uma rica oportunidade estar com os estudantes através das janelas virtuais, uma vez que tem a chance de trazer à tona inúmeras aprendizagens que vem construindo junto com as crianças, bem como as experiências que, ao longo dos anos, foram constituindo essa professora de bebês.

Fechando a coletânea, temos o Capítulo 13, das professoras Roberta Ferreira de Souza Vilela e Mariana Soler C. Carvalho, "Quando é preciso reflorestar a imaginação: Encantamento, escuta e reinvenção dos caminhos docentes", que fala de encontros proporcionados pela vida, de descoberta de novos sentidos para o seu fazer docente e dos aprendizados que se vão construindo na parceria com as crianças. Na reflexão tecida, contam que ouvir se tornou a principal estratégia da caminhada que estão trilhando na educação infantil. Para estar com as crianças, dizem, é preciso reflorestar a imaginação: é preciso cultivar outros modos de estar no mundo, encantando-se. Por fim, testemunham que a oportunidade de compartilhar sua trajetória de professoras da educação infantil com os estudantes da universidade foi também uma possibilidade de crescimento profissional.

Enfim, os textos aqui reunidos, que tematizam o estágio na formação docente, dentro dos limites e das possibilidades do contexto pandêmico da Covid-19, entrelaçando teoria e prática pedagógica, experiência e reflexão sobre tempos, espaços e instrumentos do trabalho docente, dão visibilidade aos desafios da formação e da prática docentes, que exigem a disposição para aprender a observar, olhar, escutar e interpretar crianças, cotidianos e suas próprias experiências de vida.

A pandemia abalou os sentidos da existência e impôs imensos desafios para a sua continuidade. O desvio do possível, desenhado no encontro virtual entre universidade e educação básica, abriu oportunidades não apenas para aprendizagens relacionadas ao campo específico da educação infantil e da formação de seus professores, mas também para compreensões sutis sobre a existência, como a necessidade do cuidado, do zelo no contato com o outro – esteja esse outro ao meu lado ou a léguas de distância. Como ponderou um analista, ao escrever sobre sentidos da paralisação e do movimento, na pandemia:

> Esse é o conhecimento gerado nesta (não)paragem coletiva: contato não é apenas o que acontece quando pele toca pele. Contato, e particularmente o contato da sociabilidade coletiva, deriva do engajamento mútuo na formação de um campo mais sensual e mais intenso. Um campo de força de ação comum proximal, ativado através de uma prolongada posição de paragem a curta distância. (Lepecki 2020)

Que as experiências aqui compartilhadas contribuam para a reflexão sobre outros campos de sentidos, outras formas de se fazer educação infantil e formação docente, no toque imprescindível das subjetividades e do desejo de estar junto, em princípios, em intencionalidade, em compromisso, ainda que na distância geográfica.

Luciana Ostetto e *Leda Marina*
Niterói/RJ
Primavera de 2021

Referências bibliográficas

LEPECKI, A. (2020). "Movimento na pausa (junho 2020)". Trad. Ana Luiza Braga. [Disponível na internet: https://www.n-1edicoes.org/textos/147, acesso em 30/10/2021.]

PEBART, P.P. (2021). "Espectros da catástrofe". [Disponível na internet: https://www.n-1edicoes.org/textos/129, acesso em 29/10/2021.]

PARTE 1

ESTÁGIO NA PANDEMIA: FORMAÇÃO DOCENTE EM DESVIO

1
NO UMBIGO DO DESERTO ACADÊMICO-PANDÊMICO, SOB O CÉU SECO DA TELA, RESPLANDECER O ENCONTRO POSSÍVEL

Luciana Ostetto

Estou no fundo do poço
Meu grito
Lixa o céu seco
O tempo espicha mas ouço
O eco
Qual será o Egito que responde
E se esconde no futuro?
O poço é escuro
Mas o Egito resplandece
No meu umbigo
E o sinal que vejo é esse
De um fado certo
Enquanto espero
Só comigo e mal comigo
No umbigo do deserto
"José" – Caetano Veloso

Ouço, na canção de Caetano Veloso, a tradução do tempo vivido nos primeiros meses de 2020, quando um vírus invadiu, impiedosamente, nossas vidas, arrastando-nos ao deserto dos dias, ao fundo do poço de nós mesmos, como indivíduos, como humanidade. Na realidade virada de ponta-cabeça, em escala global, a suposta normalidade das cidades, das casas, das escolas, das universidades, das relações foi quebrada – cada um só e mal consigo, no escuro, no medo, na incerteza, na dor. Aprender a atravessar o deserto pandêmico se impôs como uma árdua e necessária jornada. O esfacelamento emocional, físico e mental diante da vida ameaçada implicou redimensionar modos de ser e de estar no mundo.

Entre a propagação da doença e o cultivo da saúde, entre a sordidez da necropolítica ativada e a necessidade de políticas articuladas e efetivas para o enfrentamento da tragédia, o distanciamento e o cuidado, o zelo e a empatia, o compromisso com a coletividade e a esperança compuseram um quadro de sentimentos e atitudes que marcou os limites, tênues, entre viver e morrer, resistir ou padecer. *Qual será o Egito que responde / E se esconde no futuro?* Não sabíamos. Não podíamos saber o fado que nos esperava. Tudo o que tínhamos era o presente sufocante. Faltava ar. A morte nos rondava a passos largos. Não cabia esperar um futuro. Era imperativo aprender a continuar.

Na imprecisão da vida desértica-doméstica, fez-se o tempo em que olhar pela janela era o mundo: avistar o céu, buscar linhas no horizonte, ajudava a tecer esperanças. A distância, também na vida desértico-acadêmica se fez a hora de abrir janelas. Outras, virtuais. À espreita de sinais – gritos, sussurros, silêncios –, nas fissuras do cotidiano, rasgar o céu seco da tela, arquitetar aberturas: projetar-se em janelas-tela, cultivar encontros.

O que foi já não podia ser. O porvir havia de ser inventado. A janela aparece como símbolo que aponta uma saída do fundo do poço ao qual fomos empurrados: canal por onde restabelecer contato, acolher sopros de vida, tecer presença na ausência. Como "abertura para o ar e para a luz, a janela simboliza receptividade" (Chevalier e Gheerbrant 1996, p. 512); em tempos pandêmicos, janelas e receptividade constelam sentidos que conduzem à compreensão da importância do encontro, ainda que na virtualidade, com disponibilidade, hospitalidade, gentileza, cordialidade, tolerância, flexibilidade.

É sobre janelas abertas na pandemia, para a realização das atividades acadêmicas na Universidade Federal Fluminense (UFF), que vou falar aqui. Minha narrativa, em particular, trata do componente curricular Pesquisa e Prática Educativa II (PPE II), que abarca o estágio docente na área da educação infantil, e das experiências do ano letivo de 2020 – um ano atípico, como atípicos têm sido os tempos assolados pelo novo coronavírus –, que começou em setembro de 2020 e terminou em maio de 2021.

Quando entrou setembro: Início do ano letivo, redefinições didático-pedagógicas

Quando entrar setembro
E a boa nova andar nos campos
Quero ver brotar o perdão
Onde a gente plantou
Juntos outra vez

Já choramos muito
Muitos se perderam no caminho
Mesmo assim não custa inventar
Uma nova canção
Que venha nos trazer
Sol de primavera
Abre as janelas do teu peito
A lição sabemos de cor
Só nos resta aprender.
"Sol de primavera" – Beto Guedes e Ronaldo Bastos

A canção, de outros tempos, atualiza-se no trágico ano de 2020: quando chegou setembro, sim, havíamos chorado muito, perdido muitos para o vírus letal; entoávamos, discretamente, uma canção-esperança, boa nova surgindo, lá longe. Vem, vacina!

Era setembro, na universidade o semestre começava e nos restava aprender como fazer educação na distância, por meio de plataformas digitais. Essa lição ainda não sabíamos. O trabalho remoto exigiu de nós, professoras e professores, doses extras de energia aprendente, haja vista que, de modo geral, nossos saberes e nossos fazeres relacionados à tecnologia na educação eram ínfimos, ou melhor, não tínhamos experiência acumulada quanto ao ensino a distância. Dois fatores a destacar sobre o desafio que enfrentávamos: o curso de Pedagogia da Faculdade de Educação da UFF sempre foi presencial e, portanto, não dispunha de equipamentos ou ferramentas que sustentassem atividades no "universo *on-line*"; sem podermos contar com outro apoio que não a solidariedade e o diálogo entre nós mesmos, comunidade docente, nossas casas se tornaram nosso ambiente de trabalho – laboratório de pesquisa, sala de aula, sala de reunião, gabinete de atendimento aos estudantes –, operacionalizado com equipamentos e conexões digitais pessoais. Não era pouca coisa a enfrentar! Institucionalmente, a universidade adotou a plataforma de dados Google e foi por meio dela, com as ferramentas Google Meet e Google Classroom, que adentramos a experiência do trabalho remoto.

No plano coletivo, havia muitas questões a serem resolvidas quanto ao funcionamento do semestre remoto, entre elas, a regulamentação do estágio, de caráter presencial, por definição. As atividades presenciais foram protocolarmente suspensas em todas as instituições educacionais, da educação infantil à universidade. As escolas, campo de estágio das licenciaturas, estavam fechadas. Seria possível manter o oferecimento desse componente curricular? Como garantir a realização de seus objetivos e, ao mesmo tempo, seguir os protocolos de distanciamento físico, para garantir a segurança dos estudantes? A necessidade de uma reorganização didático-pedagógica para o estágio curricular no contexto pandêmico levou o colegiado geral das licenciaturas da UFF a aprovar orientações para o que se chamou de "estágio remoto excepcional" (Universidade Federal Fluminense 2020).

As referidas orientações, aprovadas em 26 de agosto de 2020, ofereceram referências, amparadas nas determinações legais do Ministério da Educação e da própria universidade, para que os cursos de licenciatura elaborassem seus planos de atividades excepcionais e considerassem a validação de atividades substitutivas do estágio curricular obrigatório presencial (*ibid.*). Na sustentação do documento aprovado, encontramos a defesa reiterada da indivisibilidade do binômio teoria-prática na formação docente, a afirmação dos profissionais da educação básica como coformadores dos licenciandos e o entendimento da pesquisa e da reflexão como elementos constitutivos da prática e centrais na formação.

> (...) as práticas curriculares e os estágios não são meros componentes curriculares a serem creditados para a integralização das licenciaturas. Constituem momentos fundamentais de formação docente no qual a relação prática-pesquisa-reflexão ganha centralidade, envolve docentes, discentes e os professores da Educação Básica que se tornam coformadores dos licenciandos. Compreende-se ser impossível separar a teoria da prática na formação de futuros professores. E o cenário da pandemia impõe o desafio de pensar estratégias para que o estágio nas licenciaturas ocorra de forma excepcional sem abrir mão dessa relação teoria-prática, ainda que remotamente. (*Ibid.*, p. 4)

Com tais entendimentos e justificativas, as orientações sugeriam um repertório de atividades passíveis de serem validadas como atividades de estágio no contexto do ensino remoto: estudo e pesquisa; entrevistas com profissionais da educação; produção e/ou análise de memoriais de formação; produção de materiais, recursos didáticos e instrumentos de avaliação; análise de práticas pedagógicas; análise de materiais e recursos didáticos, propostas e projetos pedagógicos, instrumentos de avaliação; acompanhamento de atividades remotas mediadas por tecnologias e outros suportes, pelos docentes e pelos alunos; sugestões de cursos gratuitos para o manejo de tecnologias; acompanhamento de debates e de transmissões virtuais com temáticas indicadas pelos professores de PPE e de PPP; monitoria, atendimento e apoio; produção de aulas simuladas virtuais; integração com atividades de pesquisa, extensão e estágios internos (*ibid.*). Foi com base nessas orientações e nas possibilidades enumeradas que organizei o plano do componente curricular PPE II, oferecido para estudantes do quarto período do curso de pedagogia e com foco na educação infantil.

Um estágio pelas janelas virtuais: Entre buscas, gentileza e partilha

> *Apagaram tudo*
> *Pintaram tudo de cinza*
> *A palavra no muro*
> *Ficou coberta de tinta*
> *Apagaram tudo*
> *Pintaram tudo de cinza*
> *Só ficou no muro*
> *Tristeza e tinta fresca*
> *Nós que passamos apressados*
> *Pelas ruas da cidade*
> *Merecemos ler as letras*
> *E as palavras de gentileza (...).*
> "Gentileza" – Marisa Monte

No âmbito de uma proposta de estágio remoto excepcional, o objetivo geral do componente curricular PPE II foi mantido: conhecer a estrutura e a organização de instituições de educação infantil, destacando-se as especificidades do trabalho pedagógico com crianças de 0 a 6 anos. A diferença foi que tal conhecimento não seria propiciado com a inserção no campo de estágio, habitando o cotidiano de unidades de educação infantil em presença, mas, sim, por meio do estudo de conceitos e relatos de práticas, da discussão sobre formas de organizar o cotidiano educativo, da aproximação aos instrumentos do trabalho pedagógico e à problematização do papel do professor. De outra maneira, se não podíamos ir até as instituições, os profissionais de uma unidade de educação infantil viriam até nós: pelas janelas virtuais, o diálogo teoria-pesquisa-prática poderia ser ampliado e enriquecido com a partilha de experiências, de fazeres pedagógicos.

Dessa perspectiva, construímos um programa estruturado com os seguintes tópicos: 1) O estágio na formação docente: Questões no contexto pandêmico da Covid-19; 2) Educação infantil: Aproximações conceituais a partir das Diretrizes Curriculares Nacionais para a Educação Infantil (DCNEI); 3) O trabalho pedagógico na educação infantil: Crianças, tempos, espaços, atividades; 4) Ser professor, aprender a olhar: Exercícios de observação, registro e análise de práticas; 5) Prática pedagógica: Diálogo com profissionais da educação infantil.

Essa proposta foi desenvolvida com as turmas do primeiro e do segundo semestres de 2020, com pequenos ajustes, mas as duas realizaram atividades síncronas (encontros *on-line* da turma com a professora, via Google Meet, para estudos, debates, exposições dialogadas, exercícios de observação e registro, partilha de trabalhos realizados; conversa com profissionais da educação infantil etc.) e atividades assíncronas sugeridas (atividades independentes em ambientes virtuais, como acompanhamento de palestras, encontros, debates, ao vivo ou em gravações; visualização de vídeos/documentários sobre os temas em discussão; participação em reuniões de coletivos, como o Coletivo Educação Infantil Niterói;[1] debates promovidos por instituições de educação infantil sobre temas afins, como, por exemplo, a educação para as relações étnico-raciais, infância e natureza, arte e princípios estéticos etc.).

Os modos com os quais damos início a uma jornada são determinantes, marcam intenções e anunciam caminhos, pois carregam consigo as possibilidades do porvir. No primeiro encontro com a primeira turma de PPE II, compartilhei o vídeo da música "Gentileza". Parte da letra serve de epígrafe para este tópico. Os dias não estavam fáceis de atravessar e, se o semestre começava sem sabermos muitas coisas da travessia, ouvir

1. O Coletivo Educação Infantil Niterói-RJ, espaço virtual de encontro e reflexão sobre a educação infantil, criado no contexto da pandemia, em maio de 2020, por um coletivo de profissionais que faz e vive a educação infantil, mantinha reuniões semanais, via Google Meet, com participação aberta a todos os interessados. Para saber mais, ver a página do Facebook: https://www.facebook.com/profile.php?id=100063938656776.

uma canção com palavras de gentileza era certamente auspicioso, dava acolhida. Depois da canção, o convite: que palavra de gentileza cada estudante à janela pronunciaria como desejo para o semestre?

As palavras formosas projetadas pela turma:

Autorrespeito
Paciência
Insistência
Força
Equilíbrio
Gratidão
Esperança
Acolhimento
Autocuidado
Partilha

Com a segunda turma, no segundo semestre de 2020, a acolhida do primeiro dia se deu com o vídeo "Caminhando com Tim Tim",[2] um registro feito pela mãe de um menino quando ele tinha apenas 1 ano e 4 meses, que mostra o pequeno vivendo experiências no mundo, descobrindo, explorando tempo, espaços e relações ao caminhar por sua cidade. Na bela narrativa – cujo foco está na criança, com a câmera posicionada na altura do menino, para capturar suas andanças, suas paradas, suas interações ao longo do caminho –, somos provocados a refletir que o importante não é a chegada a algum ponto previamente determinado, mas a andança e os encontros vividos no percurso. Depois do vídeo, na conversa com o grupo presente no primeiro encontro, atitudes e emoções foram apontadas:

Simpatia
Olhar atento
Observação que vê além

---

2. "Caminhando com Tim Tim". Vídeo. [Disponível na internet: https://youtu.be/1dYukOrq5RI.]

Afeto
Apego
Cuidado
Magia dos detalhes
Singularidade de cada momento
Tempo lento
Respeito
Delicadeza

Se o importante é o percurso, e as relações que podemos tecer na caminhada, na continuidade dos encontros seguimos desbravando as possibilidades e os limites das janelas virtuais como espaço de formação docente. Rememorar e narrar experiências de estágio até então vividas pelos estudantes foi um ponto de partida fecundo para discutirmos a concepção de estágio que poderia nos guiar: cada qual escreveu suas memórias e compartilhou com o grupo, permitindo puxar fios reflexivos sobre os significados do estágio docente e os limites e as possibilidades de estágio distante das crianças. Ampliamos as reflexões com a leitura do artigo "Nas veredas do estágio docente: (re)aprender a olhar" (Ostetto e Maia 2019). A concepção de estágio curricular docente, discutida pelas autoras, perpassa o objetivo de

> (...) imersão no contexto da docência – para pesquisar o campo de atuação profissional, tecer relações com o coletivo da instituição, conhecer as crianças, formular perguntas sobre a prática pedagógica –, de modo a suscitar o profícuo exercício dialógico de, no envolvimento com o campo educacional, refletir sobre ele e projetar possibilidades de atuação docente futura. Nessa direção, a pesquisa é um eixo em torno do qual o estágio docente pode girar e potencializar os processos formativos. (*Ibid.*, p. 2)

Na captura desse grande objetivo, pesquisar o campo de atuação docente, vislumbramos possibilidades para encaminhar o estágio, que deveria ser realizado de maneira remota e excepcional: além dos estudos conceituais, apresentar registros de práticas, escritos e fotográficos, para análise, de forma que contribuíssem para o refinamento do olhar e para a ampliação da percepção dos modos de ser, de estar e de se expressar das crianças; encontrar-se com profissionais de uma unidade de educação infantil, colocar-se à escuta de seus saberes e fazeres, contribuiria, também, para o conhecimento das múltiplas questões que envolvem a organização do cotidiano, além da docência, dos diferentes setores de uma instituição.

Construir um olhar sensível, comprometido com as crianças, é um imenso e necessário aprendizado, que implica observar, registrar, refletir sobre o observado e tecer interpretações, experimentando romper as aparências do já conhecido. Dessa perspectiva, um dos exercícios propostos envolveu observar-analisar cenas protagonizadas por crianças, capturadas em fotografias, e produzir narrativas. Estava em jogo o modo de olhar e o modo de descrever o que foi olhado, exercitando um dos aspectos da pesquisa que leva à produção de dados. Olhar e descrever o contexto em que a cena ocorre, perceber o que está acontecendo, identificar quem está na cena, capturar gestos, expressões, ações e, então, com imaginação e autoria, dar visibilidade às tramas observadas, experimentando interpretar com base nos estudos desenvolvidos, aproximando teoria e prática na narrativa produzida. As fotografias eram as mesmas para a turma toda e, quando as narrativas eram compartilhadas, evidentemente, as percepções e as descrições eram diferenciadas, na forma e no conteúdo, mas cada uma delas revelava concepções de criança e de educação infantil, mostrava compreensões sobre o papel do professor e das propostas pedagógicas na educação infantil.

Um exercício singelo que permitiu bons diálogos e problematizações sobre teoria e prática na formação docente e no cotidiano pedagógico, sobre a importância da escuta, da observação e do registro, além de trazer à tona algumas especificidades quando tratamos de educação infantil: alunos, sala de aula, aula, muito presentes nas primeiras narrativas, iam sendo questionados e, no decorrer dos exercícios, já eram ressignificados, aparecendo nos registros crianças, sala de referência, propostas. As palavras utilizadas nos modos de dizer sobre uma cena observada, seja na fotografia, seja em presença no dia a dia, carregam concepções, revelam modos de ver e de compreender a docência e o espaço da educação infantil, sem dúvida!

As DCNEI (Brasil 2009) foram o eixo em torno do qual os estudos e as atividades foram desenvolvidos, haja vista que são as bases para a elaboração das propostas pedagógicas, com a definição de princípios, concepções e linhas de ação. A concepção de currículo, apresentada no artigo terceiro das DCNEI como um "conjunto de práticas que buscam articular as experiências e os saberes das crianças com os conhecimentos que fazem parte do patrimônio cultural, artístico, ambiental, científico e tecnológico" (*ibid.*, p. 1), a concepção de criança como centro do planejamento curricular e a definição da brincadeira e das interações como eixos das propostas pedagógicas foram articuladas às propostas de atividades e subsidiaram a leitura crítica de práticas compartilhadas ao longo dos encontros. O espaço como um elemento do currículo também foi tema, cuja abordagem teve por base o estudo de alguns artigos do livro *Crianças, espaços, relações: Como projetar ambientes para a educação infantil* (Ceppi e Zini 2013), e do texto, já clássico na área, "Organização do espaço em instituições pré-escolares", das pesquisadoras brasileiras Carvalho e Rubiano (1994).

O planejamento, o registro e a avaliação, como instrumentos do trabalho docente, foram abordados em diálogo com autores que pesquisam e escrevem sobre esses instrumentos e com experiências de estagiárias, de professoras e de escolas que publicaram suas experiências. Exemplos: "Entre fadas jacarés e pintores: A história de construção de um grupo" (Schiefler e Silva 2000); "Crianças, natureza e seres desimportantes" (Coelho e Sousa 2017); "Da escuta das crianças à intencionalidade do planejamento na educação infantil" (Umbuzeiro e Malafaia 2017); "A história de uma classe: Alunos de 4 a 5 anos" (Magalhães, Stella e Marincek 1995); "Observação, registro, reflexão: Instrumentos pedagógicos" (Freire 1995); "A pedagogia da escuta: A perspectiva da escuta em Reggio Emilia" (Rinaldi 2016); "Planejamento na educação infantil: Mais que a atividade, a criança em foco" (Ostetto 2000a). Com uma das turmas, foi proposto o exercício de elaboração de um planejamento, partindo dos pressupostos que sustentam um tipo específico de planejamento na/para a educação infantil: o projeto de trabalho, fundado na observação e no registro.

No longe-perto da pandemia, a reafirmação de que é preciso fazer junto, no encontro

O verdadeiro antídoto para epidemias não é a segregação, mas a cooperação.
Yuval Noah Harari (2020, p. 13)

O historiador israelense, professor na Universidade Hebraica de Jerusalém, cujas palavras abrem este tópico, escreveu uma série de artigos, em março e abril de 2020, no período por ele chamado de "primeiro pico da crise". Reunidos e publicados no Brasil com o título *Notas sobre a pandemia e breves lições para o mundo pós-coronavírus*, os artigos falam de um período tão inesperado quanto assustador: "(...) quando o vírus começava a se espalhar pelo globo, quando governos e cidadãos tentavam dimensionar a situação, e quando alguns políticos preferiram se retirar para uma ilha da fantasia, alegando que a Covid-19 não passava de *fake news*" (Harari 2020, p. 7). Reportando-se a crises sanitárias já atravessadas pela humanidade, e ponderando que o momento não era de escrever a história da pandemia, mas de fazê-la, suas palavras apontam para atitudes que ele analisa como essenciais para o enfrentamento da pandemia: a cooperação e a confiança.

Se toda crise carrega consigo uma oportunidade, como também argumenta o historiador, saberíamos transformar a dor e a tragédia em lições para o mundo pós-coronavírus? Não há uma resposta absoluta, não temos como afirmar isto ou aquilo. O que sabemos é que, no presente, o globo vai girando com as atitudes que estão sendo tomadas, aqui, ali, acolá, no miúdo das relações cotidianas, na amplitude das decisões políticas: tudo está interligado. Na esfera política, complexas negociações em jogo fazem recair seus efeitos sobre a vida das populações, até o mais longínquo território habitado; na esfera cotidiana, os dias vão sendo vividos conforme as possibilidades, cada cidadão, cada cidadã foi aprendendo a enfrentar os dilemas da crise, por vezes isoladamente, por outras coletivamente, em diálogo, apoiando-se e fortalecendo-se, confiando e cooperando entre si.

Na universidade, com um ano letivo a ser desenvolvido por meio de atividades a distância, precisávamos mesmo de muita cooperação e confiança, ainda mais para viabilizar o estágio curricular nos moldes que estava sendo proposto, remota e excepcionalmente. Por ser um componente tão presente na minha história – no qual atuei desde que ingressei no magistério superior, em 1993, como professora substituta do curso de Pedagogia da Universidade Federal de Santa Catarina, e ao qual me dediquei ao longo da carreira construída a partir de 1995, como professora concursada daquela universidade, e que continuou em 2014, quando assumi a docência no curso de Pedagogia da UFF, universidade na qual passei a atuar, depois de um processo de redistribuição funcional –, foi deveras difícil, pesaroso até, aceitar essa condição. Posicionei-me contra o estágio remoto para o primeiro semestre de 2020, pois estávamos apenas começando a aprender a lidar com a situação de trabalho via plataformas digitais, considerava precipitado e que poderíamos aguardar o transcorrer das outras disciplinas e, então, avaliar.

Sofri a angústia de dar encaminhamento a uma proposta em que não acreditava. Com toda a experiência acumulada, de prática e de pesquisa sobre o papel do estágio na formação docente (Ostetto 1996, 2000b, 2008, 2011, 2012; Rocha e Ostetto 2008; Ostetto e Maia 2019), como aceitar o que eu considerava um reducionismo, um empobrecimento do estágio como tempo-espaço essencial para a formação docente? Como aceitar a negação do que eu identificava como mais precioso nesse componente curricular, a dimensão do encontro entre universidade e instituições de educação básica, o encontro de estudantes-em-estágio com crianças, professoras e demais profissionais, no território próprio da educação infantil? Como escrevi em um texto antigo sobre o assunto:

> Encontro faz lembrar deslocamento: procura, caminhos, descobertas; localização: tempos, espaços, territórios; ligação: aproximação, estar

com o outro, reunião, ponto comum, convergência. Encontro torna-se, então, a palavra-chave que gera um núcleo ao redor do qual vou tecendo sentidos e significados do estágio na formação de educadores (...). (Ostetto 2011, p. 79)

Atendo-me às obrigações institucionais, centrei-me no compromisso docente de ministrar o componente curricular, recolhi lições do passado (marcadas na minha experiência como pesquisadora e professora supervisora de estágios) e me abri a novas aprendizagens (advindas de reuniões com colegas professores que trabalhavam com o estágio curricular oferecido pela Faculdade de Educação para todas as licenciaturas da UFF, observando suas especificidades) para projetar um caminho que talvez amenizasse as perdas e pudesse garantir significativamente um espaço-tempo de reflexão sobre ser professor na educação infantil, na articulação de pensar-fazer propostas pedagógicas para/com as infâncias.

Estava contrariada, é fato. Mas, na inevitabilidade de encaminhar o estágio de maneira remota, além das atividades síncronas e assíncronas, desenvolvidas com os estudantes, conforme já apresentei nas sessões anteriores deste artigo, recorri às parcerias que, ao longo de minha atuação na UFF, fui tecendo. Fiz contato com interlocutoras que vinham contribuindo para a formação inicial de estudantes de pedagogia, acolhendo estagiárias e estagiários: refiro-me às profissionais que compõem a Umei Rosalda Paim. Quando conversei com a diretora da Umei sobre uma possível proposta de atividade com o grupo de estudantes, a relação de confiança já tecida entre nós foi atualizada e foi o canal que viabilizou a cooperação no tempo por vir. Sem essa colaboração e esse apoio, a realização do componente PPE II na pandemia teria sido muito mais dolorosa para mim, e menos qualificada para os grupos de estudantes matriculados, disso tenho certeza.

Essa confiança construída, é preciso contar, tem uma história, que começa em 2014, quando eu, recém-chegada à UFF, estava conhecendo a cidade de Niterói e a rede municipal de educação. Com um projeto de pesquisa a desenvolver, comecei o diálogo com a equipe gestora-pedagógica da Umei Rosalda Paim, unidade municipal localizada no centro da cidade, que oferece educação infantil em turno integral a aproximadamente 150 crianças com idades entre 2 e 5 anos. Em razão de reformas no prédio que abrigava a instituição, uma creche comunitária que estava sendo municipalizada, começamos o trabalho efetivo de encontros de pesquisa-formação no ano seguinte. Durante os dois anos de duração da pesquisa (2015 e 2016), convivi semanalmente com o coletivo daquela unidade educacional. Nesse período, fomos tecendo relações pautadas no respeito mútuo, que possibilitaram não só viabilizar a pesquisa, mas também produzir conhecimentos, compartilhar saberes e fazeres, articular estudos e práticas futuras. Na convivência, nas ações de pesquisar e fazer formação coletivamente, os laços entre universidade e educação básica foram estreitados, a Umei Rosalda Paim passou a acolher estagiárias e estagiários do curso de pedagogia, sob minha orientação. Desde então, as relações e os espaços cultivados para partilhas sobre a docência na educação infantil, com toda a instituição, confirmam o papel de seus profissionais como coformadores de futuros professores.

No contexto do "estágio remoto excepcional", minha ideia era possibilitar aos estudantes uma visão da organização, do funcionamento de uma instituição de educação infantil, por meio de conversas e relatos de experiência que contemplassem vários ângulos do trabalho pedagógico, e esse foi o fio que puxei para articular a programação de uma parte do componente PPE II a ser desenvolvido. Com a colaboração da diretora da Umei, que ajudou a fazer o contato com as profissionais disponíveis para conversar com os estudantes, organizei uma série de encontros com diferentes setores daquela unidade – gestão, coordenação pedagógica, cozinha, professoras –, que chamei de "Encontros com profissionais da educação infantil: Diálogos com a Umei Rosalda Paim". Realizados em nossa sala de aula virtual, os cinco encontros foram organizados por temáticas, correspondentes ao setor de atuação das profissionais participantes. Com a turma do primeiro semestre, tivemos mais um encontro, em que todas as profissionais estiveram presentes para falar especificamente das ações pedagógicas na pandemia, do trabalho remoto que estavam desenvolvendo, articulando o contato com famílias e crianças. Para oferecer um quadro-referência dos encontros, até mesmo como documentação do processo, partilho a seguir um breve registro de cada um.

Gestão. O primeiro encontro contou com a participação da diretora Leda e da diretora adjunta Célia, que apresentaram um pouco da história da Umei, da proposta administrativo-pedagógica da unidade e detalharam o trabalho que realizam no papel de diretoras. Deram destaque ao projeto político-pedagógico (PPP), que foi elaborado coletivamente e que, como um documento vivo, é base para as ações de toda a instituição.

Coordenação pedagógica. Com a participação da pedagoga Krýsthinna, que compõe o que chamam, na rede municipal de Niterói, de EAP (Equipe de Articulação Pedagógica), o segundo encontro ofereceu um panorama do trabalho de coordenação pedagógica, que envolve desde o acolhimento das famílias até o acompanhamento do trabalho docente. Ao retomar os eixos do PPP (literatura, arte e natureza, articulados aos eixos brincadeira e interações, estabelecidos pelas DCNEI), que já haviam sido apresentados pelas diretoras no encontro anterior, a apresentação da pedagoga nos aproximou mais ainda do dia a dia da instituição, com a exposição sobre a organização dos grupos de crianças, as reuniões de planejamento e de avaliação, as propostas de formação continuada com os professores. O papel do espaço como um elemento do currículo e a prática do registro como um dos instrumentos do trabalho docente também foram apresentados como marcas da Umei e que perpassa o trabalho da coordenação pedagógica.

Docência com crianças de 2 a 3 anos de idade. O relato de experiência da professora Natalia, que atua com essa faixa etária e que se revela como uma professora de bebês, faixa com a qual se identifica e sobre a qual vem estudando, permitiu entrarmos no cotidiano da Umei para encontrarmos as crianças, reveladas em fotografias e narrativas que destacavam seus modos próprios de habitar aquele espaço educativo. Com uma exposição detalhada e cuidadosa, permeada pela paixão evidente de ensinar e aprender, a professora compartilhou fazeres e saberes singulares, articulados às questões teóricas e às diretrizes presentes no PPP da Umei, que fundamentam o trabalho pedagógico, no qual a criança é o centro.

Docência com crianças de 4 a 5 anos de idade. O quarto encontro foi protagonizado pelas professoras Roberta e Mariana, que trabalham em parceria, dentro do regime de bidocência adotado na rede municipal. Na articulação de histórias vividas antes da suspensão das atividades presenciais, provocada pela pandemia, o relato das professoras ofereceu um retrato do trabalho no qual a escuta das crianças está na base e que segue nas aventuras de conhecimento que vão propondo e vivendo no cotidiano, na roda de conversa, nos espaços intencionalmente organizados, na intimidade com a literatura, que atravessa todo o cotidiano, na exploração da área externa, no contato com o "canto da árvore" e com o pátio das pedrinhas.

Equipe da cozinha. Receber as profissionais responsáveis pela cozinha da Umei foi muito especial! Silvana e Elenice estiveram nos encontros com os dois grupos de estudantes, no primeiro e no segundo semestres letivos, sendo que, do segundo, também participaram Rebecca e Andrei. A conversa com um setor que, geralmente, é invisível no cotidiano das escolas, como declarou uma das cozinheiras, revelou a importância da alimentação e o papel proeminente dos profissionais que a preparam e compartilham com as crianças. Ampliar sabores, aguçar sentidos, zelar pela alimentação saudável faz parte do trabalho, que é sustentado também na compreensão do direito da criança ao cuidado e à educação. Na preparação e na partilha do alimento, que não é apenas comida, dizem as profissionais, mas nutrição, estão envolvidos percepção de sentidos e gostos, prazer de experimentar novos sabores e apreciar um belo prato, respeito às preferências das crianças, afeto, acolhida das diferenças, haja vista que a alimentação é um traço de cultura. Muitos casos foram contados pelas cozinheiras (que funcionalmente são chamadas de merendeiras, função que é contestada por elas, já que não preparam apenas lanches, mas refeições completas). As narrativas dão visibilidade à escuta atenta às crianças no cotidiano para melhor servi-las, para melhor contribuir com seu desenvolvimento e, assim, nota-se que o setor está integrado, faz parte, participa efetivamente do projeto educativo. Foi muito bonito ouvir e ver os vídeos[3] produzidos durante o período de trabalho remoto da Umei, nos quais as cozinheiras contam histórias e preparam receitas para compartilhar com as crianças e suas famílias.

As conversas com as profissionais da cozinha, os temas abordados, as histórias contadas me reportaram à experiência educativa italiana de Reggio Emilia, narrada no livro *As linguagens da comida: Receitas, experiências e pensamentos* (Cavallini e Tedeschi 2015), no qual a proposta de uma cozinha polissensorial se faz como um espaço que expressa valores, cuidado, atenção, promove relações, encontros, que acolhe as diferenças culturais nas experiências alimentícias, em íntima articulação com a proposta pedagógica assumida. Nesse projeto,

> As cozinhas afirmam cotidianamente a possibilidade de criar uma cultura compartilhada, espaço de negociação e de confronto entre adultos, entre adultos e crianças, entre crianças, pela comida como condição essencial à vida. Contudo, as cozinhas são, também, laboratórios abertos e acolhedores, capazes de acolher os projetos especiais das crianças e dos adultos (...). Laboratórios nos quais a comida é nutrição do corpo, mas, também, da mente, dos olhos, do nariz e das emoções. (Tedeschi 2015, p. 21)

Receber as cozinheiras da Umei Rosalda Paim, ouvir suas histórias, permitiu-nos conhecer um pouco mais de suas ações e contribuiu para ampliarmos a reflexão sobre o espaço da cozinha como um lugar de exploração e de experiências, na direção que também identificamos no projeto educativo de Reggio Emilia. A oportuna discussão aponta a necessidade de evidenciar o papel desses profissionais e aprofundar os temas relacionados à alimentação na educação infantil, que também passa pelo cultivo da sensibilidade, envolve a dimensão estética, já que "essa sensibilidade difundida para todas as ações do nutrir e do nutrir-se

---

3. Para acompanhar as propostas, ver https://umeirosaldapaim.blogspot.com/.

acaba se tornando condição essencial e compartilhada de cuidar de si e dos outros" (*ibid.*, p. 23).

Como trabalho final do semestre, os estudantes produziram narrativas, descrevendo e analisando os aspectos que fizeram parte do processo e também as contribuições da experiência para a jornada de formação docente. Relatórios e ensaios sobre a experiência de "estágio remoto excepcional" documentaram, de certa forma, o semestre letivo vivido sob a marca da pandemia. A primeira turma também produziu vídeos, em grupos, que foram apresentados no último encontro do semestre, abordando um ponto-tema escolhido para aprofundamento.

Do fundo, emergir, segurando entre os dentes a primavera

Quem tem consciência para ter coragem
Quem tem a força de saber que existe
E no centro da própria engrenagem
Inventa contra a mola que resiste

Quem não vacila mesmo derrotado
Quem já perdido nunca desespera
E envolto em tempestade, decepado
Entre os dentes segura a primavera
"Primavera nos dentes" – Secos & Molhados

Ao tempo em que finalizo minha escrita, outro setembro chegou. Estou vacinada, duas doses de esperanças recebidas. Continuamos em trabalho remoto e ainda chorando perdas evitáveis, fosse outra a política de saúde e de assistência neste Brasil desgovernado. Aquela sensação de estar no fundo do poço, no umbigo do deserto, por certo ainda não passou, mas foi amenizada, pelo tanto de resistência, de luta e de encontros tecidos coletivamente pelas mãos que se buscaram na virtualidade, em intenção, pela ação cotidiana, pessoal e profissional, na casa feita espaço de trabalho docente, que risca o céu seco da tela para revelar: não estou só!

É bom olhar para trás e perceber que o deserto-pandêmico-acadêmico foi atravessado pela abertura de janelas virtuais, propondo conversas com estudantes e profissionais da educação infantil, entre dores e delícias, entre alegrias e tristezas, entre participação e ausências, entre responsabilidades e faltas, entre possibilidades e limites. O mais importante é que caminhamos, não fugimos ao compromisso de construir a melhor experiência, ainda que na contrariedade de um "estágio remoto excepcional"; uma experiência referenciada na qualidade que sempre almejamos para a universidade pública, e afirmando a essencialidade da relação com a educação básica, na interlocução com seus profissionais.

É dessa perspectiva, aceitando e agradecendo as lições da travessia acadêmico-pandêmica, que finalizo este capítulo, trazendo as palavras pronunciadas pelos estudantes de uma das turmas de estágio, quando convidados a expressar o que levariam daqueles encontros, retratando sentidos e sentimentos mobilizados no diálogo com as profissionais da Umei Rosalda Paim. No meu entender, são palavras-geradoras que resplandecem o encontro tornado possível. Pela luz e pela força que carregam, podem bem servir de síntese do vivido ao longo dos dois semestres aqui narrados. De outro ângulo, são propósitos do viver que continua, no ser professor e no habitar o cotidiano da educação infantil com inteireza.

Encantamento
Inspiração
Criatividade
Afeto
Planejamento
Possibilidades
Ideias
Atenção
Prazer
Beleza
Olhar atento
Estética
Cooperação
Aprendizagem

Acolhimento
Alegria
Esperança
Reinventar

Referências bibliográficas

BRASIL. MINISTÉRIO DA EDUCAÇÃO (2009). *Diretrizes Curriculares Nacionais para a Educação Infantil*. Brasília: MEC/SEB. [Disponível na internet: http://portal.mec.gov.br/index.php?option=com_content&id=12579%3Aeducacao-infantil&Itemid=859, acesso em 1/10/2020.]

CARVALHO, M.I.C. e RUBIANO, M.R.B. (1994). "Organização do espaço em instituições pré-escolares". *In*: OLIVEITA, Z. de M.R. de (org.). *Educação infantil: Muitos olhares*. São Paulo: Cortez, pp. 107-130.

CAVALLINI, I. e TEDESCHI, M. (orgs.) (2015). *As linguagens da comida: Receitas, experiências e pensamentos*. São Paulo: Phorte.

CEPPI, G. e ZINI, M. (orgs.) (2013). *Crianças, espaços, relações: Como projetar ambientes para a educação infantil*. Porto Alegre: Penso.

CHEVALIER, J. e GHEERBRANT, A. (1996). *Dicionário de símbolos*. Rio de Janeiro: José Olympio.

COELHO, M. e SOUSA, S. (2017). "Crianças, natureza e seres desimportantes". *In*: OSTETTO, L.E. (org.). *Registros na educação infantil: Pesquisa e prática pedagógica*. Campinas: Papirus, pp. 91-109.

FREIRE, M. (org.) (1995). *Observação, registro, reflexão: Instrumentos pedagógicos I*. São Paulo: Espaço Pedagógico.

HARARI, Y.N. (2020). *Notas sobre a pandemia e breves lições para o mundo pós-coronavírus*. São Paulo: Companhia das Letras.

MAGALHÃES, L.; STELLA, P. e MARINCEK, V. (1995). *A história de uma classe: Alunos de 4 a 5 anos*. Porto Alegre: Artes Médicas.

OSTETTO, L.E. (1996). "Nas tramas da formação do profissional de educação infantil: Universidade e creches estabelecendo interlocuções, tecendo relações, criando alternativas". Trabalho apresentado na XIX Reunião Anual da Anped, Caxambu-MG.

________ (2000a). "Planejamento na educação infantil: Mais que a atividade, a criança em foco". *In*: OSTETTO, L.E. (org.). *Encontros e encantamentos na educação infantil: Partilhando experiências de estágio*. Campinas: Papirus, pp. 175-200.

________ (2000b). "Andando por creches e pré-escolas públicas: Construindo uma proposta de estágio". *In*: OSTETTO, L.E. (org.). *Encontros e encantamentos na educação infantil: Partilhando experiências de estágios*. Campinas: Papirus, pp. 15-30.

________ (2008). "O estágio curricular no processo de *tornar-se* professor". *In*: OSTETTO, L.E. (org.). *Educação infantil: Saberes e fazeres da formação de professores*. Campinas: Papirus, pp. 127-138.

________ (2011). "Deslocamentos, aproximações, encontros: Estágio docente na educação infantil". *In*: GOMES, M.O. (org.). *Estágios na formação de professores: Possibilidades formativas entre ensino, pesquisa e extensão*. São Paulo: Loyola, pp. 79-98.

________ (2012). "O estágio tecido com fios do ensino, da pesquisa e da extensão". *In*: NORONHA, E.C. de S.F. *et al.* (orgs.). *Itinerários da formação docente: Saberes e experiências do estágio curricular do UJS*. São Paulo: Laborciência, pp. 17-32.

OSTETTO, L.E. e MAIA, M.N.V.G. (2019). "Nas veredas do estágio docente: (Re) aprender a olhar". *Olhar de Professor*, v. 22, pp. 1-14. [Disponível na internet: https://revistas2.uepg.br/index.php/olhardeprofessor/article/view/13935, acesso em 17/9/2020.]

RINALDI, C. (2016). "A pedagogia da escuta: A perspectiva da escuta em Reggio Emilia". *In*: EDWARDS, C.; GANDINI, L. e FORMAN, G. (orgs.). *As cem linguagens da criança: A experiência de Reggio Emilia em transformação*. Porto Alegre: Penso, pp. 235-247.

ROCHA, E.A.C. e OSTETTO, L.E. (2008). "O estágio na formação universitária de professores de educação infantil". *In*: SEARA, I.C. *et al.* (orgs.). *Práticas pedagógicas e estágios: Diálogos com a cultura escolar*. Florianópolis: Letras Contemporâneas, pp. 103-116.

SCHIEFLER, A.R.K. e SILVA, S.F. da (2000). "Entre fadas, jacarés e pintores: A história de construção de um grupo". *In*: OSTETTO, L.E. (org.). *Encontros e encantamentos na educação infantil: Partilhando experiências de estágio*. Campinas: Papirus, pp. 119-144.

TEDESCHI, M. (2015). "Por uma cozinha polissensorial". *In*: CAVALLINI, I. e TEDESCHI, M. (orgs.). *As linguagens da comida: Receitas, experiências e pensamentos*. São Paulo: Phorte, pp. 18-23.

UMBUZEIRO, A. de L.S. e MALAFAIA, R. (2017). "Da escuta das crianças à intencionalidade do planejamento na educação infantil". *In*: OSTETTO,

L.E. (org.). *Registros na educação infantil: Pesquisa e prática pedagógica*. Campinas: Papirus, pp. 111-135.

UNIVERSIDADE FEDERAL FLUMINENSE (2020). "Orientações para as disciplinas de estágio obrigatório dos cursos de licenciatura, em caráter excepcional e temporário, enquanto durarem as restrições sanitárias da pandemia do Covid-19". Niterói, 26/8/2020. [Disponível na internet: http://divisaopraticadiscente.uff.br/wp-content/uploads/sites/229/2020/09/DOCUMENTO-ESTAGIO-REMOTO-COLEGIADO-AGOSTO-2020.pdf.]

VELOSO, C. (2003). "José". *In*: FERRAZ, E. (org.). *Letra só*. São Paulo: Companhia das Letras, p. 294.

2
COMO SE FAZER PROFESSORA-PESQUISADORA LONGE DAS CRIANÇAS? O ESTÁGIO DOCENTE EM TEMPOS DE PANDEMIA

Juliana Coutinho Morgado

Ninguém começa a ser professor numa certa terça-feira às 4 horas da tarde... Ninguém nasce professor ou marcado para ser professor. A gente se forma como educador permanentemente na prática e na reflexão sobre a prática.
Paulo Freire

Introdução

O componente curricular Pesquisa e Prática Educativa II (PPE II), do curso de Pedagogia da Universidade Federal Fluminense (UFF), tem por objetivos conhecer a estrutura e a organização de instituições de educação infantil, reconhecer especificidades do trabalho pedagógico com crianças de 0 a 6 anos, considerando os princípios éticos, políticos e estéticos, e investigar dimensões da prática educativa referentes à diversidade, sobretudo às questões atinentes às relações étnico-raciais, à educação inclusiva e aos temas de gênero e sexualidade na infância. Em razão da crise sanitária provocada pela pandemia de Covid-19, o primeiro semestre do ano letivo de 2020, que abarcou os meses de setembro a dezembro, ocorreu a distância e, assim, também a disciplina PPE II foi realizada de maneira remota.

Confesso que não sabia o que esperar de um estágio longe da escola, afinal, acredito que o "se fazer" professora acontece justamente na presença das crianças, com elas, acompanhando o cotidiano, sentindo o clima, observando todas as ações que compõem o dia a dia da educação infantil e participando delas. No estágio curricular docente, por ser, muitas vezes, a primeira oportunidade de os futuros professores entrarem em contato com as propostas pedagógicas da escola e/ou da educação infantil, inserindo-se em seu cotidiano, penso que estar lá, onde tudo acontece – entre movimentos de crianças e adultos, experimentando interações nos tempos e nos espaços organizados –, é fundamental. Então, como fazer estágio sem estar com as crianças?

Este capítulo, impulsionado pela pergunta enunciada no título – Como se fazer professora-pesquisadora longe das crianças? –, pretende apresentar um retrato da minha experiência no contexto do programa de estágio curricular do curso de pedagogia desenvolvido em tempos de pandemia, refletindo sobre aprendizagens construídas no processo de partilha de conhecimento e no diálogo com profissionais da educação infantil.

Na incerteza da pandemia, o encontro é essencial

No contexto já enunciado, o componente curricular PPE II foi desenvolvido em encontros síncronos, na plataforma Google Meet, e em atividades assíncronas, as quais envolveram o acompanhamento de reuniões de coletivos e fóruns de educação infantil,[1] leituras sobre os

1. Entre eles: a) Associação Nacional de Unidades Universitárias Federais de Educação Infantil – Anuufei. [Disponível na internet: https://www.youtube.

temas que regem a educação infantil, reflexões sobre nossas experiências de estágio até então. O estudo das Diretrizes Curriculares Nacionais para a Educação Infantil (DCNEI) (Brasil 2009) atravessou todo o semestre e foi um eixo que articulou as atividades desenvolvidas.

Destaco a primeira leitura trabalhada, o artigo "Nas veredas do estágio docente: (Re)aprender a olhar" (Ostetto e Maia 2019), em que se aponta a necessidade (e se discute o desafio) de desenvolver o olhar sensível durante a formação docente, entendendo que só nos tornamos professoras e professores ao lado das crianças, com as crianças, na interação com os contextos em que se inserem. As crianças constituem o sentido da nossa docência e, por isso, é preciso conhecer meninas e meninos, reunidos em grupos de educação infantil, aprender a vê-los além do hábito, colocando-se em relação, observando, identificando e acolhendo seus modos próprios de ser, de se apropriar e de expressar o mundo e se expressar no mundo.

Por isso, dizem as autoras, o estágio pode ser espaço-tempo para o exercício da observação atenta e do registro, por meio dos quais construímos instrumentos para acompanhar o desenvolvimento das crianças com mais proximidade, reunindo material necessário para a documentação de percursos educativos. Pelos registros e pelas anotações, resultados da observação sensível, também revisitamos e avaliamos nossa prática, para aperfeiçoá-la. Nas palavras das autoras:

> O caderno de campo, suporte para notas, comentários e reflexões sobre questões e contextos observados é um dispositivo importantíssimo, pois gera conteúdos que posteriormente podem ser retomados e analisados, impulsionando a construção de conhecimento sobre a Educação (em sua estrutura e funcionamento) e também sobre

---

com/channel/UCxyVNEAueQuOew6zppmZD6A.]; b) Coletivo de Educação Infantil de Niterói. [Disponível na internet: https://www.facebook.com/Coletivo-Educa%C3%A7%C3%A3o-Infantil-Niter%C3%B3i-RJ-109571364113746.]; c) Fórum Permanente de Educação Infantil do Rio de Janeiro. [Disponível na internet: https://www.facebook.com/groups/forum.permanente.educacao.infantil.rj.]

ser professor em creches e pré-escolas (dores e delícias, limites e possibilidades). (*Ibid.*, p. 6)

Após as reflexões abertas pela leitura do artigo citado, fizemos exercícios de observação de cenas do cotidiano educativo da educação infantil, registradas em fotografias. Imagens de crianças brincando e interagindo com o mundo, em diferentes espaços e com diferentes parceiros e materiais, eram compartilhadas no encontro síncrono para serem observadas, questionadas e relatadas em registro escrito, apontando o que nos chamou atenção. O exercício envolvia narrar e analisar a cena (quem a estava protagonizando, em que espaço estava ocorrendo, quais as ações visíveis dos protagonistas), levantar hipóteses (o que estava acontecendo, o que as crianças estavam expressando, dizendo, revelando, por que estavam naquela situação) e tecer comentários (considerando as DCNEI e os objetivos da educação infantil, que leituras poderiam ser realizadas sobre o observado nas cenas). Por meio da leitura, algumas narrativas foram partilhadas com o grupo e comentadas pela professora que, baseada em nossas observações e nossos registros, apontava aspectos da organização do cotidiano e da prática pedagógica na educação infantil, ampliando a reflexão. Outras narrativas foram entregues e receberam observações por escrito da professora, com indicações de pontos a serem desenvolvidos, ampliados ou revistos.

Nesse exercício, a questão era: para conhecer as crianças, é preciso aprender a olhar seus modos próprios de ser e estar, e também aprender a dizer o que foi olhado, tornando visíveis no registro esses olhares que, por sua vez, carregam concepções, valores. Na impossibilidade de estarmos com as crianças, a proposta foi vivenciada como uma oportunidade para o exercício do olhar, mas, ao mesmo tempo, mostrou-se um desafio, talvez mais complexo do que se estivéssemos com as crianças, pois analisávamos situações por um recorte de contexto congelado na imagem fotográfica. Não sei, se estivesse com meu caderno de registros no cotidiano de uma instituição de educação infantil, na relação direta com as crianças, eu ficaria apreensiva ou sentiria medo de tecer a narrativa das cenas capturadas. Porém, sei que, ao observar as cenas fotografadas, foi preciso usar a imaginação, supor e compor o contexto educativo que deu origem àquela cena em suas possibilidades e em seus limites. Foi preciso puxar fios de outras experiências e, assim, aos poucos, fui perdendo o medo de descrever, fui aprendendo a criar hipóteses e a tecer narrativas que dessem visibilidade às crianças e a seus fazeres, gestos, expressões, modos de ser.

Sobre o olhar, lembro-me da crônica "Vista cansada" (Resende 1992), que também lemos enquanto fazíamos o exercício de observar e narrar as cenas fotografadas. Nela, o autor diz que é preciso desabituar o olhar para ver a vida em sua potência e combater a indiferença. Trago suas palavras: "O hábito suja os olhos e lhes baixa a voltagem. Mas há sempre o que ver. Gente, coisas, bichos. E vemos? Não, não vemos. (...) Nossos olhos se gastam no dia a dia, opacos. É por aí que se instala no coração o monstro da indiferença". Para conhecer as crianças e acolher a diversidade de seus modos de ser e estar, é preciso combater o hábito, é preciso aprender a ver além da rotina. O exercício narrativo proposto, que experimentamos na disciplina, apontou essa necessidade e, na impossibilidade de estarmos com as crianças reais e concretas, contribuiu para ensaiarmos olhares mais abertos.

Além dos encontros com propostas de estudo, de discussão de temas pertinentes e de exercícios diversos, como o já descrito, coordenados pela professora do componente curricular, tivemos também uma série de seis encontros com profissionais de uma Unidade Municipal de Educação Infantil (Umei) de Niterói. Foram encontros virtuais e contaram com a presença de: 1) diretora e diretora adjunta; 2) pedagoga; 3) uma professora que atuava com crianças de 2 e 3 anos; 4) duas professoras que atuavam com crianças de 4 e 5 anos; 5) cozinheiras; 6) todo o grupo (diretoras, pedagoga, professoras, cozinheiras), falando da ação pedagógica na pandemia.

Nesses encontros, as profissionais fizeram relatos e trouxeram registros e imagens que ofereciam um retrato do funcionamento da Umei antes da pandemia e como estavam fazendo o trabalho com as crianças e as famílias nos meses iniciais de isolamento social, em que todos estavam longe da escola. Falaram de um tempo de grandes desafios, aprendizagens e reinvenção, no qual se guiavam por um objetivo: manter os vínculos. O conteúdo dos encontros girou em torno da proposta pedagógica, que envolvia pensar a rotina, articulando cuidar e educar, o planejamento e seus eixos estruturantes, as interações e a brincadeira, assim como os registros realizados pelas professoras. O percurso dos debates suscitados pelas apresentações da equipe da Umei Rosalda Paim foi muito proveitoso. Os encontros assim organizados, com a presença das profissionais em nossa sala virtual, compartilhando suas histórias e práticas, entre desafios e compromissos, permitiram-nos testemunhar um belo exemplo do trabalho pedagógico de qualidade que pode ser desenvolvido na educação infantil.

Narrativas de práticas de uma instituição de educação infantil pública

A Umei Rosalda Paim, localizada no centro de Niterói, no Rio de Janeiro, atende em horário integral (das 8 às 17 horas) cerca de 150 crianças, entre 2 e 5 anos de idade. A proposta pedagógica que desenvolvem vem sendo construída coletivamente desde 2013, quando a antiga creche comunitária foi inserida no grupo de escolas municipais de Niterói coletivamente, após o estudo dos Referenciais Curriculares da Rede Municipal de ensino de Niterói – Educação Infantil e das Diretrizes Curriculares Nacionais para a Educação Infantil.

Com base no movimento de reelaboração do seu projeto político-pedagógico (PPP), o coletivo da Umei começou a remodelar as atuações, valendo-se dos eixos interações e brincadeira (que são definidos pelas DCNEI) e dos eixos literatura, arte e natureza (que são definidos na especificidade da Umei). Segundo nos contaram a diretora e a diretora adjunta, o investimento na formação das professoras é uma constante, sendo efetivado em reuniões semanais de planejamento, com ênfase no estudo sobre a prática do registro, que seguem a perspectiva da (re)construção de um PPP vivo e ativo no cotidiano. Assumir essa perspectiva, articulando formação e estudo, tem provocado mudanças na relação entre professoras e crianças, marcadas por maior compreensão e respeito aos objetivos indissociáveis da educação infantil (cuidar e educar) e pela visão do espaço como elemento do currículo, que passou a ser reorganizado com novos arranjos espaciais (as salas de referência dos grupos foram estruturadas por zonas circunscritas, foram tiradas algumas mesas, abrindo espaços para interações, brincadeiras e trabalhos em pequenos grupos).

O movimento estético de trabalhar com as diferentes linguagens privilegia a literatura, com base na percepção da leitura como prazer e no direito da criança ao contato com esse objeto cultural, o livro. Desde a cuidadosa escolha dos títulos que ficam à disposição nas salas de referência, a liberdade das crianças em manuseá-los e a oportunidade de escutar a leitura de uma história aproximam e cultivam a intimidade e o gosto pela literatura. A arte é também um eixo do trabalho estético; a arte pela arte e pelo prazer de deixar marcas através de experiências com argila, tinta, papelão, tecidos, elementos da natureza, materiais não estruturados, com fartura e cotidianamente. As palavras das diretoras ressaltam que as propostas de/com arte não se agarram à ideia de fazer trabalhinhos para exposições, para as mostras pedagógicas, mas, sim, à experiência das crianças. Como elas dizem, tudo vira pincel e elemento para criar nas mãos das crianças, mesmo que não resulte em um produto para ser exposto!

As ações durante a pandemia também foram partilhadas com os estudantes de nossa turma e ficamos sabendo, pelos testemunhos das diretoras, que a Umei Rosalda Paim teve como foco, desde o início da pandemia, o acolhimento às famílias, buscando manter o contato e o diálogo por meios virtuais e telefônicos. Visto que muitas crianças dependem da alimentação da escola e aprendem a reconhecer alimentos e se alimentar de forma saudável, a equipe se integrou ao movimento promovido pela prefeitura de Niterói, a fim de entregar às famílias cestas básicas, cartões de renda básica temporários e *kits* de arte.

As diretoras e a coordenadora pedagógica também falaram do seu papel em acolher a equipe, em gerir as pessoas envolvidas no trabalho da Umei. No contexto pandêmico, em certo momento, perceberam que era necessário falar dos medos e das coragens que estavam envolvendo a vida de todos. Utilizaram-se de poemas da escritora Roseana Murray, autora conhecida de todos e já trabalhada com as crianças. Propuseram bordados e desenhos em mandalas com dizeres que estavam mais presentes naquele momento: "esperança", "incerteza", "fé", "distância". Elas contam que essas foram algumas das palavras escritas pelos funcionários e que tanto definem os sentimentos causados pela pandemia de Covid-19.

Esse ponto bastante me encantou, pois percebi que, na pandemia, um momento de afastamento da escola, a equipe conseguiu se reunir como um todo, desde a coordenação até a equipe da cozinha, vivendo um processo em que todos se (re)conhecem como sujeitos que educam, que fazem parte da comunidade escolar. A identidade foi afirmada, aprofundando relações e compreensões de que todos, não importa a função que desempenhem, são os adultos de referência das crianças. Apesar das tristezas, das incertezas, das dificuldades trazidas pelo distanciamento pandêmico, as reuniões pelas janelas virtuais, com todos os setores, mostraram o quanto é necessário e potente o encontro e o reconhecimento de todos. Mostraram, também, que a falta de tempo e a correria que antes impossibilitava esse encontro, presencialmente, agora precisava ser enfrentada e deu origem a outras práticas coletivas.

Também me encantou o relato de uma das professoras sobre uma criança que, depois de ter encontrado um casulo em frente à sua casa, levou-o para a escola com objetivo de observá-lo com a turma. É perceptível que essa criança se sente validada e segura para levar suas curiosidades e ser acolhida pela professora e pelo grupo. O casulo foi colocado dentro de uma caixa e, durante as semanas seguintes, foi observado pelas crianças da turma, até que nasceu uma mariposa. Naquele dia, as professoras atrasaram a hora do almoço, pois, diante das solicitações das crianças, que estavam eufóricas para ver o voo da mariposa, consideraram aquele o momento propício para soltar a mariposa no pátio, junto com as crianças. Essa atitude das professoras demonstra uma rotina e um planejamento maleáveis, que seguem as necessidades das crianças e promovem situações significativas e participativas. Esse episódio compartilhado também foi registrado pelas professoras em seu caderno de registro. Percebemos, ao longo de todos os encontros, que, no trabalho pedagógico da Umei Rosalda Paim, o registro das práticas e dos acontecimentos diários é considerado de grande importância, conforme a literatura que estudamos, que afirma o objetivo da documentação pedagógica:

> (...) oferecer às crianças uma memória (...); oferecer aos educadores uma ferramenta para pesquisa e uma chave para melhoria e renovação contínua; e oferecer aos pais e ao público informações detalhadas sobre o que ocorre nas escolas, como um meio de obter suas reações e apoio. (Edwards, Gandini e Forman 1999, p. 25)

O registro permite o resgate da memória da professora. Com base nele, pode-se revisitar a própria prática, revisar os erros e apropriar-se com autoria dos acertos. É possível acompanhar a trajetória e o desenvolvimento das crianças, do grupo, de propostas e projetos. As professoras têm o costume de realizar textos em conjunto com as crianças sobre descobertas e pesquisas que estão realizando, com as palavras das crianças. Foi ressaltado que o mais importante não é ficar esteticamente perfeito, mas, sim, validar os conteúdos das narrativas das crianças, recolhidos da oralidade, e socializar, por exemplo, colocando nas paredes da sala de referência.

Esse processo vivido com o registro na Umei Rosalda Paim pode ser conferido por meio da leitura de alguns textos, produzidos no contexto de uma pesquisa-formação desenvolvida na e com a Umei e publicados no livro *Registros na educação infantil: Pesquisa e prática pedagógica*" (Ostetto 2017).

Quando a professora das crianças pequenininhas contou sobre sua experiência, ficou visível que a Umei acolhe e escuta as crianças e suas famílias. O trabalho é pensado no conjunto, como um projeto de instituição. Lembro-me das palavras da professora de crianças de 2 anos, que disse: "O colo do professor é uma potência, um espaço de confiança, o colo dá acolhida. Com os bebês, a comunicação é feita pelo olhar, pelo corpo; é preciso aprender a ler as relações corporais" (anotações pessoais do encontro do dia 29/10/2020). As práticas compartilhadas apontam que educar é construir um lugar do pertencimento, do estar junto, como também podemos ler nos documentos oficiais:

> Art. 8º – A proposta pedagógica das instituições de Educação Infantil deve ter como objetivo garantir à criança acesso a processos de apropriação, renovação e articulação de conhecimentos e aprendizagens de diferentes linguagens, assim como o direito à proteção, à saúde, à liberdade, à confiança, ao respeito, à dignidade, à brincadeira, à convivência e à interação com outras crianças. (Brasil 2009)

Ao ouvirmos as experiências das professoras, nós as conectamos com as informações compartilhadas nos encontros pelas diretoras e pela coordenadora pedagógica sobre a concepção do espaço como elemento do currículo e sobre a forma de organizá-lo. As docentes contam que também são responsáveis por organizar a sala de referência em zonas circunscritas, ou seja, em cantinhos que potencializem a interação das crianças entre si e não deixem o foco no professor. Essa organização intensifica a observação e o registro dos adultos, pois as crianças estarão interagindo em pequenos grupos e em espaços específicos, com objetos e brinquedos diversificados. Isso permite que a professora perceba por qual atividade as crianças se interessam mais e, assim, (re)organize a sala, selecionando e disponibilizando melhor os instrumentos, os objetos e as materialidades de preferência do grupo. Elas reafirmam que o espaço é um educador, que potencializa as vivências na educação infantil e que se constitui com as demandas.

Um tema em destaque: A centralidade da criança na prática pedagógica

É muito comum, ainda, encontrarmos instituições com um viés preparatório e compensatório quando se trata de educação infantil. Historicamente, essa situação se dá em razão do fenômeno conhecido como fracasso escolar, muito evidente nos anos 1970 e 1980, mas que ainda ocorre com frequência, quando a criança alcança os anos iniciais do ensino fundamental. A necessidade de reduzir essa configuração levou à atribuição da tarefa de realizar uma pré-alfabetização, uma preparação, na educação infantil, antigamente chamada de pré-escola, justamente. Um dos fatores apresentados para a sustentação dessa política era a concepção sobre os enfrentamentos sociais dessas crianças que fracassavam na escola, como a pobreza: a culpa do fracasso era colocada sobre a criança, entendida como carente, a quem faltavam as condições que permitem progredir nos anos escolares (Kramer 1982).

Ao estudar a história da educação infantil e ouvir as experiências da Umei Rosalda Paim, cujo PPP assume a centralidade da criança no currículo, amplio a reflexão sobre os objetivos que devem ser norteadores da proposta pedagógica. Causa-me revolta saber que a estrutura escolar, na maior parte dos casos, é excludente, capacitista e meritocrática. Exige que corpos e vivências diferentes se encaixem e se modifiquem para suas exigências e padrões. Aos que não conseguem, restam rejeição, culpabilização e medicalização. Acredito que, hoje, quando ainda vemos propostas de educação infantil que não respeitam as DCNEI, que objetivam alfabetizar trabalhando com as famosas "folhinhas", estamos vendo, também, uma educação meritocrática e capitalista, que prioriza os testes e o conhecimento pautado em conteúdos curriculares, metas e avaliações taxativas. É, de fato, um grande desrespeito e uma violência com os corpos infantis, que se configuram no lúdico e no espaço do faz de conta, obrigar crianças pequenas a se sentarem por horas, copiarem do quadro, ficarem em silêncio e terem pequenos espaços de tempo destinados para a brincadeira. Homogeneizar corpos também é uma escolha política, mas que vai contra as DCNEI, que estabelecem:

> Art. 9º – As práticas pedagógicas que compõem a proposta curricular da Educação Infantil devem ter como eixos norteadores as interações e a brincadeira, garantindo experiências que: (...) VIII – Incentivem a curiosidade, a exploração, o encantamento, o questionamento, a indagação e o conhecimento das crianças em relação ao mundo físico e social, ao tempo e à natureza; (...). (Brasil 2009)

O direito à brincadeira é o direito da criança de se estabelecer no mundo como sujeito, pois, na brincadeira, meninas e meninos experimentam elementos da cultura, articulam representações de papéis sociais, trabalham representações mentais. A brincadeira tem prioridade no processo. A realidade interna predomina sobre a externa e tem flexibilidade, e combinados que as crianças organizam entre si.

> Nossas práticas têm conseguido incorporar o brincar como dimensão cultural do processo de constituição do conhecimento e da formação humana? Ou têm privilegiado o ensino das habilidades e dos conteúdos básicos das ciências, desprezando a formação cultural e a função humanizadora da escola? (Borba 2007, p. 35)

A brincadeira existe quando o tempo e o espaço estão disponíveis para as crianças. Poderia citar aqui a necessidade de uma fartura de materiais não estruturados, tintas, cores e experimentações, mas quero ressaltar a capacidade de criação que as crianças possuem por si sós. Ao brincar com a mais simples caixa, ou com qualquer objeto que faça barulho, mesmo sem a intencionalidade de um adulto por perto, mesmo com todas as mazelas que muitas crianças enfrentam na desigualdade de nosso país, elas ainda assim têm uma capacidade de abstração admirável ao reinventar funções até mesmo para o que nós, adultos, consideramos lixo.

É claro que isso não exclui o direito de todas as crianças de ter acesso ao mais rico e farto material e a brinquedos, mas a ludicidade, inerente à brincadeira, é inerente à vida, de tal forma que nós, educadores, podemos trabalhar como amplificadores das potencialidades dos sujeitos com os quais interagimos e desenvolvemos relações pedagógicas. Mas, para isso, é preciso que os adultos-educadores também experimentem a ludicidade, reaprendam a brincar, a inventar formas, a criar.

Quando eu, já adulta e artista em experimentação, penso em um quadro, é como se minha mente fosse bombardeada de ideias e formas que preciso externalizar para me mostrar ao mundo, para existir em plenitude. Minha mente dialoga com os referenciais que trago comigo, reflete sobre o que vejo e desejo, testa possibilidades e, ao finalizar a obra, descobre outros elementos. Isso não é se fazer um grande ser brincante? Pois acredito que sim. E essa dimensão, eu percebi, é fundamental também para me fazer professora de crianças.

Durante os encontros com a equipe da Umei Rosalda Paim, tivemos a dimensão de uma instituição que, no próprio PPP, dialoga com as especificidades das crianças, seguindo as orientações das DCNEI, assumindo as interações e a brincadeira como eixos da educação infantil. Pude observar, nos eixos de trabalho definidos no PPP – literatura, arte e natureza, traduzidos nos aspectos linguagem, eu e o mundo, corpo e movimento –, uma ação comprometida com as crianças e com a formação docente que viabiliza a coerência curricular. Ao apresentar os registros das professoras sobre a experimentação de materiais e a organização dos espaços, ficou evidente que favorecem as brincadeiras, a autonomia e a interação entre as crianças. A possibilidade do uso de tintas, argila, papéis, terra e pedrinhas, que potencializa as expressões das infâncias, está presente nas práticas docentes da instituição.

Se a expressão das nossas vivências por meio da arte é tão presente, desde os registros das primeiras civilizações, encontrados nas cavernas, por que, mesmo assim, muitas escolas ainda tentam delimitar a possibilidade de experimentação das crianças, com base em uma concepção que controla o manuseio dos materiais e das brincadeiras? Levantei essa questão ao ouvir a apresentação das professoras da Umei, que demonstraram a possibilidade de uma docência compromissada com as crianças e suas linguagens e potencializadora das brincadeiras como formas próprias das infâncias.

Foram mostradas fotos das crianças pintando não só uma folha, mas também o corpo e até a cadeira; crianças sentadas diretamente na terra, fazendo comidinhas com folhas e pedrinhas; crianças desemparedadas. Não existia, ali, a preocupação em devolver a criança completamente limpa para casa, mas, sim, o compromisso com o "apresentar o mundo" para elas. Essa experimentação só é possível quando a equipe compreende o espaço como o outro educador e oferece materiais ricos. Todo esse movimento favorece também a autonomia, afinal, não é o professor que define como brincar, com o que brincar e de que forma brincar, pois a possibilidade de tomar decisões e fazer escolhas é fundamental. Não é sobre sujeira e nem sobre bagunça, é sobre experimentação! É preciso fugir do óbvio. E, entre limites e possibilidades, os profissionais da Umei Rosalda Paim, orientados pelo PPP que construíram, estão tentando ir além do óbvio, ir além do hábito.

Estágio em tempos de pandemia: Aprendizagens mediadas por narrativas docentes

Foram muitos os esforços para a construção de conhecimentos significativos durante a disciplina de PPE II. As aprendizagens possibilitadas foram essenciais para me fortalecer no caminhar que é me tornar professora. Mas, lá no fundo, acredito que nada seja capaz de substituir o contato com as crianças; afinal, sem elas não há por que existir professora de educação infantil. Não há como negar minha preocupação com o impacto, na minha formação, da falta de contato direto com as crianças, que poderia ser oferecido no estágio curricular da universidade. Mas sei que o contexto de crise sanitária nos deixou sem muitas alternativas, pois a pandemia de Covid-19 nos impôs esse distanciamento. Sei também que ainda tenho um longo caminho a percorrer, que a formação não acaba e que essa lacuna será compensada.

No entanto, acompanhar a equipe da Umei Rosalda Paim e suas experiências, testemunhar a dedicação, o compromisso para manter os vínculos com as crianças no período pandêmico me emocionou. Suas ações envolveram a gravação de vídeos cantando e contando histórias, vídeos de receitas feitos pela equipe da cozinha, a compra de *chips* para os professores acoplarem aos seus celulares e falarem com os pais e as crianças por um número que não fosse o pessoal, buscando assim manter o contato com as crianças. Se presencialmente as profissionais faziam o possível para oferecer a melhor experiência para as crianças, distantes, continuam com a mesma prática. Todas essas tentativas nos ensinam que um professor precisa ser comprometido com as crianças, precisa trabalhar coletivamente e precisa receber apoio.

Não gosto de romantizar o ser professora, não é um dom divino, mas acredito que ocupar esse espaço é muito mais do que uma profissão qualquer: nós lidamos com inícios de vidas. Seres humanos no início de sua caminhada merecem escuta e olhar sensível, necessitam que lhes deem ouvidos e os validem como cidadãos, oferecendo colo, proteção, carinho, com intencionalidade, referenciados em um projeto educativo coletivo. Dizer que essas crianças são o futuro me parece muito distante, e incoerente. Elas são o presente. O ser e estar no mundo está acontecendo no agora, em cada descoberta que as crianças fazem, aqui, ali e acolá, em todos os espaços... até mesmo no virtual.

Como ser uma interlocutora nessa caminhada de cada dia?

O racismo, o machismo, o silenciamento, ainda presentes nas instituições educacionais, geram traumas, como a crença na inferioridade, na incapacidade de se pôr no mundo, de se posicionar. Nesse contexto, saímos de uma hierarquia de professor e aluno e somos jogados direto numa lógica patrão e empregado. Eu, sozinha, realmente não sou capaz de mudar essa estrutura, mas aprendi que posso oferecer o melhor ao meu alcance, na minha profissionalidade docente, na competência pedagógica que vou construindo ao longo da minha trajetória. Posso ser uma interlocutora atenta, que acolhe a diversidade, que escuta e que apoia percursos singulares: quando apresento um livro com protagonistas negros, ou sobre mulheres que mudaram o mundo; quando, nas paredes da minha sala de referência, exponho os trabalhos e os desenhos das crianças, compartilho imagens de arte, de diferentes culturas, e não de princesas brancas da Disney; quando não aceito situações de agressões e preconceito e trabalho princípios da cidadania no dia a dia do grupo; quando observo, escuto e registro suas falas, sei que estou contribuindo para que aquelas crianças enfrentem o desafio que é crescer. Estou contribuindo para que elas se amem e se aceitem em suas diferenças e singularidades, que também respeitem quem está ao redor. Assim, poderão tomar suas próprias decisões, sabendo que têm direito a ter sua voz pronunciada. Mal posso esperar para estar com elas!

Referências bibliográficas

BLOG DA UNIDADE MUNICIPAL DE EDUCAÇÃO INFANTIL ROSALDA PAIM. [Disponível na internet: https://umeirosaldapaim.blogspot.com/, acesso em 7/12/2020.]

BORBA, A.M. (2007). "O brincar como um modo de ser e estar no mundo". *In*: BRASIL/MEC/SEB. *Ensino fundamental de nove anos: Orientações para a inclusão da criança de seis anos de idade*. 2ª ed. Brasília: MEC/SEB. [Disponível na internet: http://portal.mec.gov.br/seb/arquivos/pdf/Ensfund/ensifund9anobasefinal.pdf.]

BRASIL (2009). *Diretrizes Curriculares Nacionais para a Educação Infantil*. Brasília: MEC/SEB.

EDWARDS, C.; GANDINI, L. e FORMAN, G. (orgs.) (1999). *As cem linguagens da criança*. Porto Alegre: Artmed.

KRAMER, S. (1982). "Privação cultural e educação compensatória: Uma análise crítica". Cadernos de Pesquisa, São Paulo, n. 42, ago., pp. 54-62. [Disponível na internet: http://publicacoes.fcc.org.br//index.php/cp/article/view/1550.]

OSTETTO, L.E. (org.) (2017). *Registros na educação infantil: Pesquisa e prática pedagógica*. Campinas: Papirus.

OSTETTO, L.E. e MAIA, M.N.V.G. (2019). "Nas veredas do estágio docente: (Re)aprender a olhar". *Olhar de Professor*, v. 22, dez., pp. 1-14. [Disponível na internet: https://revistas2.uepg.br/index.php/olhardeprofessor/article/view/13935, acesso em 6/6/2021.]

RESENDE, O.L. (1992). "Vista cansada". *Folha de S.Paulo*, edição de 23/2/1992.

3
"ENTRE A SEMENTE E A FLOR EXISTE O TEMPO":[1] RELATOS DE UMA JORNADA DE ESTÁGIO EM TEMPOS ADVERSOS

Beatriz Batistela Silva Rodrigues

Dos acontecimentos imprevisíveis e inesperados que jogaram a vida a rumos outros

Recordo-me de saber pela primeira vez sobre o novo vírus que assolou o planeta na véspera do Ano-Novo, dia 31 de dezembro de 2019. Naquele momento, não suspeitei de que as consequências seriam tão agressivas quanto foram e nem que teriam potencial para impelir mudanças nas dinâmicas de organização do mundo tão repentina e bruscamente. Quase um ano depois de saber do primeiro registro de caso do novo coronavírus, no final do mês de novembro de 2020, peguei a doença.

De repente, alguém espirrou na China, e o mundo precisou ficar trancado dentro de casa: era mais do que uma gripe! Nossas crianças,

1. Verso anotado do relato de experiência da diretora Leda Marina, da Umei Rosalda Paim, no encontro virtual com nossa turma de Pedagogia em 2020.

esses seres que aprendi a admirar na minha trajetória de formação como professora, por sua irreverência e ânsia do mundo, são espoliadas daquilo que lhes é tão vital: a convivência, a escola de carne e osso, de sala de aula (ou salas de referência), de pátio, de refeitório, de sonecas em conjunto, de abraços, de brincadeiras, de contato. Mesmo assim, em face de condições tão adversas e desafiadoras, vimos que somos professoras, porque aprendemos a resistir e, se resistimos, é porque amamos o mundo e confiamos no poder da transformação social, como bem nos ensina Paulo Freire (1996). E não fazemos de qualquer jeito! Seguimos com muito afeto, criatividade e companheirismo.

Nesse contexto, também nossa formação universitária foi atingida. No primeiro período letivo de 2020, estudantes do quarto período do curso de Pedagogia da Universidade Federal Fluminense (UFF) cursariam o componente curricular Pesquisa e Prática Educativa II (PPE II), correspondente ao estágio obrigatório no campo da educação infantil. Dadas as circunstâncias da crise sanitária, as resoluções internas da UFF indicaram a possibilidade de realização de tal componente na modalidade de "estágio remoto excepcional".[2] Ao longo do semestre, debruçamo-nos sobre o tema da educação infantil e seus desdobramentos, fazendo leituras e debates em diálogo com referenciais teóricos e análises de situações sobre a organização do cotidiano educativo com as crianças. Ampliando a experiência, tivemos seis encontros com as profissionais de uma Unidade Municipal de Educação Infantil (Umei), que estiveram conosco em nossa sala de aula virtual, que rechearam e nos deixaram rechear de descobertas, aprendizados, confidências, trocas, risos e acolhimento.

Cada conversa foi orientada por um tema e, assim, pudemos nos acalentar com assuntos tais quais o trabalho da direção da escola, da equipe pedagógica, das professoras de bebês e das crianças maiores,

---

2. Orientações para as disciplinas de estágio obrigatório dos cursos de licenciatura, em caráter excepcional e temporário, enquanto durarem as restrições sanitárias da pandemia do Covid-19. Niterói, 26 de agosto de 2020. [Disponível na internet: http://divisaopraticadiscente.uff.br/wp-content/uploads/sites/229/2020/09/DOCUMENTO-ESTAGIO-REMOTO-COLEGIADO-AGOSTO-2020.pdf.]

das cozinheiras e o trabalho em tempos de pandemia. Em conjunto, profissionais da educação infantil, professora do componente curricular PPE II e minhas colegas da pedagogia atravessamos os desafios de um semestre de construção de saberes que estabelecem pontes entre a teoria e a prática, porque, como vamos aprendendo, uma não existe sem a outra.

Afastamos os véus que cobriam as questões relativas à educação das crianças pequenas. Ao entender nosso papel como educadoras-cuidadoras, aprendemos a não subestimar as grandiosas miudezas que envolvem o cotidiano com as crianças. Assim, marcamos nossa posição como professoras e pedagogas, escavamos nossas identidades, vimos que, ao nos compreendermos, possibilitamos a compreensão do outro, pautamos nossa prática pela generosidade e atribuímos importância àquilo que é visto como desimportante.

Ao escrever sobre a experiência, busco colorir os quadros que compõem nossa pequena história compartilhada, esboçar o panorama geral de nossos encontros com seus temas norteadores e esmiuçar aquilo que mais me marcou. Conforme dito, a divisão dos encontros foi organizada com base em assuntos geradores e, aqui, esses assuntos serão postos em diálogo, segundo a organização dos tópicos: a) a instituição; b) a proposta pedagógica; c) retratos da prática docente; d) tema para aprofundamento (para ele, elegi a alimentação vegana como assunto para maior discussão e como ponto de partida para pensar o universo da educação infantil); e) considerações sobre o processo de estágio em tempos de pandemia. De alguma forma, espero que as palavras aqui articuladas correspondam à densidade dos aprendizados desse percurso. Seguimos em frente.

Da rua à tela: Aproximação à Umei Rosalda Paim

No final do ano de 2019 e no início de 2020, o trajeto que cruza a rua Doutor Celestino, no centro de Niterói, foi costumeiro. Na caminhada, o prédio que comporta a Umei Rosalda Paim me chamava a atenção. De alguma forma, achava-o imponente, grandioso. Talvez porque o comparasse com a estrutura da outra creche municipal que me era familiar, onde fiz o estágio anterior, que era mais miúda. Depois, praticamente um ano após esses encontros aparentemente despropositados, com um lapso cheio de acontecimentos imprevisíveis e inesperados, que jogaram a vida para rumos outros, tive a notícia de que meu estágio obrigatório da disciplina de PPE II, agora nos moldes do período extraordinário a que fomos conduzidos, seria justamente mediado pela Umei Rosalda Paim, virtualmente.

Nada nesta vida se despoja de propósitos. Com o curso dos acontecimentos, passamos a entender as conexões entre coisas que aparentemente não têm explicações, além dos sentimentos. E não seriam os sentimentos por eles mesmos a explicação? Quiçá a majestosidade do prédio que dá endereço à instituição Rosalda Paim tenha sido realmente um dos fatores responsáveis por capturar meu olhar nas minhas caminhadas pela rua Doutor Celestino, mas, decerto, não foi o único, e a aferição desse fato só pôde ser atestada meses depois.

É importante notar que a minha história e a da Umei Rosalda Paim se cruzam primeiro depois da descoberta, por mim, de sua existência naquela rua, existência essa que se dá por sua materialidade de estruturas físicas. Essa descoberta, no entanto, completa-se depois, quando sou convidada a conhecer as bonitas profundezas da instituição. Assim, ficou evidente que a sua existência transcende seus tijolos, suas paredes e suas janelas: ela vive em cada profissional, em cada criança e em cada família que atravessa com suas histórias de vida a escola e é atravessado pela história da instituição.

Esse aprendizado é muito significativo e importante para o período em que vivemos. Quando os novos ventos nos atingiram e bagunçaram tudo aquilo que tínhamos como certo, muitas pessoas e, em especial, profissionais da educação, pensaram que seria um período perdido. Por meio dos encontros com a Umei Rosalda Paim, foi possível ver que a reinvenção é parte intrínseca do fazer educação. Afinal, a adaptação e a criatividade são dois fatores que forjaram nossa humanidade no curso da história. Somos humanos, somos engenheiros do mundo.

Portanto, compreendemos que o compromisso da escola pública de educação infantil é tão grande que não pode cessar, mesmo sem horário de entrada e de saída e sem atividades dentro da escola. A instituição Rosalda Paim se caracteriza por sua autonomia e organização democrática. A gestão da escola une as esferas administrativa e pedagógica; o trabalho da gestão se dá pouco a pouco, no processo de constituir um grupo, com objetivos e focos em comum, como nos disse a diretora Leda Marina no encontro. Suas palavras podem ser ampliadas na leitura de um artigo já publicado (Marina e Wolf 2017).

Como vimos, cada unidade escolar tem a prerrogativa de construir seus próprios processos de organização e, assim, a Rosalda Paim construiu os dela, que serão mais bem explicitados no tópico a seguir. À escola cabe compartilhar com as famílias o que a instituição tem a oferecer, o projeto de escola e o entendimento da escola sobre o que é ser criança. Não são necessários recursos mirabolantes ou práticas inéditas e extremamente inovadoras; conforme fomos conhecendo a instituição, vimos que o dia a dia é feito com modestos tijolos de afeto. Como nos lembra Roseana Murray,[3] uma poeta muito presente nas ações pedagógicas desenvolvidas em 2020 na Umei Rosalda Paim:

Simplicidade

A simplicidade
do algodão para forrar
a alma
e do veludo para forrar
a voz,
a simplicidade das mãos
desnudas de todo o mal,
quando num toque

3. Roseana Murray é escritora, filha de imigrantes poloneses. Nasceu no Rio de Janeiro, em 1950. Tem mais de cem livros publicados, para leitores de todas as idades. Entre outros: *Manual da delicadeza*; *Tantos medos e outras coragens*; *Jardins*; *Abecedário poético de frutas*. Para saber mais, ver: http://roseanamurray.com/site/, acesso em 10/9/2021.

se reconhecem.
A simplicidade das flores
que enchem o ar
de beleza e pintam
nosso olhar.
A simplicidade da vida
quando apenas
o essencial.

Nas conversas tecidas com as profissionais, ficamos sabendo que o trabalho da Umei Rosalda Paim é baseado em um projeto político-pedagógico (PPP) em permanente diálogo teoria-prática com seu baluarte no vértice cuidar-educar, que deve semear toda a prática da educação infantil, segundo as diretrizes nacionais, bem como o eixo interações e brincadeiras. O PPP da instituição assume a função de agir como uma espécie de marco referencial para a prática docente e de outras formas de trabalho na escola. Dessa maneira, esboça pressupostos de ação no interior da comunidade escolar, comunidade essa que é vista de forma global, incluindo agentes como pais e estagiários na formulação ou no acesso desse importante documento, que é baseado noutros documentos, supraescolares.

O planejamento dos períodos é sistematizado com base em perguntas geradoras. Com as crianças, aprendemos que, mais importante que a certeza, é o ato de investigar. Então, orientar-se baseado em questões como "quais objetivos queremos alcançar?" ou "quais caminhos devemos percorrer para perseguir esses objetivos?" parece coerente com um trabalho em pretenso diálogo com os aprendizados da infância. Nesse quadro, se deixarmos a imaginação alçar voo, vamos perceber, como nos mostrou a pedagoga, que são inumeráveis os eixos possíveis que vão se delineando para pautar a prática na educação infantil. Que tal temas integradores, áreas de conhecimento, datas e feriados ou estágios de desenvolvimento infantil? De fato, não há resposta certa quando a imaginação é grande. O importante, conforme pude aprender em face da partilha da experiência dessa escola, é perceber como os ciclos operam e, assim, propiciar vivências relacionais.

Conforme conversamos, não é comum que uma escola se mostre aberta a compartilhar seu PPP com visitantes. Na verdade, a impressão que temos é que se trata de um tesouro guardado a sete chaves, envolto em mistérios. Noutra experiência de estágio obrigatório, o PPP da escola que eu frequentava era uma incógnita, o que dificultava, da minha parte, a compreensão das ações das professoras e da direção. Eu tinha a impressão de que as atividades se davam de forma randômica e, assim, não conseguia estabelecer uma linha comum entre elas. Aprendi, neste semestre, que o acesso ao PPP escolar possibilita a compreensão da filosofia da escola e de suas concepções pedagógicas, o que é muito importante para nós, professoras em formação. Isso se faz de grande valor, pois entendemos que a educação nunca é individual. Ao contrário, representa, por excelência, uma ação coletiva. A escrita de um PPP não se trata, portanto, de mera formalidade ou burocracia, mas do coração da escola e, se assim for feito, torna-se um documento vivo.

À luz dessas discussões, que pululam em minha vida de estudante de pedagogia e estagiária, e certamente na vida de minhas colegas também, percebemos que a função do PPP não se esgota em si mesma ou no período a que se refere. Permite avaliar o caminho percorrido e redimensionar o trabalho para o período seguinte. Cada criança é única, cada turma é única, cada circunstância é única. Ao registrar experiências, sucessos, ações e frustrações, às professoras e às profissionais escolares é permitida a reflexão crítica acerca de suas intencionalidades de acordo com suas concepções de desenvolvimento infantil.

Segundo nos mostraram as educadoras, quando chega o momento de reescrita do PPP, as profissionais são mobilizadas pela indagação "a escola que tenho e a escola que sonho". Como estudantes da Faculdade de Educação da UFF, somos incentivadas a dar asas aos nossos desejos. Com a provocação em voga, "a escola que tenho e a escola que sonho", percebemos como os sonhos só se viabilizam se mantivermos os olhos no horizonte, mas os pés no chão. As orientações internas baseadas no PPP na Umei Rosalda Paim estabelecem prioridades e indicadores para o desenvolvimento das ações no seio da escola. Nesse bojo, tópicos como relação escola-comunidade, relações interpessoais, práticas pedagógicas, aprendizagens (interações e brincadeiras), relação escola-sede são tomadas como prioritárias e as ações concretas se desenham partindo desses motes.

No emaranhado de fios que se costuram, é possível que surja a pergunta: mas, afinal, qual é o currículo da educação infantil na Umei Rosalda Paim, isto é, quais são os conteúdos trabalhados no dia a dia escolar? A resposta para essa pergunta será desenvolvida a seguir, em "retratos da prática docente", mas, de antemão, faz-se necessário salientar que o desprendimento da dureza dos currículos é uma das características que fazem a educação infantil ser tão encantadora. Não significa, porém, que o trabalho das professoras se dê num vácuo, sem quaisquer direcionamentos ou intencionalidades. Valendo-se dos eixos literatura, arte, natureza, linguagem, corpo e movimento e o eu no mundo, as atividades são desenvolvidas e o dia a dia é construído, tintim por tintim. Certamente, para além de todas as formulações teóricas e do reconhecido trabalho árduo das profissionais, o que sobra de essencial é o olhar sensível, a escuta atenta, o afeto e a persistência e, claro, o compromisso com uma educação pública de qualidade.

Retratos da prática docente: Na educação infantil, o currículo é o mundo inteiro

Para a visita de uma pessoa querida, arrumamos a casa, limpamos a sujeira, enfeitamos as prateleiras, perfumamos o ambiente, assamos um bolo e passamos um cafezinho. Mais do que isso, abrimo-nos e deixamo-nos afetar pelo atravessamento de uma vivência outra. Isso feito, esperamos que a confraternização seja agradável e que nosso visitante traga bons prenúncios, novos pontos de vista e aprendizados. Como em nossa casa, assim é na educação infantil, como pude aprender com as professoras de bebês e de crianças maiores. A organização das salas de referência ilustra bem essa ideia, são procurados arranjos espaciais potencializadores das experiências infantis, como, por exemplo, as salas organizadas em zonas circunscritas.

Conforme ressaltado anteriormente, o currículo desse segmento se caracteriza por sua amplitude. O que é o currículo da educação infantil? Segundo as diretrizes oficiais para a educação infantil brasileira, em seu artigo terceiro:

> O currículo da Educação Infantil é concebido como um conjunto de práticas que buscam articular as experiências e os saberes das crianças com os conhecimentos que fazem parte do patrimônio cultural, artístico, ambiental, científico e tecnológico, de modo a promover o desenvolvimento integral de crianças de 0 a 5 anos de idade. (Brasil 2009)

Para utilizar uma imagem partilhada em uma de nossas aulas, com a leitura do livro *O mundo inteiro* (Scanlon 2009), que revela elementos da cultura, da natureza, das relações que constituem a vida, pode-se dizer que o currículo da educação infantil é o mundo inteiro, pois as interações e as aprendizagens das crianças, suas experiências com o mundo e no mundo são amplas, ilimitadas. Vão além de simples atividades. E isso está traduzido na prática docente da Umei que esteve em diálogo conosco. Cada professora com sua turma tem autonomia e liberdade para inventar o dia a dia de acordo com a demanda de seus pequenos. Na educação infantil, é necessário possibilitar experiências potentes para as crianças, além da sala, além das paredes. É nas experiências que elas aprendem, desenvolvem-se e florescem, como no poema:

Corpo e amor

Para te desvestir
arrumo a cama
o camarim
as fantasias
os delírios
as miragens
arrumo rosas
e tulipas
e a ondulação

da areia no deserto
transformo o deserto em jardim
Para te desvestir
e te vestir de mim
arrumo os espelhos.

Com as professoras, aprendi que ouvir e observar valoriza o papel dos acontecimentos imprevisíveis e que a comunicação, especialmente com as crianças pequenas, frequentemente não se dá de maneira formal, mas através dos gestos, do corpo e do olhar. No dia a dia, há o que elas chamaram de "negociação construtiva": ao mesmo tempo em que é importante estar com o peito aberto ao inesperado, as crianças também precisam da rotina, que, por sua vez, é construída com pequenos ritos formados por acordos tácitos entre escola, família, crianças. Isso não quer dizer que todos os dias sejam sempre iguais. Na verdade, há uma matriz orientadora e as propostas se dão com base nela, afinal, "o que caracteriza a educação é realmente a ausência de improviso e a presença de intencionalidade". Os sentidos são inaugurados pelos bebês e, nesse âmbito, é muito importante que o mundo seja conhecido através deles.

A professora, mais do que uma mediadora, é uma interlocutora (Ostetto 2017). Assim, ela deve apurar os ouvidos e celebrar, no dia a dia, a identidade de cada criança, como disseram as professoras: "um bom ouvinte é um explorador de mundos possíveis" e "se queremos compreender o que o outro está dizendo, devemos assumir que ele tem razão". As professoras nos mostraram que se valem de uma metodologia que respeita a criança brincante e que não vê o corpo da criança como um estorvo.

Um episódio narrado pelas professoras e que me chamou a atenção diz respeito a um momento em que, durante uma atividade com tintas, uma criança se pôs a pintar a cadeira da sala de aula. Esse acontecimento suscitou dilemas e reflexões. Ao mesmo tempo em que há a noção, reivindicada pela instituição, do incentivo à livre expressão, há também a importância da formação de crianças que zelem pelo espaço em que vivem. Essa situação demonstra que o espaço da educação infantil é onde questionamentos borbulham e onde as certezas são postas à prova. Não existe resposta certa, existe pensamento reflexivo.

E como essas situações podem se tornar úteis para outros momentos? Como podem não cair no esquecimento, diante do turbilhão de novidades que inundam as educadoras e as crianças a todo momento? Nesse panorama, o registro do trabalho se torna uma importante ferramenta da docência. As anotações não precisam seguir normas burocráticas cujo engessamento é quase inevitável. Como mostraram as professoras, o importante é que esses registros construam uma história, a história da Umei Rosalda Paim, a história de cada indivíduo que por ela passou. Para isso, há formas plurais de registrar. Cada pessoa, em sua trajetória, pode encontrar seu jeito próprio de fazê-lo. Relatórios, individuais ou em grupo, cadernos, murais, fotografias, o *blog* da instituição...

É, afinal, a incompletude que conduz às aventuras da experiência. A escrita é um elemento formativo do professor que está em construção para toda a vida. Nesse caso, que tal se perguntar: escrevo para quem? Escrevo para quê? Escrevo para mim? A consciência do processo é importante para potencializá-lo. A fotografia, por exemplo, para nossa turma, foi uma importante mediadora de acesso virtual à realidade da creche. Sem ela, acredito que não teríamos nos sentido tão íntimas como nos sentimos na Umei. Tendo sido esse recurso tão importante em nosso curso, não pude deixar de colocar aqui mais um poema para eternizá-lo:

Máquina fotográfica

A máquina fotográfica
do Armarinho Mágico
é bem diferente:
não faz foto de paisagens,
bichos ou gente.
Fotografia de sentimentos
é o que faz.
Para cada um, uma cor.
Só vou contar a primeira

fotografia,
não importa se é noite
ou dia,
o amor é sempre dourado.
O resto você inventa.

Ser professora é uma aventura, sem dúvida, uma jornada que transforma cada vida. E, assim, as professoras da Umei nos mostraram que é possível encontrar alegrias nesse caminho.

Cuidando do mundo e cuidado de si: A singularidade da alimentação escolar vegana

Como indica Cola (2020), de uma ótica heideggeriana, o ato de cuidar e de ser cuidado constitui uma das fontes primárias de produção da existencialidade humana. A experiência de ser um ser humano no planeta Terra se faz intrinsecamente relacional, ainda que, na desordem urbana, esqueçamo-nos disso. Existimos porque a natureza existe, somos produto e produtores de suas forças. Talvez o acontecimento da infância seja um dos mais demonstrativos meios de acesso à compreensão da vitalidade do cuidado para nós como grupo. A fragilidade do bebê ao nascer e que perdura pelos muitos anos que se seguem aponta para a importância de relações de solidariedade. Colocamo-nos a tarefa de cuidar de um ser que, à primeira vista, nada nos dá em troca, além do deleite de sermos cuidadores e de vermos o objeto de nosso cuidado se desenvolver e de nosso árduo cultivo florescer. Realmente, o ato de cuidar já é um acontecimento por si mesmo. Soma-se a ele a reciprocidade, um desses encantos da vida, afinal, as relações mútuas são o que fazem as cadeias da vida completarem seus ciclos de equilíbrio.

O cuidar é a ponte entre o mundo cotidiano e o mundo existencial, cujo exercício possibilita a consciência da temporalidade, isto é, a da localização do meu Eu no mundo, com base em um sentimento de pertença ao passado e de projeção do futuro (Matos 2018). Trata-se de um estar-no-mundo e um estar-com, pois "somos cuidados e cuidamos uns dos outros, como pessoas, porque o cuidado diz respeito à forma como a pessoa humana se estrutura e se realiza no mundo com os outros (...). É um modo de ser-no-mundo que funda relações que se estabelecem com todas as coisas." (Boff, *apud* Matos 2018).

Para a educação infantil como organização, vemos que as práticas do cuidado foram forjadas ao longo da história como desqualificantes. Hoje, lutamos pela compreensão de que o cuidado é parte indissociável do ato de educar. Como assinala Matos (2018), é necessário que a educação infantil busque sua identidade no mundo com base em um compromisso de cuidado mútuo, participação democrática, ou seja, que se torne um instrumento para a coesão na sociedade, possibilitando a construção de um clima comunitário e de uma cultura de corresponsabilização.

Nesse panorama, podemos fazer vir à tona a especificidade da alimentação. Nos encontros com as profissionais encarregadas desse segmento na escola, pudemos notar sua importância. Percebemos que a alimentação transcende o puro ato de comer, pois representa um constituinte da subjetividade humana e de cada indivíduo. Ela está relacionada à socialização, às identidades, à arte, à política, aos afetos. Outrossim, não há como desvincular a alimentação das problemáticas ambientais que vivenciamos.

Portanto, denotamos a importância do projeto "Alimentação consciente", desenvolvido nas unidades de educação infantil de Niterói, em que, uma vez por semana, o cardápio é preparado sem proteína animal. Como já salientado, a existência do ser humano no planeta pressupõe redes de ligação entre ele e os demais elementos naturais. Sabemos que a pecuária e a forma como os grandes latifúndios se estruturam estão intimamente ligados à devastação das áreas verdes e ao sofrimento da fauna e da flora. A alimentação vegana, dessa perspectiva, traduz-se numa forma de resistência a tais corporações que promovem a degradação ambiental. Promove novos conhecimentos, acesso a novos sabores, experiências diversas. Como ação individual já é importante, mas se robustece ainda mais quando adquire um tom de coletividade e de projeto sistematizado no seio das escolas.

Cuidar dos pequenos é contribuir para a manutenção da vida humana, educá-los é viabilizar projetos de transformação social. Inseri-los na lógica de uma vida sustentável é situá-los no passado e cultivar a possibilidade de um futuro melhor do que o presente (*ibid.*). A aproximação do conceito de alimentação vegana como projeto escolar pode ser um agente para o exercício da experiência da diversidade e da empatia com as criaturas humanas e não humanas.

Aprender a ser professora de educação infantil: Considerações sobre o estágio em tempos de pandemia

Uma circunstância inusitada convergiu para que saíssemos de nossos lugares-comuns e ampliássemos o questionamento sobre modos de ser e estar no mundo, de pensar e fazer educação. Na formação docente, sem dúvidas, estar com o aluno real, de carne e osso, no caso da educação infantil, especificamente, com as crianças, é uma oportunidade de valor imensurável. Todavia, como sabemos, a prática e a teoria têm relação de complementaridade. Nos meus estágios anteriores, pude vivenciar a escola, com suas dores e glórias, seus murais, refeitórios, tensões, mesas, cadeiras e quadros. Mas faltou orientação sobre o funcionamento da estrutura, a operacionalização do espaço, faltou alguém que conversasse francamente a respeito dos bastidores e, assim, pudesse fornecer o acúmulo necessário para a compreensão ampla e relacional da educação. Esse também é um aprendizado único e importante. Nenhuma experiência é igual a outra, nem mesmo aquelas que acontecem de forma convencional. Não há por que ter a ilusão de controle, então. Cada estudante fará sua trajetória de acordo com suas possibilidades e circunstâncias.

Não foi apenas no ensino superior que fomos sacudidos com a imposição de novas dinâmicas de vida. No básico, os desafios se multiplicaram e, na educação infantil, então... tudo se intensificou. Como fazer essa educação a distância, um tipo de educação em que o contato e a proximidade são imanentes? Todas as profissionais nos acalentaram com suas coragens em persistir e se reinventar. Por certo, a manutenção dos vínculos se torna o aspecto mais essencial, ainda que as frustrações sejam inevitáveis. Nem tudo acontece como desejamos; mesmo assim, a escola não pode desaparecer da vida das crianças.

A professora de bebês compartilhou conosco sua timidez, mas ainda assim fomos abraçadas por um vídeo seu, ensinando a fazer bolhas de sabão, que foi enviado às crianças. No *blog* da escola, pudemos ficar com água na boca com os vídeos, aprendendo a fazer novas receitas com a cozinheira.

Conforme estudamos e as profissionais da Umei nos mostraram, não existe EaD na educação infantil, existe a preservação da identidade do grupo, canal de informações e cultivo de celebrações. A proposta não era que as ações a distância adquirissem um caráter compensatório. Como mostraram as profissionais, os maiores desafios foram o acesso e a boa conexão à internet. A equipe passou a ter, então, rotina de reuniões virtuais. Uma grande conquista foi ter todo o grupo de funcionários participando dos encontros. Além disso, foi retomado o projeto "Família na sexta", que já acontecia de forma presencial e que, em meio à pandemia, ganhou o caráter virtual, a fim de integrar escola e família, mesmo a distância, pois, conforme apontaram, foi muito importante a participação da família para que o processo em curso alcançasse êxito. Tratou-se de um convite à interação, de tomada de protagonismo pelos pais e familiares.

De fato, é encantadora a forma como a escola assumiu as rédeas dessa situação extraordinária e não sucumbiu às dificuldades. Com sua honestidade, as profissionais nos mostraram, porém, que nem tudo são flores. A preocupação com a alimentação das crianças foi uma grande questão no cenário posto, bem como a dificuldade em manter vínculos com as turmas de crianças mais novas. Elas nos disseram que, frequentemente, tinham a sensação de estar caminhando no escuro. As angústias do período são muitas, mas, entre a raiz e a flor, existe o tempo e, como nos disse a pedagoga, "mesmo em águas turbulentas, a gente sabe aonde quer chegar".

Referências bibliográficas

BRASIL (2009). *Diretrizes Curriculares Nacionais para a Educação Infantil*. Brasília: MEC/SEB.

COLA, R.A. (2020). "O cuidado como dimensão ontológica na educação infantil: Sobre corpos, espaços e movimentos na constituição do ser-no-mundo". *Pro-Posições*, Campinas, v. 31.

FREIRE, P. (1996). *Pedagogia da autonomia: Saberes necessários à prática educativa*. São Paulo: Paz e Terra.

MARINA, L. e WOLF, C. (2017). "A criança como centro da ação gestora: Desafios na educação infantil". *In*: OSTETTO, L.E. (org.). *Registros na educação infantil, pesquisa e prática pedagógica*. Campinas: Papirus, pp. 55-71.

MATOS, M.M. de S. (2018). "O cuidado na educação de infância: Cuidar e cuidar-se em comunidade". *In*: FOLQUE, A.; MAGALHÃES, D. e VELHO, C.V. (orgs.). *O cuidado nas profissões dedicadas ao bem-estar e desenvolvimento humano*. Évora: CIEP/UÉ, pp. 71-81.

OSTETTO, L.E. (2017). "Sobre a organização curricular da educação infantil: Conversas com professoras a partir das Diretrizes Curriculares Nacionais". *Revista Zero-a-Seis*, v. 19, n. 35, jan.-jun., pp. 46-68. [Disponível na internet: https://periodicos.ufsc.br/index.php/zeroseis/article/view/1980-4512.2017v19n35p46.]

SCANLON, L.G. (2009). *O mundo inteiro*. Rio de Janeiro: Paz e Terra.

4
CUIDAR E EDUCAR: DIÁLOGO COM PROFISSIONAIS DA EDUCAÇÃO INFANTIL NA PANDEMIA

Marcele Corrêa Figueiredo

Jamais imaginamos viver uma situação imprevista como esta, onde tudo, absolutamente tudo, parece estar em jogo e é mantido em suspenso.
Camila Jourdan

Este capítulo foi elaborado com base em trabalho apresentado na disciplina Pesquisa e Prática Educativa II (PPE II), do curso de Pedagogia da Universidade Federal Fluminense (UFF), e pretende refletir sobre as experiências de formação docente na educação infantil em tempos de pandemia. A disciplina foi desenvolvida por meio de encontros síncronos e assíncronos, via plataformas digitais, seguindo as determinações institucionais de retomada do ano letivo na UFF com atividades remotas. Após vários encontros de estudo sobre a organização do trabalho pedagógico na educação infantil, mediados por leituras, debates e atividades sobre temas pertinentes, recebemos, em nossa sala de aula virtual, para apresentação e diálogo sobre suas experiências, profissionais de uma instituição pública municipal de Niterói, Rio de Janeiro.

A reflexão que vou tecer pretende ser um diálogo com as narrativas das profissionais que estiveram com nossa turma ao longo de seis encontros, realizados pela plataforma Google Meet, no primeiro semestre letivo de 2020. Cada encontro promoveu a reflexão sobre as práticas pedagógicas com crianças de diversos pontos de vista: da gestão, da coordenação pedagógica, das professoras e das cozinheiras. Os temas abordados, que dialogam entre si, oferecem um retrato dos princípios que orientam o projeto educativo desenvolvido pela Unidade Municipal de Educação Infantil (Umei) Rosalda Paim: cuidado-educação, alimentação, interações e brincadeira, arranjos espaciais, registros e documentação do trabalho pedagógico, planejamento, projeto político-pedagógico (PPP) e os eixos definidos para o trabalho coletivo (literatura, natureza e arte), articulados no plano de ação anual.

Aqui, viso contemplar os temas apresentados pelas profissionais que estiveram conversando conosco, que propiciaram a ampliação do conhecimento a respeito da primeira etapa da educação básica. Para tanto, o capítulo está estruturado em seis itens: uma visão da instituição; proposta pedagógica: a criança no centro; o papel da cozinha: mais que alimentar, nutrir; retratos da prática docente; o cuidar-educar na educação infantil: diálogo ampliado no encontro com a Umei; aprender a ser professora de educação infantil em tempos de pandemia: considerações sobre o processo de estágio.

Uma visão da instituição

A Umei Rosalda Paim fica no centro da cidade de Niterói, especificamente na rua Dr. Celestino, em uma edificação de dois andares, rodeada por prédios comerciais e residenciais, próxima à comunidade do Morro da Chácara. Segundo informações do *blog* da Umei, a unidade

> (...) integra a rede municipal de educação de Niterói e é vinculada a FME/SMECT. Possui cerca de 150 crianças, entre 2 e 5 anos, matriculadas em regime de horário integral. Seu nome é uma

homenagem à Rosalda Paim, professora e enfermeira, que se dedicou à educação infantil em diferentes instâncias.

No aspecto administrativo, a instituição foi criada em 2013, com a municipalização da creche comunitária que atendia crianças pequenas da região do centro de Niterói, "no contexto de uma política municipal de ampliação da rede de escolas de educação infantil" (Marina e Wolf 2018, p. 56). O prédio que abrigava a antiga creche comunitária passou por reforma estrutural e, nesse processo, a equipe gestora estabeleceu diálogos com os responsáveis (setor de obras da Fundação Municipal de Educação e empreiteira encarregada da execução), acompanhando as modificações no espaço e fazendo sugestões baseadas na consideração de proporcionar o melhor uso para as crianças. Ou seja, havia nessa atitude o princípio de que o espaço é educador e que pode ser construído e organizado de tal forma que potencialize a autonomia infantil, possibilitando a criação de novos enredos para o cotidiano educativo, apoiando suas brincadeiras e suas interações.

Em artigo publicado sobre os desafios da ação gestora na educação infantil, as diretoras apontam alguns detalhes dessa reforma, que cito a seguir:

> Todo revestimento e piso foram refeitos; as oito salas de aula, o refeitório, a sala da direção, a secretaria e a coordenação pedagógica receberam climatização; também nas salas de aula as janelas foram ampliadas e sua altura foi modificada, a fim de permitir que as crianças pudessem olhar para fora; foi criada uma pequena sala de recursos para atender crianças com necessidades educativas especiais; os banheiros foram reformulados e ganharam sanitários e pias de tamanho compatível com a faixa etária atendida, a cozinha e a despensa foram ampliadas; e o pequeno pátio coberto ganhou grama sintética, além de novos brinquedos, passando a oferecer um espaço mais acolhedor e propício a interações e brincadeiras. A quadra comunitária, anexa à escola, também foi reformada e continuou atendendo as crianças frequentadoras da Umei Rosalda Paim. Um novo mobiliário e acervo pedagógico foram enviados para a unidade, contribuindo para a composição de um ambiente adequado à idade

> das crianças, favorecendo a sua autonomia e potencializando modos de ser e estar no coletivo educativo. (*Ibid.*)

Os detalhes revelam o trabalho reflexivo-pedagógico da gestão e as atitudes dirigidas pelo compromisso com as crianças, consideradas sujeitos de direito que produzem cultura, têm voz e precisam ser ouvidas, e que, por isso, são tomadas como o centro do planejamento curricular, conforme também orienta o artigo quarto das Diretrizes Curriculares Nacionais para Educação Infantil (DCNEI):

> As propostas pedagógicas da Educação Infantil deverão considerar que a criança, centro do planejamento curricular, é sujeito histórico de direitos que, nas interações, relações e práticas cotidianas que vivencia, constrói sua identidade pessoal e coletiva, brinca, imagina, fantasia, deseja, aprende, observa, experimenta, narra, questiona e constrói sentidos sobre a natureza e a sociedade, produzindo cultura. (Brasil/MEC/CNE 2009, p. 1)

Quanto ao quadro de funcionários, a Umei conta com 16 professoras regentes, as quais assumem, em regime de bidocência, os oito grupos de referência de educação infantil (Grei); quatro professoras de apoio especializado, que atuam com crianças com deficiência; uma coordenadora de turno; uma auxiliar administrativa; um porteiro; duas professoras readaptadas, que colaboram nas atividades da secretaria; uma pedagoga; uma diretora geral e outra adjunta; quatro merendeiras, que atuam à frente da cozinha, e duas merendeiras readaptadas, que lhes dão apoio; e três profissionais de apoio à limpeza.

Proposta pedagógica: A criança no centro

O PPP da Umei Rosalda Paim é um documento norteador das práticas educacionais de todo o coletivo da instituição e nele estão contidos os eixos que orientam a ação docente. Segundo nos contaram as diretoras, quando estiveram em nossa sala virtual, valendo-se das orientações e dos princípios contidos no PPP, e em conjunto com o corpo docente e a pedagoga, a direção elabora um planejamento anual, que é flexível e dinâmico e permite constantemente retornar aos objetivos propostos, revelando que esse PPP, como documento-currículo da Umei, não é apenas um papel, mas tem sua importância como documento vivo, resultado de um processo coletivo e um movimento reflexivo contínuo, que envolve a participação de toda a comunidade escolar: professores, profissionais da instituição e os pais das crianças.

Nesse documento, os eixos que dão base para o trabalho pedagógico estão definidos: literatura, arte e natureza. Também estão relacionadas as interações e a brincadeira, que são eixos estruturantes indicados pelas DCNEI (Brasil/MEC/CNE 2009).

No eixo de trabalho com a literatura, há o incentivo à prática da leitura. Mesmo que as crianças da faixa etária atendida pela Umei Rosalda Paim não sejam ainda leitoras de fato, o contato das crianças com os livros, diariamente, promove a curiosidade e a intimidade com esse objeto cultural portador de tantos conhecimentos e tantas histórias. O eixo é fortalecido pela criação do projeto "Ler por ler", que objetiva a fruição da literatura, que possibilita às crianças o prazer de ouvir histórias sem a preocupação didática de ensinar um conteúdo ou as letras. No contato cotidiano com os livros, que ficam nas salas dos grupos, as crianças vão construindo significados, interagindo com letras e imagens. Podem ler, conhecendo e ressignificando as histórias. Com isso, se o objetivo é ampliar o repertório da criança pequena, o projeto entende que ela pode começar a fazer conexões entre as letras nos livros, o que se verifica na relação básica que geralmente fazem, identificando aquelas que compõem o seu nome.

No eixo da arte, o trabalho procura potencializar o universo infantil por meio de experiências com sons, cores, formas e texturas diferentes. Utilizam-se muito os materiais não estruturados, como papelão, tecido, objetos de descarte. Esses materiais dão vida a processos criativos e tornam o encontro com a arte mais do que uma repetição de técnicas artísticas, prática muitas vezes presente no cotidiano da educação infantil.

A arte também assume o lugar de cuidado com a formação de um olhar estético que acolhe o simples e o belo.

No eixo de trabalho com a natureza, valoriza-se a relação das crianças com os elementos naturais que compõem o ambiente ao redor, como as plantas, os canteiros, a terra, os bichos que visitam essas plantas. Há a proposta de experiências com elementos que propiciam o envolvimento e o respeito pelo meio ambiente, privilegiando a utilização de materiais recicláveis, indo ao encontro de ações que promovem a sustentabilidade. Por outro lado, o espaço e o tempo para as brincadeiras e as interações são previstos e planejados, pois convidam à autonomia, à criação de novos enredos, colocam os corpos infantis em movimento, em relação com o ambiente e entre si, resultando em ações coletivas que acabam por estabelecer uma identidade aos grupos.

Cabe ressaltar, então, que o planejamento desenvolvido na Umei é claramente amparado pelas DCNEI: as formas de trabalho adotadas, definidas no PPP, têm como eixos a literatura, a arte e a natureza, e fazem relação com os princípios éticos, políticos e estéticos, pois organizam e estruturam o cotidiano pedagógico com base em um planejamento mensal e semanal, que tem por fundamento a escuta atenta e o olhar sensível sobre as crianças, seus saberes, seus desejos e suas necessidades. Os fazeres pedagógicos são traçados com intencionalidade e constantemente avaliados: se os objetivos foram atendidos, se é preciso ressignificá-los; se o trabalho está possibilitando reconhecer a identidade individual e coletiva dos grupos; se está respeitando os eixos propostos. Para tanto, os encaminhamentos de planejamento, registro e avaliação servem como base para organizar e reorganizar o cotidiano, sendo que as perguntas e as reflexões dos professores sobre sua prática tornam perceptível que há flexibilização do planejamento durante o processo.

Para que essa organização do trabalho pedagógico seja efetiva, o investimento na formação continuada dos professores é também um dos objetivos da ação gestora da Umei Rosalda Paim. Assim, um elemento significante que utilizam é a elaboração de registros escritos, isto é, a documentação dos processos vividos, que revela o comprometimento do educador e o compartilhamento das contribuições sobre as práticas cotidianas entre crianças e entre crianças e adultos. Desse modo, o movimento do registro escrito diário ou semanal tece a intencionalidade projetada no planejamento, para seguir coletivamente, resultando em um processo rico de sentidos que constitui e forma os educadores. Como as diretoras salientam, o registro "é uma tentativa, respeitosa e solidária, de ampliar os espaços para a reflexão sobre o trabalho pedagógico com base em princípios pautados na legislação e em pesquisas sobre o trabalho com a criança pequena" (Marina e Wolf 2018, p. 67).

Nesse sentido, é prudente notar o planejamento como recurso do fazer pedagógico, tendo como protagonista a criança e retirando a histórica noção que toma os adultos como os atores principais do processo educativo, numa prática que chamamos de adultocêntrica, que só se guia pelo ponto de vista do adulto-professor. Na concepção compartilhada pelas profissionais da Umei Rosalda Paim, vemos que o planejamento é instrumento que auxilia na organização da rotina e que possibilita refletir sobre as experiências e as questões específicas que envolvem o ensino-aprendizagem e analisá-las. É com ele que professoras e professores sustentam concepções e práticas participativas, no dia a dia, a fim de que, nesse percurso, as crianças vão norteando os caminhos, demonstrando as suas curiosidades e sendo acolhidas. Como ressaltam as autoras referidas, o planejamento não é uma receita, mas uma base: "O planejamento pedagógico ultrapassa as paredes da sala de aula ao mesmo tempo em que rompe com uma concepção tecnicista, na qual planejar é preencher fichas e formulários, listando objetivos e conteúdos" (*ibid.*, p. 66).

Nos encontros, no diálogo com as diretoras e a pedagoga, pudemos acompanhar de que maneira o planejamento curricular é estruturado. Ficou bem claro como a proposta da Umei articula o espaço-ambiente como um elemento do currículo. A estrutura do espaço tem como finalidade favorecer que as crianças brinquem em grupos, estimulando a curiosidade e a interação, possibilitando a observação atenta de professores, notando a criança que precisa de maior atenção, isto é, de uma "mediação pontual", como disse a pedagoga. Nesse sentido, os espaços das salas de referência são organizados com móveis baixos, que, na disposição entre si, formam zonas circunscritas, espaços nos quais as crianças exploram possibilidades com menos intervenção dos adultos e que potencializam suas experiências, gerando autonomia.

O papel da cozinha: Mais que alimentar, nutrir

Pelas telas, não podemos sentir o clima, os cheiros, as formas, as cores, os sons do espaço educativo com as crianças, os adultos e suas relações.
Leda Marina

As palavras da diretora da Umei, que coloquei na epígrafe, evidenciam uma das limitações trazidas para a formação docente, que, no âmbito do estágio curricular na pandemia, só pôde se realizar no formato de encontros remotos. Foi muito interessante ouvir, no encontro em que tivemos a presença das merendeiras, a Elenice e a Silvana, do qual participou também a referida diretora, que, quando se chega à escola, logo pela manhã, uma das primeiras coisas que se sente é o cheiro do refogado na panela, pois as profissionais da cozinha frequentemente chegam antes das professoras e das diretoras. Neste contexto pandêmico, não poderíamos sentir esse clima, esses aromas e sabores espalhados pelos espaços da Umei, mas poderíamos aproveitar para ouvir a narrativa dessas profissionais que desempenham papel fundamental em uma instituição de educação infantil, porém, nem sempre visibilizado.

Foi também interessante, nessa conversa, o destaque dado às pessoas que trabalham na cozinha: o cargo diz que são merendeiras, mas, na verdade, são cozinheiras, pois merendeira remete a produzir e servir "lanches frios", como elas próprias disseram. Em uma Umei de período integral, ao contrário, preparam refeições completas, não apenas lanches. Assim, são cozinheiras, efetivamente.

A importância da alimentação no cotidiano da educação infantil também foi elucidada: para além de oferecer comida, disseram as cozinheiras presentes, alimentar significa muito mais: é nutrir, envolve afeto, cultura, acolhimento. Como já comentei anteriormente, ao longo dos encontros, ficou perceptível que todas as atividades desenvolvidas na Umei demonstram que a criança é, de fato, o centro do planejamento curricular e, no caso da alimentação, foi possível observar claramente essa relação, não apenas como o importante ato de cuidado, mas também de educação, que também tem como base os princípios descritos nas DCNEI para as propostas pedagógicas: éticos, políticos e estéticos (Brasil/MEC/CNE 2009).

A respeito do princípio ético, foi explicitada a importância de construir com as crianças o sentido de uma alimentação saudável, visando também à autonomia no ato de escolher, isto é, o adulto ouvir e ter um olhar sensível sobre a criança. Mesmo a alimentação sendo igual para todos, a criança é sujeito de direitos, sujeito de escolhas, pode ter preferências, optar por certos alimentos e rejeitar outros.

Isso se articula igualmente ao princípio político, que permite notar a criança como cidadã, com suas particularidades e direito de manifestação de opinião e participação. Ao falar sobre esse ponto, as convidadas se lembraram de um momento em que uma criança não queria comer nada que estava no cardápio do dia, estava nitidamente desanimada. Percebendo a expressão dessa criança, reconhecendo seu direito à alimentação, a dificuldade foi acolhida: foi oferecido um ovinho, que a criança aceitou de imediato, ficando alimentada no plano físico e afetivo.

Por fim, no princípio estético, pudemos conhecer a dimensão da alimentação como canal de ludicidade e sensibilidade que se dá, por exemplo, na organização do alimento no prato, ou seja, a arrumação do alimento no prato pode/precisa ser convidativa. Esse aspecto relevante da alimentação só pode ser respeitado e praticado quando a cozinha funciona como um setor articulado do PPP, pois a atuação do setor contribui para favorecer o desenvolvimento do paladar, do olfato, da visão. É mesmo um canal que ajuda a refinar os sentidos e ampliar os sabores. No caso, notamos que a cozinha da Umei Rosalda Paim não é um elemento secundário, mas, sim, um espaço que atua para potencializar a aprendizagem e a interação das crianças.

Porém, como refletiram as cozinheiras, esse diálogo e esse papel ativo da cozinha e do processo de alimentação acontece somente com base na intencionalidade de uma gestão comprometida e interessada no projeto coletivo, de qualidade. Como bem disse uma das merendeiras-cozinheiras: "Eu faço parte de um projeto e não de um detalhe na escola". As cozinheiras se sentem pertencentes ao processo educativo das crianças, que envolve se assumir como agente de promoção de uma educação saudável desde cedo, buscando mudar hábitos alimentares e proporcionando o prazer de experimentar diferentes sabores.

Retratos da prática docente

Nos encontros, também estivemos em diálogo com três professoras da Umei Rosalda Paim: Natalia, Mariana e Roberta, que compartilharam seus saberes e seus fazeres recolhidos da experiência docente com grupos de crianças de 2 a 5 anos, antes da pandemia.

A professora Natalia Ribeiro contou sobre práticas pedagógicas com crianças de 2 a 3 anos, compartilhou como organiza o cotidiano estruturando o tempo e o espaço através do que ela denomina ritos, um fazer construtivo, que busca a não repetição das ações cotidianas. Nesse caso, a organização coletiva dos ritos forma o que se conhece convencionalmente como rotina, mas que ela chama assim para marcar que não têm caráter enquadrado, fixo, que não muda. Os ritos acontecem todos os dias, mas vão sendo elaborados com momentos de negociação com as crianças, a qual vai sendo estabelecida pela construção das relações no cotidiano entre professoras e crianças. Nesse sentido, permeia todo o período de convivência com as crianças articuladas às atividades que se consolidam como partes constitutivas do planejamento, como: as interações e as brincadeiras, a música, o corpo e o movimento, a literatura, a arte, a natureza, a comunicação, a observação, o registro e os espaços. Com isso, diz a professora, quando organiza o espaço, ativa e potencializa a partilha de saberes entre as crianças, amplia as possibilidades de experiências. Todo dia é preciso organizar o ambiente, mas a cada dia a forma de organizá-lo se modifica, a depender dos objetivos e das necessidades do grupo.

Com sua exposição, fica claro que a estruturação do planejamento se caracteriza pela ausência do improviso, mas guiada pela intencionalidade. Assim, nota-se como destaque esse processo como coletivo, envolvendo as crianças como participativas na criação de todas as atividades, tornando-as o centro do planejamento curricular. Enquanto a professora conta de suas experiências, ao falar das maneiras de pensar e encaminhar o planejamento, seja com os ritos, seja com os elementos que privilegia, nota-se que tudo está articulado à proposta pedagógica coletiva, que já havíamos conhecido por meio da exposição das diretoras e da pedagoga que conversaram conosco.

Dos acontecimentos que a educadora destacou como partes integrantes do processo do cuidar-educar, como uma professora de bebês, ficou saliente que é de extrema importância observar as reações, as expressões, os jeitos nos corpos das crianças, pois, nessa fase inicial em que começam a frequentar a Umei, é assim que a comunicação vai acontecendo.

No encontro com as professoras Mariana Soler e Roberta Ferreira, ouvimos sobre o trabalho que realizam com crianças 4 a 5 anos, no qual estruturam o cotidiano educativo a partir da escuta atenta às crianças e do olhar sensível sobre as relações criança-criança e criança-professores, que são os parâmetros para a organização do tempo, do espaço e das atividades.

As propostas que desenvolvem estão fundamentadas sobre os eixos de trabalho definidos no PPE da Umei, já citados: a literatura, a arte e a natureza. Nesse sentido, as professoras ressaltam a importância do planejamento como intencionalidade do trabalho pedagógico na educação infantil, que visa apoiar e ampliar a atuação docente; elas se organizam e estruturam o cotidiano a partir do planejamento mensal e semanal que elaboram conjuntamente.

A respeito especialmente do eixo de trabalho com a natureza, as professoras compartilharam uma experiência que partiu da observação iniciada pelas crianças, no espaço externo, ao descobrirem uma aranha e a teia que ela produzia. O mistério que envolve o animal possibilitou um lugar para os pequenos e as educadoras adultas aprenderem juntos, permitindo às professoras se despirem nessa relação ao observar o animal, pois, contam, elas mesmas tinham uma repulsa, certo temor de lidar com a aranha. Então, a curiosidade das crianças em conjunto com brincadeiras que foram desencadeadas a partir da observação proporcionaram oportunidades de estudo e pesquisa, sobre reconhecer, por exemplo: "o corpo da aranha sendo diferente do nosso", "o processo científico da teia", entre outros aspectos.

Ao compartilhar as atividades, as educadoras comentam sobre o necessário movimento de reflorestar a imaginação, as atitudes, a prática e apresentam uma citação: "Que nosso espelho seja o das águas, fluido, recíproco, vivo. Reflorestar nossa imaginação, nossas relações, é parte fundamental do restabelecimento da saúde".[1] Assim, dizem que, no cotidiano educativo, os profissionais e as crianças podem "reflorestar a imaginação", brincando, criando, experimentando: o educador, como mediador/interlocutor de ações por meio de uma intencionalidade, cria laços, permite-se ser um sujeito brincante e afetuoso na parceria com as crianças.

É muito interessante perceber que a concepção e a prática de reflorestar o pensamento são um convite para a reinvenção das práticas cotidianas, envolvendo a escuta atenta e o olhar sensível que possibilita construir novos caminhos para além daqueles já estão habituados. Isso me fez pensar que, no momento de pandemia pelo qual estamos passando, o exercício de reflorestar traduz a urgência de restauração da saúde e da esperança, através do cultivo do pequeno broto, cultivado por meio das vivências, do encontro (mesmo que em janelas virtuais) e do autoconhecimento. Essa atitude está visível nas colocações das profissionais e foi muito importante perceber com elas que a proposta de reflorestar corresponde ao ato pedagógico criador de novas narrativas.

1. Frase atribuída à Geni Núñez, anotada da apresentação das professoras Mariana e Roberta em nosso encontro, 2020.

O cuidar-educar na educação infantil: Diálogo ampliado no encontro com a Umei

Nas instituições de atendimento às crianças pequenas, muito se discute sobre as práticas adotadas em seu interior na tentativa de refletir sobre propostas que envolvem o desenvolvimento humano e o bem-estar infantil. Nesse sentido, cabe observar que é preciso proporcionar condições adequadas que ampliem as experiências e promovam o conhecimento, destacando o cuidar-educar como ponto de articulação para se pensar sobre o caráter pedagógico.

A temática do bem-estar é pautada pelo ordenamento jurídico, o qual garante às crianças de 0 a 5 anos direitos que, no campo educacional, estão dispostos nas Diretrizes Curriculares Nacionais para a Educação Infantil (2009). Assim, cuidar-educar apresenta-se como dupla função das creches e pré-escolas, sendo caracterizado como processo complementar e indissociável no cotidiano educacional, que deve ser traduzido como elemento da prática pedagógica.

Entretanto, os atos de cuidar e educar muitas vezes não são muito bem compreendidos, havendo uma simplória significação por parte dos educadores que atribuem a esses objetivos uma fragmentação, ou seja, dividem suas práticas em duas partes, não aparentando afinidade entre esses dois termos, que dizem respeito à função da educação infantil.

Segundo alguns autores, essa falta de clareza estaria ligada à história do atendimento à infância no Brasil, principalmente a respeito das creches, que foi marcada pelo caráter assistencialista com relação à classe social das crianças: a creche foi por um longo tempo local destinado a cuidar dos pequenos provenientes das classes populares, como forma de controlar a pobreza. Posto isso, esse cuidado estava relacionado somente ao corpo, diante de uma concepção higienista (preservar a saúde, alimentar, ensinar hábitos de higiene) e também econômica (com a finalidade de liberar a mão de obra feminina para extensas jornadas de trabalho). Em contrapartida, a noção de educar, teve contornos diferentes, valendo-se de práticas que proporcionassem o desenvolvimento intelectual das crianças, sendo adotada em instituições do tipo pré-escola, voltadas às classes abastadas (Macêdo e Dias 2006).

Com a promulgação da Constituição de 1988, na qual as crianças foram reconhecidas como cidadãs, com direito à educação e ao cuidado, entre outros, houve a necessidade de superação da concepção histórica que dividia essa dimensão indissociável do direito à vida, cuidado-educação. Desde então, é preciso levar em conta a criança como um ser completo, cujo desenvolvimento envolve emoções e cognição. Assim, pautar a indissociabilidade entre o cuidar-educar é reconhecer todas as crianças, independentemente de classe social, raça ou gênero, como sujeitos históricos e garantir condições para o seu desenvolvimento integral.

Mas essa dimensão ainda é tratada superficialmente, há um embaraço nas práticas docentes, como apontei, que confirma a necessidade de revisitarmos a legislação e, com ela, observar as ações cotidianas para se identificar se estão, ou não, contemplando o desenvolvimento integral, se estão acolhendo as necessidades infantis.

Desde as Diretrizes Curriculares Nacionais Gerais para a Educação Básica (Brasil 2013), a dimensão do cuidado aparece associada ao educar, está imputada como direito de toda pessoa. Nesse documento, encontramos o seguinte entendimento:

> Cuidar e educar significa compreender que o direito à educação parte do princípio da formação da pessoa em sua essência humana. Trata-se de considerar o cuidado no sentido profundo do que seja acolhimento de todos – crianças, adolescentes, jovens e adultos – com respeito e, com atenção adequada, de estudantes com deficiência, jovens e adultos defasados na relação idade-escolaridade, indígenas, afrodescendentes, quilombolas e povos do campo. (Brasil 2013, p. 17)

Como dizem as pesquisadoras Macêdo e Dias (2006), sobreviver é o nosso principal objetivo como espécie humana, e práticas como a solicitude e a atenção com o outro são fundamentais para a convivência do indivíduo no coletivo. Ou seja, o cuidar perpassa nossa condição humana, é elemento constituinte de nossa própria natureza e sustenta nossas atitudes, tem relação com o respeito e a forma como lidamos com o outro.

Se o cuidado é uma dimensão fundamentalmente humana, que tem relação com receber atenção, com o cultivo de relações empáticas, que envolvem acolhimento e afetividade para com a diversidade humana, compreende-se que o cuidar não é característica apenas da educação da criança pequena, mas faz-se necessário em todos os níveis de ensino. Porém, na educação infantil, pelas características específicas da faixa etária, a relação entre educar e cuidar fica mais evidente, pois as ações do cuidado da vida diária – como alimentação, higiene, repouso – não poderiam acontecer sem os objetivos de contribuir com a construção da sua autonomia, de aprender a cuidar de si. Essas ações, com as crianças pequenas, não podem mesmo ser fragmentadas; por isso, dizemos que, quando cuidamos, estamos educando, já que, quando está alimentando ou dando um banho, o professor está acolhendo, está zelando pelo direito da criança ao bem-estar. Mas não é apenas nesses momentos que ele cuida e educa. O parecer que aprovou as DCNEI traz uma argumentação sobre o significado do cuidar-educar que é bem esclarecedora:

> Educar cuidando inclui acolher, garantir a segurança, mas também alimentar a curiosidade, a ludicidade e a expressividade infantis. Educar de modo indissociado do cuidar é dar condições para as crianças explorarem o ambiente de diferentes maneiras (manipulando materiais da natureza ou objetos, observando, nomeando objetos, pessoas ou situações, fazendo perguntas etc.) e construírem sentidos pessoais e significados coletivos, à medida que vão se constituindo como sujeitos e se apropriando de um modo singular das formas culturais de agir, sentir e pensar. (Brasil/CNE/CEB 2009, p. 10)

As professoras Lenilda Cordeiro de Macêdo e Adelaide Alves Dias (2006) afirmam, em seu artigo "O cuidado e a educação enquanto práticas indissociáveis na educação infantil", que educar com cuidado é desenvolver a sensibilidade, a afetividade, a intimidade e a autonomia, contribuindo para que o educador e as crianças construam sentidos pessoais e significados coletivos, na integralidade. Em suas palavras:

> (...) é possível afirmar que o desenvolvimento integral da criança só pode se materializar a partir da superação da dicotomia cuidar/educar e, consequentemente, por meio da integração destes dois processos. Não se concebe mais uma educação que divide, parte o humano, privilegiando apenas aspecto cognitivo em detrimento do afetivo e também do social e do motor. (Macêdo e Dias 2006, p. 4)

No contexto explicitado nos encontros com a Umei Rosalda Paim, percebi que a base para o direcionamento das práticas pedagógicas de todos os adultos envolvidos no ambiente escolar é a criança. Ela é o centro do planejamento curricular, respeitando seu direito de ser educada e cuidada.

A explanação das professoras sobre a ação pedagógica que envolve o cuidar-educar possibilitou a compreensão sobre esses conceitos estudados, confirmou que, no cotidiano infantil, cuidado e educação vão muito além de garantir cuidados básicos como o banho, a higiene bucal, o repouso e as refeições. Para ter isso em vista, foi elucidado que é preciso construir um currículo que observe as especificidades de cada criança, reconhecendo as necessidades que cada uma demanda, a partir de um olhar cuidadoso e uma escuta atenta que permitirão uma aproximação da criança de maneira mais afetiva, formando vínculos.

Dessa maneira, outro elemento que ficou explícito é a estruturação da rotina, já que propicia ao educador pensar a organização espacial com cuidado, trabalhando em equipe, colocando e valorizando os interesses das crianças como aporte para dispor a construção do planejamento das atividades cotidianas com flexibilidade, aceitando o convite de olhar com os olhos das crianças, ressaltando cada fazer junto delas. Sendo assim, é oportuno pensar e repensar a rotina, já que está intrinsecamente presente no planejamento, revelando os processos e projetando aventuras de conhecer o mundo. A rotina é um elemento que pode apoiar ou dificultar a articulação dos objetivos educar-cuidar, pode favorecer o acolhimento da criança integralmente, respeitando-a, ou não.

Esse ponto evidencia a importância de se pensar uma rotina (ou, como indicou a professora Natalia, os rituais cotidianos), que situe os fazeres das crianças em tempos e espaços organizados com elas, percebendo os seus gostos e as suas limitações, negociando sentidos que permeiam o período de convivência na instituição. Aqui, considero importante esclarecer um conceito de rotina presente em um dos textos que estudamos na disciplina e que dialoga bem com o que estou apresentando: "Rotina é a organização no tempo e no espaço da prática pedagógica, a qual se dá pela estruturação de uma sequência básica das atividades realizadas cotidianamente" (Schiefler e Silva 2000, p. 124). A questão que surge, então, é: como essas atividades, que precisam acontecer todos os dias, são efetivadas? Como o professor encaminha o almoço, como se dirige à criança que vai ao banheiro, como ele se relaciona com a criança na troca de fraldas ou no banho, como ele organiza os materiais na sala de referência, como ele propõe esta ou aquela situação e experiência? Especificamente sobre os momentos de higiene (seja troca de fraldas, seja banho), de alimentação, de descanso/sono, é importante destacar que:

> Tais atividades ganham sentido educativo quando o adulto se dirige às crianças com respeito, paciência, alegria, usando um tom de voz ameno, quando sabe, e acredita, que ao cuidar também educa. Nem sempre o adulto percebe que o modo como se dirige à criança está permeado de uma atitude ameaçadora. (Marina e Wolf 2018, p. 61)

As situações cotidianas, nessa fase inicial da educação básica, revela uma importantíssima relação entre adultos e crianças, apresentando ser espaço privilegiado de contato. A professora Natalia Ribeiro destacou algumas experiências bastante reveladoras sobre o cuidado na hora do banho, na troca de fraldas e como lidar com uma criança gripada, por exemplo. Esses casos peculiares da criança pequena, de 2 a 3 anos, solicitam ser considerados com zelo, cabendo ao educador estabelecer um tratamento com respeito mútuo. O caso relacionado ao exemplo de uma criança resfriada mostra que o adulto precisa chegar até ela e perguntar se pode ajudá-la, e não pegar um pano e esfregar em seu rosto, por conta própria, automaticamente. Na hora do banho e da troca de fraldas, também foi ressaltada a questão da aproximação de forma respeitosa, sendo um momento que envolve muita intimidade e que pode preparar as crianças avisando sobre a possibilidade de outras pessoas tocarem seus corpos, pois essa atitude deve acontecer somente com a sua permissão.

Tudo o que foi apresentado confirma que o processo indissociável de cuidado e educação implica repensar as relações entre a criança aprendente e o adulto ensinante, e aqui trago um exemplo: a ação de dar colo, interpretada muitas vezes de forma negativa e que deveria ser evitada no espaço escolar. Nessa exposição, a professora demonstrou como o corpo do professor se comunica com a criança, acalmando e acalentando, potencializando relações de confiança, já que a comunicação, sobretudo com os bebês, não é verbal, mas é gestual, é pelo corpo, pelo semblante e pelas expressões. Ao ouvir a professora Natalia, pude refletir sobre essa atitude, ajudando-me a compreender que a criança pequena precisa de colo, pois dar colo é cuidar e também educar, porque acolhe a criança em suas necessidades afetivas.

Portanto, a relação cuidar-educar perpassa a concepção social da infância, em que a criança não pode ser percebida como uma miniatura do adulto ou um ser em falta, dependente e submetido. Cuidar e educar é construir junto com as crianças e também com suas famílias recursos para que desenvolvam a sua autonomia e sua identidade, que interajam, que brinquem e se expressem em suas múltiplas linguagens, enfim, que sejam acolhidas em todas as suas dimensões, biológicas, afetivas, cognitivas, sócio-históricas e culturais, enfim.

Aprender a ser professora de educação infantil em tempos de pandemia: Considerações sobre o processo de estágio

O ano de 2020 foi marcado pelo medo, pelo desânimo e pela preocupação com nossas condições de saúde e de pessoas próximas serem infectadas pela Covid-19. A professora de Filosofia na Uerj Camila Jourdan traduz, em seu texto "Para além da calamidade", o sentimento de aflição que nos envolveu/envolve no transcorrer da pandemia:

> A situação é insólita, um vírus desconhecido para o mundo, os sintomas variam de pessoa para pessoa, é possível ter e ser assintomático, todos são contaminados em potenciais (...). Não saber se tem o vírus ou não, ficar em quarentena e reiniciá-la todas as vezes que tiver que sair de casa, um ciclo crescente de angústia (Jourdan 2020)

Esse foi o contexto que nos colocou a todos, universidade, escolas e instituições de educação infantil, no mesmo patamar de não saber e de ter que enfrentar a angústia, pois nossa função precisa do encontro, necessita do outro (seja como estudante, seja como professora).

Pensar sobre o cotidiano dentro e fora da escola nessa situação, explicita que a vida é acontecimento e movida pelos ciclos naturais que se iniciam e possuem um fim. Durante o tempo em afastamento, os profissionais da Umei Rosalda Paim assumidamente colocam a vida como prioridade e privilégio a ser assegurada e celebrada. O trabalho implicou a articulação de encontros com as crianças e suas famílias, com intencionalidade, procurando estratégias de interações, relacionadas a experiências já vividas no ambiente da instituição educacional a fim de reviver, fortalecer vínculos e memórias. Essa atitude confirma que as relações cada vez mais precisam se distanciar da individualidade, que neste momento marcou os sujeitos pelo sofrimento físico e psíquico. Caminhar coletivamente desenvolvendo em conjunto maneiras possíveis em que a participação e o cuidado com o outro, mesmo que de forma virtual, mostrou-se fundamental. Ou seja, se os encontros na pandemia só poderiam ser virtuais, foram verdadeiros espaços formativos para todos – da Umei e, inclusive, para mim, como estagiária.

No cenário apresentado, tendo em vista a suspensão das aulas, o redimensionamento do trabalho pedagógico se tornou uma exigência. Diante dos desafios, as possibilidades foram tomando forma, a começar pelo acolhimento efetivo de todos (famílias, equipe da Rosalda Paim e crianças). Desde o início da pandemia, a iniciativa de caráter pedagógico foi estabelecer um vínculo com os pequenos virtualmente. Alcançando esse objetivo, as educadoras e as cozinheiras construíram modos afetivos em trazer as crianças mais para perto, dando sentido ao desenvolvimento humano e valorizando a aprendizagem de todos por meio da contação de histórias cheias de aventuras, da possibilidade de brincar fora do quarto e do envolvimento das crianças com a culinária, preparando deliciosas receitas.

Os limites impostos pela Covid-19, que nos obrigou ao afastamento físico e, portanto, ao distanciamento do campo de estágio presencial, foram compensados, de certo modo, com a possibilidade de ouvir os relatos de experiências de profissionais que, de maneira compromissada e competente, reinventaram-se diante de um contexto desafiador e novo. Durante algumas semanas, num ciclo de seis encontros virtuais, foram estabelecidas conversas com a equipe da Umei Rosalda Paim que contaram sobre o seu trabalho, destacando a escuta, o planejamento das ações e sua flexibilidade. A partilha, a partir do "estágio remoto excepcional", possibilitou notar como foram encaradas as novas formas de convivência, costurando ideias possíveis e sonhos coletivos.

Nesse processo de estágio, foi imprescindível observar, como futura professora da educação infantil, a importância em cultivar atitudes de solidariedade e respeito, bem como continuar estimulando as habilidades sociais e expressivas das crianças. No atual momento, é importante que o educador também tenha em mente que os pequenos sentem e percebem como têm se configurado as dinâmicas no mundo, através das telas dos celulares, dos *tablets* e dos computadores. Acredito que minimizar os impactos da pandemia seja uma tarefa longa e árdua, e que muitas vezes não existem respostas positivas, pois cotidianamente os pequenos também são atravessados pelas notícias e pelas emoções apreensivas diante da Covid-19.

É prudente chamar atenção para o fato de que o trabalho na educação infantil deve continuar garantindo o acolhimento e a manifestação das necessidades, dos interesses e dos desejos das crianças, pois elas são sujeitos centrais da prática pedagógica e do planejamento curricular, como as professoras da Umei Rosalda Paim consideram. Sabemos que a escola é o espaço da experiência do encontro e da convivência, e as linguagens no cotidiano educativo precisam potencializar a construção de encenações e novos roteiros, como foi evidenciado no estágio com as brincadeiras e as interações virtualmente.

Dessa maneira, valorizar o processo e focar na experiência que está acontecendo é muito importante para que as crianças se movimentem e ampliem os seus sentidos se envolvendo no espaço que estão inseridas e com os objetos a sua disposição. Esse momento pandêmico transformou sentimentos e modos de ser e estar no mundo, impossibilitando o contato direto e o toque, mas apurou o olhar e a escuta das crianças e dos educadores, inventando jeitos de expressar-se no universo.

Dialogando com os conteúdos que foram apresentados e tentando destacar as aprendizagens que me foram mais significativas, o desafio de articular o binômio cuidar e educar na educação infantil foi o que mais me chamou atenção, porque me permitiu novos olhares para além das ações básicas relacionadas à infância, como o banho, a higiene bucal, o repouso e as refeições. Com isso, as experiências trazidas pelas profissionais da Umei Rosalda Paim provocaram reflexões sobre o papel do adulto-professor, na articulação da dupla função indissociável que é cuidar e educar, dimensões que só poderão ser praticadas e garantidas caminhando juntos para o bem-estar das crianças em sua integralidade.

Aprendi também sobre a importância da construção de um projeto político-pedagógico com toda a comunidade escolar: crianças, professores, funcionários e os pais. Cabe destacar que se deve ter claros os eixos de trabalho, pois é a direção para a ação no dia a dia. No caso da Umei, a literatura, a arte e a natureza aparecem como práticas no cotidiano pedagógico com as crianças, pois as professoras se baseiam nesses eixos que estão presentes em seu planejamento. O diálogo com as cozinheiras foi lindíssimo, demonstrando que realmente toda a equipe está mesmo integrada, tornando o trabalho desenvolvido em conjunto mais prazeroso e divertido, com um setor se relacionando com o outro.

Sendo assim, mesmo diante do contexto emergencial de pandemia, a experiência de cursar PPE II, sem ir ao campo de estágio, mas recebendo as profissionais da Umei Rosalda Paim em nossa sala virtual, proporcionou significativas reflexões que contribuem positivamente para a minha formação: a oportunidade de conhecer práticas que rompem com propostas engessadas e que, ao contrário, no cotidiano com as crianças, tecem novos processos, isto é, novas histórias, registradas por escrito, filmadas e/ou fotografadas para serem revisitadas futuramente ou durante o processo educativo, sendo documento do que está sendo vivido.

Mesmo com os limites já destacados, mesmo sem ida ao campo, sem sentir os cheiros, os sabores, as cores do espaço físico da Umei e interagir com os movimentos das crianças, o componente curricular realizado de modo remoto e em caráter excepcional, por meio de encontros *on-line*, também possibilitou o exercício de um olhar e uma escuta mais sensíveis, não ofuscando a percepção sobre o outro, já que a tecnologia nos condiciona a uma relação que se destacada pela falta de emoção e afeto, havendo poucas provocações interativas, sendo mais pausadas.

Portanto, ao final do semestre e ao final deste artigo, voltando os olhares sobretudo para o percurso vivido e as aprendizagens que decorreram dos encontros virtuais com a Umei Rosalda Paim, vejo o quanto o estágio é elemento constituinte da formação docente, sendo indispensável para refletir e projetar ações futuras no campo profissional.

Referências bibliográficas

BRASIL. CONSELHO NACIONAL DE EDUCAÇÃO. CÂMARA DE EDUCAÇÃO BÁSICA (2009). Parecer CNE/CEB N. 20/2009 – Revisão Diretrizes Curriculares Nacionais para a Educação Infantil, aprovado em 11/12/2009.

BRASIL. MINISTÉRIO DA EDUCAÇÃO (2013). *Diretrizes Curriculares Nacionais Gerais da Educação Básica*. Brasília: MEC, Secretaria de Educação Básica, Diretoria de Currículos e Educação Integral. [Disponível na internet: http://portal.mec.gov.br/docman/julho-2013-pdf/13677-diretrizes-educacao-basica-2013-pdf/file, acesso em 7/9/2021.]

BRASIL. MINISTÉRIO DA EDUCAÇÃO. CONSELHO NACIONAL DE EDUCAÇÃO (2009). *Diretrizes Curriculares Nacionais para a Educação Infantil*. Resolução n. 5, de 17 de dezembro de 2009.

JOURDAN, C. (2020). "Para além da calamidade". N1 – Edições. [Disponível na internet: https://www.n-1edicoes.org/textos/58, acesso em 10/6/2021.]

MACÊDO, L.C. de e DIAS, A.A. (2006). "O cuidado e a educação enquanto práticas indissociáveis na educação infantil". [Disponível na internet: https://www.anped.org.br/sites/default/files/gt07-1824.pdf, acesso em 6/9/2021.]

MARINA, L. e WOLF, C. (2018). "A criança como centro da ação gestora: Desafios na educação infantil". *In*: OSTETTO, L.E. (org.). *Registros na educação infantil: Pesquisa e prática pedagógica.* Campinas: Papirus, pp.55-71.

SCHIEFLER, A.R.K. e SILVA, S.F. da (2000). "Entre fadas, jacarés e pintores: Experiência de estágio com crianças de dois anos e meio a três anos e meio". *In*: OSTETTO, L.E. (org.). *Encontros e encantamentos na educação infantil: Partilhando experiências de estágio.* Campinas: Papirus.

5
FORMAÇÃO DOCENTE EM TEMPOS DE PANDEMIA: NARRATIVAS DO VIVIDO

Beatriz L. Ornelas Silva
Carolina Maria Rodriguez Salles
Erica Farias Nascimento
Gleyce Lima Silveira
Letícia Miranda Ciuffatelli

Vivenciando pesquisa e prática durante o contexto pandêmico de Covid-19

Neste capítulo, apresentamos dados e reflexões sobre nossas experiências no processo de formação docente para a educação infantil. As narrativas aqui compartilhadas tomam por base o trabalho elaborado para a disciplina Pesquisa e Prática Educativa II (PPE II), do curso de Pedagogia da Universidade Federal Fluminense, o qual teve por finalidade descrever e analisar aspectos referentes às experiências formativas que foram vividas no contexto da pandemia. O componente PPE II está presente no currículo do curso como um espaço-tempo de aproximar e articular teoria e prática, problematizado e mediado pelos fundamentos que organizam a educação infantil. O estágio previsto no referido componente curricular possibilita o contato com creches e pré-escolas: entrar em suas salas, interagir com crianças e professores, conhecer a estrutura administrativa e a proposta pedagógica, exercitar olhares, viver experiências que contribuam para ampliar sentidos sobre a docência na educação infantil.

Diante do novo cenário imposto pela pandemia e suas consequências, cursamos PPE II no modo remoto, em encontros semanais pela plataforma Google Meet, de setembro a dezembro de 2020. Foi um grande desafio para todos os envolvidos, estudantes e professora do componente curricular. A experiência foi marcada, além das aulas sobre fundamentos da prática pedagógica e instrumentos do trabalho docente, pelo encontro com profissionais da Unidade Municipal de Educação Infantil (Umei) Rosalda Paim, uma instituição pública de educação infantil do município de Niterói, no Rio de Janeiro. Foram realizados seis encontros, que contaram com a presença das diretoras, da pedagoga, de três professoras e de duas profissionais da cozinha em nossa sala de aula virtual, o que nos aproximou, na medida do possível, do âmbito institucional.

Durante os encontros, as profissionais falaram sobre o trabalho que desenvolvem na instituição, cada qual na sua área. Apresentaram imagens, contaram histórias vividas, e pudemos, assim, debater diversos temas importantes para a educação infantil.

Entre os temas abordados, ouvimos sobre os eixos e os princípios postos em prática no trabalho pedagógico da Umei, que caminham em consonância com o documento *Diretrizes Curriculares Nacionais para a Educação Infantil* (DCNEI) (Brasil/MEC 2010); sobre a relação das crianças com a brincadeira, a arte, a música, a literatura, a natureza; sobre a interação das crianças entre si e com as professoras. Tivemos contato com o projeto político-pedagógico (PPP) da instituição, ouvimos sobre o modo como foi elaborado e como foi pensado para ser um documento vivo e mutável, mas guiado pela relação intrínseca de cuidar-educar, como objetivos indissociáveis que regem a educação infantil, juntamente com os eixos interações e brincadeira, definidos pelas DCNEI.

A importância da autonomia, da escuta sensível, da elaboração das rotinas e da acolhida das curiosidades trazidas pelas crianças foram aspectos destacados que, por sua vez, são pontos de partida para o projeto educativo efetivado na instituição. Também foi discutida a alimentação saudável oferecida e seu impacto na educação das crianças, bem como seu entrosamento com princípios éticos, políticos e estéticos.

Pudemos conhecer as medidas tomadas pela Umei neste período de pandemia, que começaram com a preocupação com as crianças e as formas de manter a relação com as famílias, passando pelo planejamento de ações formativas para seus profissionais neste período atípico.

Portanto, neste capítulo, discorreremos sobre nossas aprendizagens acerca da instituição de ensino em diálogo, de suas propostas pedagógicas, dos retratos da prática docente em relação com o PPP e a legislação, da relação da brincadeira e das interações como eixos norteadores do fazer pedagógico na educação infantil. Também trataremos das relações do fazer pedagógico com as práticas de estágio, refletindo sobre o contexto da experiência que se deu em meio à pandemia, analisando limites e contribuições.

Um retrato da instituição: Narrativas da gestão e da coordenação pedagógica

A Umei Rosalda Paim fica no centro de Niterói, cidade do estado do Rio de Janeiro. Está vinculada à Fundação Municipal de Educação (FME). É uma instituição de período integral com uma estrutura de dois andares, oito salas de referência, um refeitório, pátio coberto e 16 professoras regentes. Era uma creche comunitária, municipalizada em 2013, e tem capacidade para educar e cuidar, em média, de 150 crianças de 2 a 5 anos, distribuídas em oito grupos (denominados Grupos de Referência de Educação Infantil-Grei) de acordo com as idades. Ao longo da jornada, são oferecidas quatro refeições (café da manhã, almoço, lanche e jantar).

A instituição é administrada pela diretora Leda Marina e pela diretora adjunta Celia Claudia Wolf, que estiveram com nossa turma e, com muita gentileza, apresentaram a Umei, inaugurando a série de encontros programados. Elas contam que a proposta para a educação infantil que buscam efetivar tem como protagonista a criança e visa cuidar e educar. Um dos principais desafios da proposta que estão construindo como coletivo, dizem, é superar a rotina do cuidar, integrando as ações da vida básica – banho, alimentação, sono, por exemplo – no cotidiano educativo. Para tanto, o planejamento, a (re)organização espacial das salas, a integração de todos os profissionais nas diferentes atividades e a manutenção de equipamentos de apoio são aspectos que favorecem a vivência de rotinas menos repetitivas, que evidenciem a articulação cuidar-educar e sejam apoio para a sustentação da prática pedagógica.

Respeitando esses princípios, a criança como centro, o cuidar e o educar como práticas indissociáveis, a proposta pedagógica que desenvolvem é pautada nos eixos estabelecidos pela legislação, interações e brincadeira (Brasil/MEC 2010), e está articulada ao PPP da Umei, que ainda traz a literatura, a arte e a natureza como pilares. Por sua vez, estes se desdobram em aspectos norteadores do trabalho docente: linguagem (corporal, oral, escrita), eu e o mundo, corpo e movimento (a criança inteira).

No plano de ação anual, que nasce em sintonia com o PPP, a Umei traça ações para serem desenvolvidas ao longo do ano letivo e se baseia em alguns indicadores (perspectivas): relação escola-comunidade; relações interpessoais; práticas pedagógicas; aprendizagem: interações e brincadeiras; relação escola-sede. Em suas linhas de atuação, as práticas pedagógicas a serem desenvolvidas pela Umei seguem alguns indicadores de qualidade locais, tais como:

1. Formação continuada e acompanhamento da ação docente: a) reuniões e encontros de caráter formativo, desenvolvendo temas como organização espacial, registro e avaliação de prática pedagógica, formação leitora etc.; b) atividades formativas com a Companhia de Limpeza de Niterói (Clin) acerca da limpeza da escola que atua com crianças pequenas; c) participação dos

docentes nos seminários de educação infantil realizado pela FME; d) socialização de saberes: reuniões em que os docentes são protagonistas do processo formativo; e) participação dos professores de apoio especializado em reuniões específicas e cursos oferecidos pela FME; f) acompanhamento frequente da ação pedagógica.

2. Proposta pedagógica definida: a) acesso ao PPP a todos os funcionários, virtual ou fisicamente; b) sistematização de proposta curricular da Umei Rosalda Paim.
3. Arranjos espaciais potencializadores das experiências infantis: a) organização do pátio externo com brinquedos e materiais não estruturados; b) estudo e organização das salas com base no conceito de zonas circunscritas. (Anotações realizadas pelo grupo, no caderno de registros, com base na reunião do dia 8/10/2020)

Seguindo as diretrizes da FME, a Umei realiza o Conselho de Avaliação e Planejamento da Unidade Escolar (Capue) e o Conselho de Avaliação e Planejamento do Ciclo (Capci). No Capue, realizado no início de cada semestre letivo, a escola é pensada como um todo, por exemplo: o planejamento – com a definição de um autor ou temática para a inspiração daquele ano; a organização do espaço considerado um outro educador. A inspiração da Umei em 2020 foram a vida e a obra da escritora Roseana Murray.[1] Por sua vez, no Capci, que ocorre a cada período letivo, a comunidade da Umei avalia o caminho percorrido e redimensiona o trabalho, tomando por base os dados de cada Grei e tendo como provocações para a reflexão aspectos como rotina, relação adulto-criança/interações e brincadeiras; projeto "Lê por Lê", que tem por objetivo o incentivo à leitura por prazer, por meio da disposição dos livros de literatura em espaço de fácil acesso para as crianças, nas salas de referência; registro e planejamento; espaço; objetivos elencados para o grupo.

1. Ver nota 3 no Capítulo 3.

Em 2020, de forma virtual e com a participação de toda a comunidade escolar (professores, funcionários e representantes de pais), teve início o processo de revisão do PPP da escola, processo fundamental, destacado nas palavras da pedagoga em nosso encontro:

> Considerando-o como a própria organização do trabalho escolar respaldado em sua trajetória de experiências, ações concretizadas e frustradas, que foram vivenciadas e permitiram ao grupo de educadores refletir sobre sua ação, não podemos encará-lo como modismo. (Transcrição da fala da pedagoga Krýsthinna Sepúlvida no encontro no dia 22/10/2020)

Faz parte do trabalho coletivo a realização de reuniões de planejamento em dia e horário determinados: sempre às quartas-feiras, com duas horas de duração. É um dia em que as crianças saem mais cedo, garantindo o encontro de toda a equipe. Nessas reuniões, acontece a socialização de saberes e fazeres, dialogando-se sobre as atividades desenvolvidas, as observações, os registros e os planejamentos de projetos futuros. São discutidos também temas de interesse, estudos relacionados à educação infantil, configurando a formação continuada durante o ano letivo.

Cursos de extensão, em parceria com a UFF, são também realizados, e as diretoras citaram um projeto de pesquisa-formação, desenvolvido na articulação universidade-Umei, que resultou na publicação do livro organizado pela professora coordenadora do projeto: *Registros na educação infantil: Pesquisa e prática pedagógica* (Ostetto 2017).

Segundo nos contou a pedagoga, o acolhimento às famílias ocorre no início do ano, com a reunião de pais, na qual se apresenta a Umei. Esse acolhimento também ocorre por meio de fichas de anamnese escolar, de atendimentos individuais e do projeto "Família na Sexta", no qual a Umei Rosalda Paim recebe os familiares das crianças, a fim de discutir temas e assuntos de seu interesse. Esse projeto é realizado com a pedagoga Krýsthinna Sepúlvida, que propôs um encontro às sextas-feiras à tarde, a cada trimestre letivo. Para ele, são convidados pais, avós, tios e responsáveis no geral, para uma boa conversa. Às vezes, um profissional de outra área é convidado também para conversar a respeito do tema proposto para o encontro.

Por sua vez, os registros do trabalho pedagógico são feitos nos relatórios individuais e de grupos, no caderno, nos murais da escola, na mostra pedagógica e no *blog* da Umei.[2] A pedagoga destaca a importância do registro para a prática docente e faz uma citação da educadora Madalena Freire (1996), para afirmar que é pelo registro, pela escrita, que tecemos o processo de apropriação de nossa história, individual e coletiva:

> Mediados pelo registro, deixamos nossa marca no mundo (...). A escrita materializa, dá concretude ao pensamento, dando condições, assim, de voltar ao passado, enquanto se está construindo a marca do presente. É neste sentido que o registro escrito amplia a memória e historifica o processo, em seus momentos e movimentos, na conquista do produto do grupo. (Freire 1996, p. 41)

O registro também esteve presente em nossos estudos, na primeira parte da disciplina, quando discutimos os fundamentos teórico-práticos da docência na educação infantil e, especificamente, quando lemos autores e referenciais que apontam os instrumentos do trabalho docente: planejamento, registro e avaliação (Freire 1996; Ostetto 2017). As conversas com as diretoras e com a pedagoga ampliaram nossa compreensão sobre como se dá essa relação na proposta geral da Umei, pois não é apenas um trabalho dos professores, mas também da gestão e da coordenação pedagógica, que apoiam os fazeres e oferecem suporte para construir saberes por meio da formação continuada e do acompanhamento.

Retratos da prática: Narrativas docentes

A presença das professoras da Umei Rosalda Paim nos encontros, relatando suas experiências, ofereceu um panorama do cotidiano vivido com as crianças e a possibilidade de conhecer um pouco do trabalho

---

2. Ver: https://umeirosaldapaim.blogspot.com/

que pode ser desenvolvido na educação infantil. Para nossas reflexões, focamos na apresentação das professoras Roberta e Mariana, que realizam um trabalho colaborativo no Grei 5, com crianças de 4 e 5 anos.

Segundo nos contaram, a observação é o ponto de partida para identificar os interesses das crianças e, então, estabelecer um projeto de trabalho que seja significativo para elas. Considerando que literatura infantil, arte e natureza são os eixos do trabalho pedagógico na Umei Rosalda Paim, o relato das professoras apresentou essas temáticas, articulando teoria e prática referentes ao ano de 2019 e ao início de 2020, ou seja, antes da pandemia.

O Grei 4, em 2019, foi assumido pelas professoras Mariana e Jéssica e, em 2020, a própria Mariana retomou o trabalho com o grupo, tendo agora Roberta como parceira. Na época, as professoras perceberam que as crianças demonstravam grande interesse em brincar de comidinha, utilizando massinha, elementos da natureza ou o que estivesse disponível na sala, o que foi um bom caminho para articular o trabalho com a proposta do tema inspirador de toda a Umei: a escritora infantojuvenil Tatiana Belinky (1919-2013).[3]

Após a leitura e a fruição das histórias partilhadas com as crianças, os livros da referida autora também foram motivo para explorar com as crianças brincadeiras, ativação dos sentidos e propostas de alimentação saudável. Entre as propostas, realizaram um piquenique com frutas; apresentaram à turma um rabanete para degustação, inspiradas pela leitura do livro *O grande rabanete* (Belinky 2002). As professoras comentaram que a maioria da turma não gostou; mesmo assim, consideraram a experiência bem interessante e significativa, pois apresentou um novo sabor e provocou o paladar das crianças.

---

3. Tatiana Belinky nasceu em São Petersburgo, na Rússia (1919), e faleceu em São Paulo (2013). Foi uma escritora de literatura infantojuvenil, roteirista e tradutora de grandes obras russas e responsável pela primeira adaptação para a televisão de *O sítio do pica-pau amarelo*. Algumas de suas obras: *O caso dos bolinhos*; *O grande rabanete*; *Saladinha de queixas*; *Tatu na casca*; *Sete contos russos*. Fonte: https://www.ebiografia.com/tatiana_belinky/, acesso em 10/9/2021.

A natureza está bem presente nas propostas cotidianas, ainda que a Umei possua apenas um pequeno espaço externo. Conhecido como o canto da árvore, esse espaço é muito apreciado pelas crianças, por permitir que explorem e tenham um contato direto com os elementos da natureza, quando, então, esse lugar se torna imenso, pela sua ocupação e pelas possibilidades de experiências. Dos muitos momentos de brincadeira e exploração com o grupo no canto da árvore, as professoras compartilharam um, que recontamos a seguir.

Certo dia, explorando a natureza no canto da árvore, uma criança achou um casulo e, muito curiosa, mostrou-o aos amigos e, depois, às professoras. O casulo foi levado para a sala e logo as professoras pensaram em aproveitar a situação e o achado para explorar a metamorfose da lagarta. Colocaram o casulo em um pote. As crianças o observaram, alimentaram, acompanhando seu desenvolvimento. No entanto, houve um longo recesso, com afastamento da Umei. Na volta, encontraram a lagarta já sem vida. Foi uma tristeza só, contaram as professoras. A partir de então, aproveitaram para conversar com as crianças sobre a morte. Um tempo depois, uma menina achou uma lagarta em frente à sua casa e disse à mãe que precisava mostrar para os amigos, precisava levar para escola. A lagarta foi recebida com festa e batizada de Delícia, pois chegou em um pote de margarina com esse nome. A lagarta Delícia foi bem cuidada, alimentada e observada diariamente. Dessa vez, foi possível acompanhar sua metamorfose. Em uma segunda-feira, perto da hora do almoço, o pote foi aberto para ver a situação da lagarta e, surpresa!, depararam-se com uma mariposa. As crianças ficaram muito felizes. Saíram mostrando a todos o pote com a mariposa. Estava na hora do almoço, mas, diante da euforia das crianças com a grande novidade, naquele dia, as professoras decidiram atrasar o almoço para levar o grupo ao canto da árvore, onde soltaram a mariposa na natureza.

A atitude das professoras nos leva a refletir sobre o planejamento: por que planejar? Como planejar? O que nos faz planejar? Planejar para quem? A organização e a administração do cotidiano pressupõem planejamento, que implica "dispor de forma ordenada, dar uma estrutura, planejar uma ação e prover as condições necessárias para realizá-la"

(Libâneo, Oliveira e Toschi 2007, p. 316). Planejamento é uma ferramenta para organizar o fazer, o dispor, o compor a prática docente, mas não pode ser uma fôrma. É adaptável e pode ser repensado a cada momento, para que, assim, além de pretender que seu objetivo seja concretizado, possa contar com a participação e o desenvolvimento dos envolvidos. Por isso, é fundamental observar as crianças, suas expectativas e suas necessidades, analisar as condições para a realização desta ou daquela proposta prevista no plano.

Assim, as docentes que acompanharam o Grei 4 observaram as crianças para identificar seus interesses e estabelecer um trabalho que fosse significativo para elas. Porém, para que tudo acontecesse, foi necessário que as professoras se despissem do que achavam, ou até mesmo do que pensavam saber, propondo-se a descobrir, pesquisar e aprender junto com as crianças, ressignificando o próprio olhar. Em alguns momentos, foi preciso abrirem mão do planejamento do dia para não interromper o processo de busca, de criação e conhecimento das crianças, dando vez à curiosidade e à imaginação, que se apresentavam de forma tão evidente. Logo, dar ouvidos às crianças, em situações do acaso, não planejadas, situações trazidas por elas, como a aparição de um casulo e de uma aranha, possibilitou de forma flexível reconfigurar o planejamento e adaptá-lo de acordo com as necessidades e as demandas que foram surgindo, acolhendo a voz das crianças e dando vez a elas.

As professoras mostraram, por exemplo, ao mudar a rotina (horário do almoço), que assumem a criança como centro do planejamento. Momentos iguais a esse, como elas disseram em nosso encontro, configuram-se em um "ressignificar e reflorestar a imaginação", que é ressignificar o olhar, o fazer e o saber pedagógico.

A arte se mistura na continuidade do projeto, pela temática da natureza. Dessa vez, a atividade proposta foi o estudo sobre as plantas e suas partes. As crianças assistiram a vários vídeos e conheceram as plantações de girassóis, o que despertou grande interesse nelas. As docentes pesquisaram quadros de girassóis de diversos pintores e levaram para que as crianças pudessem conhecer. Foi proposto pelas professoras que as crianças desenhassem os girassóis de Van Gogh em papéis colados nas paredes e na porta, no intuito de transmitir a sensação de um pintor. As pinturas das crianças foram emolduradas e penduradas nas paredes da sala, criando uma galeria de arte. Também foram plantados girassóis em garrafas pet, mas nenhum chegou a brotar.

Continuando as pesquisas sobre os girassóis, descobriram junto com as crianças que as abelhas gostam de girassóis. Resolveram explorar a vida das abelhas, convidando um apicultor para ir à escola contar sobre sua profissão, sobre abelhas e mel. Com as experiências e os conhecimentos apropriados, ao longo do ano, fizeram a montagem de um mercadinho com as crianças, batizado de Mercado Abelha. Depois de montado, possibilitou muitas brincadeiras, interações e exploração de conhecimentos matemáticos.

Usando a sensibilidade para ouvir as crianças e entender quais eram seus interesses, o que tinham curiosidade de saber, diversos projetos interligados foram postos em prática, colaborando para o desenvolvimento e a educação delas, juntando os eixos de arte, natureza, literatura, entre outros. Nas práticas relatadas, percebe-se o respeito às crianças, a acolhida aos seus saberes e às suas necessidades, revelando uma imagem de criança como a que aparece nas DCNEI (Brasil/MEC 2010), que concebem a criança como:

> (...) sujeito histórico e de direitos que, nas interações, relações e práticas cotidianas que vivencia, constrói sua identidade pessoal e coletiva, brinca, imagina, fantasia, deseja, aprende, observa, experimenta, narra, questiona e constrói sentidos sobre a natureza e a sociedade, produzindo cultura.

Do que é feito um planejamento? Narrativas sobre interações, brincadeiras e participação

Da série de diálogos tecidos com as profissionais da Umei Rosalda Paim, destacamos, em nossas reflexões, os eixos de trabalho das interações e das brincadeiras e como são articulados no planejamento.

É comum considerar o brincar uma atividade que se dá em oposição ao trabalhar, de modo que essa importante ação é vista apenas como lazer e, poderíamos dizer ainda, sem importância. Essa ideia sobre o brincar e a brincadeira, presente na sociedade em geral, também se mostra no cotidiano educativo, em que fica restrita ao horário do recreio. Mas, estudando teorias do campo da infância, compreendemos que não é bem assim, que essa ideia é equivocada, pois o brincar é a atividade central da criança, tanto que a brincadeira aparece, na legislação, como um dos eixos da proposta pedagógica para a educação infantil.

De acordo com o item 11 das DCNEI, as interações e a brincadeira devem nortear as práticas pedagógicas para a educação infantil (Brasil/MEC 2010). Para contemplá-las, o planejamento deve prever e garantir experiências diversas que:

> Promovam o conhecimento de si e do mundo por meio da ampliação de experiências sensoriais, expressivas, corporais (...);
> Ampliem a confiança e a participação das crianças nas atividades individuais e coletivas;
> Possibilitem situações de aprendizagem mediadas para a elaboração da autonomia (...);
> Possibilitem vivências éticas e estéticas com outras crianças e grupos culturais, que alarguem seus padrões de referência e de identidades no diálogo e conhecimento da diversidade;
> VIII - incentivem a curiosidade, a exploração, o encantamento, o questionamento, a indagação e o conhecimento das crianças em relação ao mundo físico e social, ao tempo e à natureza; (...). (Brasil/MEC 2010)

Em entrevista ao projeto "Diálogos do brincar",[4] Guilherme Perisse, falando sobre o direito ao brincar, reforça concepções estudadas

---

4. No 12º encontro da série "Diálogos do brincar", com a participação de Guilherme Perisse, advogado do programa Prioridade Absoluta, do Instituto Alana, no dia 24/8/2017. [Disponível na internet: https://youtu.be/q23ch9FTEXI, acesso em 23/11/2020.]

de que se aprende a brincar, que o brincar vem de dentro e interage dialogando com o exterior. O brincar nasce das relações que se estabelecem entre os sujeitos, com os outros e com a cultura. O brincar não é compulsório, é conduzido por motivação das próprias crianças e desenvolvido segundo seu interesse, tem um fim em si mesmo.

É importante que o professor observe, acompanhe e participe de maneira criativa desse brincar da criança. Não podemos pensar no brincar sem pensar nas interações – com o professor, com outras crianças, com os brinquedos/materiais, com o ambiente e entre a instituição, família e escola.

Dispensando a visão do brincar como um mero oposto ao trabalho, visão que faz com que o ato criador seja subestimado, visto como desnecessário e perda de tempo, temos o brincar como

> (...) um importante processo psicológico, fonte de desenvolvimento e aprendizagem. De acordo com Vygotsky (1987), um dos principais representantes dessa visão, o brincar é uma atividade humana criadora, na qual imaginação, fantasia e realidade interagem na produção de novas possibilidades de interpretação, de expressão e de ação pelas crianças, assim como de novas formas de construir relações sociais com outros sujeitos, crianças e adultos. (Borba 2007, p. 35)

Portanto, a brincadeira é um processo que se referencia na realidade e na vivência cotidiana dos sujeitos, mas que também tem um potencial criador e fantasioso. A brincadeira estreita os laços entre o já dado e o novo, o fantástico e o real. "A brincadeira não é algo já dado na vida do ser humano, ou seja, aprende-se a brincar, desde cedo, nas relações que os sujeitos estabelecem com os outros e com a cultura" (*ibid.*, p. 36). E a autora continua, afirmando que o brincar é, além de tudo, um espaço de aprendizagem e de desenvolvimento de potencialidades, e menciona os conceitos de Vygotsky a respeito da zona de desenvolvimento proximal:

> (...) a brincadeira, na sua visão, cria uma zona de desenvolvimento proximal, permitindo que as ações da criança ultrapassem o

> desenvolvimento já alcançado (desenvolvimento real), impulsionando-a a conquistar novas possibilidades de compreensão e de ação sobre o mundo. (*Ibid.*)

Vê-se, então, que os processos constituintes do brincar vão além de simplesmente brincar: se a ação tem finalidade em si mesma, seus efeitos vão além do banal, constituindo um ambiente de apropriação de conhecimentos, experimentação e probabilidades fundamentais no processo de desenvolvimento de todo ser humano.

Como mencionado nos encontros pelas professoras e pela direção da Umei, as interações e a brincadeira são elementos essenciais que atravessam o currículo e a rotina com as crianças. De acordo com elas, é um desafio constante a busca por elaborar um planejamento com propostas de atividades que percebam o corpo em movimento, que valorizem a interação com o mundo e que compreendam o brincar como a forma pela qual a criança interage com esse mundo, construindo conhecimentos, e que incluam a relação indissociável entre brincadeira e a criatividade.

As DCNEI, no item 7, dizem: "Para efetivação de seus objetivos, as propostas pedagógicas das instituições de Educação Infantil deverão prever condições para o trabalho coletivo e para a organização de materiais, espaços e tempos (...)" (Brasil/MEC 2010). Percebemos, nos encontros e na leitura de artigos produzidos pelos profissionais – por exemplo, no artigo "A criança como centro da ação gestora: Desafios na educação infantil" (Marina e Wolf 2017) –, que a Umei deu a devida atenção a esse aspecto presente na legislação.

O espaço, reconhecido como parte do currículo, é pensado e planejado para as crianças: as salas de referência dos grupos são organizadas com arranjos espaciais semiabertos, de forma que o professor não precise direcionar todo o tempo as atividades e as crianças possam iniciar, controlar e estruturar suas próprias brincadeiras. Assim, a proposta da criança como centro da ação pedagógica se efetiva.

Ao oferecerem um panorama geral da instituição, as diretoras compartilham os desafios e as possibilidades que a equipe tem vivido ao longo do trabalho realizado, com importante destaque para o processo de elaboração do projeto pedagógico: a sua construção, junto com a comunidade, trouxe questões importantes para criar estratégias e propostas que tenham a criança como centro (Marina e Wolf 2017).

Nesse contexto, pudemos compreender que as atividades propostas buscam ser referenciadas nas crianças e em seus modos próprios de ser e se expressar. Como afirmaram as profissionais da Umei Rosalda Paim em nossos encontros, o planejamento é traçado com base na escuta atenta e no olhar sensível, em uma dinâmica em que o adulto-professor se coloca no lugar da criança, para acolher suas histórias, suas ideias e saberes, suas demandas. Escutar para reconhecer a identidade do outro-criança, que é distinta do eu-professora, escutar para fazer com elas, fazer o que tenha significado para elas e, assim, buscar um fazer coletivo, acolhendo a voz da criança e dando vez a ela.

Como bem falou uma professora, enquanto partilhava sua experiência, seus saberes e fazeres, na prática docente é essencial refinar os sentidos, renovar os olhares para poder enxergar além do que falta, para ver na criança o que ela já tem.

> Olhar para a criança não a partir do nosso olhar de adulto. Porque, se a gente olhar para criança a partir "desse sempre", do nosso olhar, a criança "sempre" vai estar em falta, "sempre" estará em déficit, "sempre" vai faltar alguma coisa. Procurar ressignificar esse nosso olhar, refinar o nosso olhar. Olhar para a criança a partir dela, das curiosidades dela, do que ela já tem e do que ela já traz! E não do que nós achamos que ela precisa ter, que nós, professores, pensamos que ela deveria ter. Não! Partir dela, dessa troca desse olhar, do que ela nos traz. Partimos do que elas nos traziam, que eram as pistas para a gente ressignificar o nosso olhar, fazer e saber pedagógico. Não por ideias preestabelecidas. (Transcrição da fala da professora Roberta, no encontro do dia 5/11/2020)

Um estágio redefinido por uma pedra no caminho: Na experiência pandêmica, foi preciso ter paciência

Enquanto todo mundo espera a cura do mal
E a loucura finge que isso tudo é normal
Eu finjo ter paciência
O mundo vai girando cada vez mais veloz
A gente espera do mundo e o mundo espera de nós
Um pouco mais de paciência
Será que é tempo que lhe falta pra perceber?
Será que temos esse tempo pra perder?
E quem quer saber
A vida é tão rara, tão rara.
"Paciência" – Lenine

A experiência de um estágio remoto foi um tanto quanto peculiar, difícil e delicada, pois vivida enquanto o mundo inteiro era atingido por uma crise sanitária que impôs a necessidade de isolamento em oposição à natureza social do homem. A pandemia que nos atravessou, e ainda nos atravessa, trouxe constantes incertezas do que estaria por vir, dores pelas perdas de tantas vidas e o medo gritante que pairava por todos os cantos da sociedade. Estávamos no meio de uma luta, travada contra um inimigo invisível, mortal, que modificou rotinas e modos de ser e de estar no mundo.

A persistente sensação de insegurança e medo relacionada à nossa saúde e à de entes próximos, decorrente do isolamento e amplificada com ele, juntamente com o emocional, obviamente abalado, tornaram qualquer cenário mais conturbado e instável. A necessidade de desacelerar o ritmo frenético com o qual estávamos acostumados antes da pandemia proporcionou a muitos um (re)aprendizado de como levar a existência, novos ensinamentos e valores, novas formas de ver a vida e as nossas conexões. O que realmente importa? Uma pergunta básica, que passamos a fazer.

Esse período trouxe a necessidade de reinvenção e ressignificação nas nossas vidas, até mesmo na dimensão da formação acadêmica.

Estudamos, aprendemos e trocamos saberes remotamente. Se, por um lado, não tivemos contato presencial em uma escola, tivemos, por outro, a oportunidade, singular, de partilharmos vivências que poderiam ter passado despercebidas no "corre-corre" do cotidiano escolar, como o contato com as profissionais da cozinha.

Os encontros com a Umei Rosalda Paim nos trouxeram um diálogo riquíssimo com profissionais que atuam diretamente com a educação infantil e, com elas, pudemos identificar as teorias que orientam as práticas docentes. Ouvir as experiências das diretoras, da pedagoga, das três professoras e das duas cozinheiras – diferentes setores que fazem a instituição, que cuidam de grupos de crianças e as educam – permitiu-nos a visão da estrutura como um todo, do coletivo.

Conforme ouvíamos as profissionais, ligávamos suas ideias com as leituras e os trabalhos produzidos em outras atividades propostas ao longo do semestre de PPE II, aprofundando temáticas de nossa própria escolha e interesse, importantes para nossa formação, o que muitas vezes não é possível no presencial.

Mesmo com os limites de estarmos em contato apenas pelas janelas de nossa sala de aula virtual, dialogar com a Umei nos permitiu fazer articulações entre teoria e prática: por exemplo, sobre o tema cuidar-educar, que estudamos durante o semestre; porém, ali, nos encontros, nos relatos de experiências, pudemos vê-los postos firmemente em prática, quando nos mostraram explicitamente a sua importância, como faziam e como poderia ser feito.

Pudemos conhecer uma instituição que executa seu projeto pedagógico e não o considera apenas mais um "papel engavetado" para cumprir as normas. Testemunhamos um contexto educativo de valorização da criança, de escuta sensível e de prática dos eixos norteadores, brincadeira e interações. A oportunidade de ter contato com o PPP da escola, em saber como é elaborado e posto em prática, foi uma das experiências mais significativas que esse componente curricular nos proporcionou.

E assim levamos esse desafio de cursar um componente curricular de estágio em meio a uma pandemia, em meio ao isolamento social.

O contato com as práticas realizadas na Umei pôde proporcionar em nós esse brilho de esperança, de renovação e de práticas dialógicas possíveis, um lugar onde a escuta sensível está incluída na dimensão do cuidar-educar e as brincadeiras e as interações são certamente postas como prioridade. Encerramos este capítulo tomando de empréstimo as palavras do grande poeta:

No meio do caminho tinha uma pedra
tinha uma pedra no meio do caminho
tinha uma pedra
no meio do caminho tinha uma pedra.

Nunca me esquecerei desse acontecimento
na vida de minhas retinas tão fatigadas.
Nunca me esquecerei que no meio do caminho
tinha uma pedra
tinha uma pedra no meio do caminho
no meio do caminho tinha uma pedra.
Drummond de Andrade (1992, p. 196)

Sim, em nossa vida, nunca nos esqueceremos da pedra, chamada pandemia, que esteve em nosso caminho de formação docente. Também nunca esqueceremos as lições que aprendemos: é preciso encarar as pedras do caminho, é preciso enfrentar os desafios, ter propósito e, no coletivo, no diálogo, com muito trabalho e dedicação, fazer dessa pedra uma flor.

Referências bibliográficas

BRASIL. MEC (2010). *Diretrizes Curriculares Nacionais para a Educação Infantil*. Brasília: MEC/SEB. [Disponível na internet: http://portal.mec.gov.br/dmdocuments/diretrizescurriculares_2012.pdf, acesso em 23/11/2020.]

BELINKY, T. (2002). *O grande rabanete*. São Paulo: Moderna.

BORBA, A.M. (2007). "O brincar como um modo de ser e estar no mundo". *In*: BRASIL. MINISTÉRIO DA EDUCAÇÃO. SECRETARIA DE EDUCAÇÃO

BÁSICA. *Ensino fundamental de nove anos: Orientações para a inclusão de crianças de seis anos de idade*. 2ª ed. Brasília: s.n., pp. 33-45.

DRUMMOND DE ANDRADE, C. (1992). *Antologia poética*. Rio de Janeiro: Record.

FALCÃO, D. e LENINE (1999). "Paciência". *In*: LENINE. *Na pressão*. Barueri: BMG Brasil. 1 CD.

FREIRE, M. (1996). *Observação, registro e reflexão: Instrumentos metodológicos I*. São Paulo: Espaço Pedagógico. (Série Seminários)

LIBÂNEO, J.C.; OLIVEIRA, J.F. de e TOSCHI, M.S. (2012). *Educação escolar: Políticas, estrutura e organização*. 10ª ed. São Paulo: Cortez. (Coleção Docência em Formação: Saberes Pedagógicos)

MARINA, L. e WOLF, C. (2017). "A criança como centro da ação gestora: Desafios na educação infantil". *In*: OSTETTO, L.E. (org.). *Registros na educação infantil: Pesquisa e prática pedagógica*. Campinas: Papirus, pp. 55-71.

OSTETTO, L.E. (org.) (2017). *Registros na educação infantil: Pesquisa e prática pedagógica*. Campinas: Papirus.

6
EM TEMPOS DE EXCEÇÃO: POTENCIALIZANDO ESPERANÇAS NA FORMAÇÃO DOCENTE E NA PRÁTICA PEDAGÓGICA DA EDUCAÇÃO INFANTIL – NARRATIVA DE PERCURSO

Marta Passos Burla

> *O coronavírus é nosso contemporâneo no sentido mais profundo do termo. Não o é apenas por ocorrer no mesmo tempo linear em que ocorrem as nossas vidas (simultaneidade). É nosso contemporâneo porque partilha conosco as contradições do nosso tempo, os passados que não passaram e os futuros que virão ou não.*
>
> Boaventura de Sousa Santos

Em dezembro de 2019, a China notificou o primeiro caso oficial de Covid-19 em seu território. Em 26 de fevereiro de 2020, foi confirmado o primeiro caso de Covid-19 no Brasil. Em 11 de março de 2020, o vírus já estava presente em diversos locais do planeta, fazendo a Organização Mundial da Saúde declarar o novo vírus como desencadeador de uma pandemia mundial. No dia 13 de março de 2020, voltei da escola onde estagiava para casa, de ônibus, sem máscara, com a notícia de que as escolas públicas e privadas do estado do Rio de Janeiro fechariam por duas semanas em decorrência da situação pandêmica. Nunca mais voltei àquela escola, tampouco retornei aos espaços universitários para um novo semestre letivo até a data em que escrevo este capítulo.

Estamos todos interligados. A pandemia escancarou tal questão e não vejo outra forma de iniciar essa narrativa de percurso sem atentar para o fato: minha experiência acadêmica relacionada ao componente curricular Pesquisa e Prática Educativa (PPE II), do curso de Pedagogia da Universidade Federal Fluminense, que contempla o estágio no campo da educação infantil, permeia minha experiência pessoal e coletiva neste novo mundo no qual fomos impelidos a viver. Isso acontece porque não se pode (nem acredito que se deva tentar) separar a cabeça do corpo, o coletivo do individual. Estamos conectados, afetamos o coletivo e somos afetados por ele. Assim como aprendi na disciplina, que as crianças aprendem de maneira interativa, carregando consigo uma bagagem de experiências anteriores à entrada na escola, transformando os ensinamentos que lhes são passados, tenho entendido que nunca deixamos de aprender dessa forma.

Ao iniciar o segundo semestre remoto, em fevereiro de 2021, meu sentimento em relação ao universo em que se insere o campo da educação era conflituoso. A decisão de trilhar esse caminho profissional e acadêmico se deu ainda na escola, quando estudante secundarista. Contudo, era a primeira vez que me questionava sobre ela. A distância afetou minha interação com o conhecimento (acredito que a de todos nós), fazendo-me não acreditar nos rumos pelos quais optei percorrer. Comecei a pesquisar sobre a realidade dos professores na educação básica, sobretudo nesse período de estudo remoto, a cobrança por uma educação infantil cada vez mais escolarizada, os repetidos ataques às universidades e à educação pública e a crescente valorização de um modelo escolar reprodutivista e bancário, privilegiando o cumprimento das obrigações mais do que a real aprendizagem. O que fazer com tudo isso? Como reunir esforços e resistir?

Os questionamentos diante da realidade de diversos profissionais da educação em nosso país, aliados a questões particulares (que, novamente, ouso dizer, são também sentimentos coletivos, fruto do que estamos passando atualmente), fizeram-me querer desistir algumas vezes da faculdade. Foi preciso aprender a aceitar meu tempo, o tempo do mundo pandêmico, reconhecer meus sentimentos, escutá-los e acolhê-los. Não obstante, a indignação e a inadaptabilidade estiveram e estão presentes durante todo esse percurso. São sentimentos inerentes à minha existência perante uma estrutura neoliberal que luta para manter seu poder, a despeito de vidas humanas e não humanas. Sentimentos que, acredito, não devem ser tratados como problemas circunstanciais (sintomas pandêmicos) a serem resolvidos. Devemos, sim, problematizar sua causa, que reside no modo como ainda vivemos e produzimos a nossa realidade material.

Em uma aula de didática, em que a professora convidada, ao expor os desafios de uma autonomia docente diante da Base Nacional Comum Curricular (BNCC),[1] fala de resistência e união, foi que reencontrei o sentido da minha escolha profissional. Falava ela sobre a importância de que nossas ações e nossas práticas fossem fruto de uma reflexão qualificada, que não deveriam ser construídas apenas para atender a expectativas atuais – uma vez que a transformação social demanda tempo –, mas que eram sementes de resistência que plantávamos pelo estudo, pela prática e pela reflexão feitas sempre em conjunto com nossos colegas e professores. Que ensinamento marcante em minha vida! Ensinamento que revisitei nas aulas de PPE II.

Cursar PPE II, para mim, foi como abrir uma caixa de brinquedos com que eu nunca havia brincado. Educação infantil? Ser professora de bebês? Planejamento que abarque crianças pequenas? O espaço como elemento educativo? Brinquedos com que nunca interagi!

Ao começar a disciplina, sentia-me desafiada pelo que estava por vir. E, logo no primeiro texto que lemos, meu interesse foi potencializado.

---

1. Documento normativo, homologado em 2018 pelo Ministério da Educação, que define quais são as aprendizagens essenciais a serem seguidas em todas as escolas brasileiras, públicas e particulares, de educação infantil, ensino fundamental e ensino médio.

No artigo "Nas veredas do estágio docente: (Re)aprender a olhar" (Ostetto e Maia 2019), a importância de um olhar diferente (que viríamos a aprofundar e entender) já se colocava como exercício essencial. Em certa parte do texto, as autoras afirmam que os alunos em estágio curricular, à medida que vão tendo contato teórico e prático com as temáticas abordadas na disciplina, modificam sua maneira de observar os acontecimentos nas instituições educativas, suas reflexões ficam mais complexas e seus questionamentos ou suas críticas se transformam. Fiquei muito curiosa com isso.

Quando escrevi meu primeiro trabalho da disciplina – um pequeno relato sobre experiências de estágio anteriores –, era grande a minha vontade de entrecruzar os olhares decorrentes dos processos vividos com as novas visões dos processos de aprendizado a experimentar. Para continuar tecendo ressignificados, compartilho um trecho da narrativa que produzi em fevereiro de 2021.

> Infelizmente, por conta da pandemia, não tive a oportunidade de vivenciar o estágio curricular. Fiz PPE I de maneira remota. Todavia, tenho uma experiência anterior com crianças no setor educativo de um museu, recebendo grupos escolares de variadas idades, realizando visitas com esses grupos pelo museu, além de outras atividades que eram realizadas no estágio. Minha única experiência de estágio dentro de uma escola foi por um mês, entre fevereiro e março do ano passado, até ser decretado o fechamento das escolas por conta da pandemia. O estágio era como mediadora escolar de duas crianças que haviam sido diagnosticadas com autismo, estudavam na mesma turma e estavam em fase de alfabetização. Apesar de curta, foi uma experiência importante para mim. Logo de cara, já tomei o susto da realidade do cotidiano, que ultrapassa a teoria. Senti muita falta, também, de uma base teórica para melhor proceder no aprendizado dessa fase tão importante associada às necessidades específicas e até individuais das crianças que eu mediava. O principal ponto positivo para mim foi a possibilidade de adentrar ao espaço escolar, conhecer as rotinas, os desafios, viver boas experiências. Apesar disso, tive uma série de questionamentos, que, pela falta da troca pedagógica, proporcionada nas disciplinas de PPE, me deixaram apenas com a minha visão particular. Um dos principais era sobre a grande quantidade de tarefas

e exercícios, em detrimento do aprendizado do mesmo conteúdo de maneira lúdica, valorizando um modelo conteudista que se poderia apresentar aos pais como prova de qualidade da escola. Meu curto aprendizado me fez entender a importância de ouvir, perceber e dialogar com as necessidades individuais das duas crianças que eu mediava. Uma vez que eram duas ao mesmo tempo, e tive apenas um mês de contato com elas, começamos a desenvolver uma relação de respeito, carinho e confiança para que pudéssemos realizar esse exercício de mediação da melhor maneira para elas.

Pensar e escrever sobre as experiências educativas com crianças, vividas em dois espaços com objetivos diversos, reavivou minhas lembranças. Como eu adorava estar com as crianças no espaço museal! Ouvir as histórias que envolviam algum objeto do museu, as perguntas, observar as surpresas e sentir as mãozinhas que disputavam a minha para caminhar pelo ambiente novo que exploravam curiosas! Por sua vez, o breve momento da experiência como mediadora de duas crianças com necessidades especiais na turma de alfabetização foi a oportunidade de conhecer a educação especial e o cotidiano escolar, enxergar desafios que ensejaram em mim muitas indagações. Lembro-me do frio na barriga do primeiro dia na escola, quando me senti muito perdida pela falta da troca e da orientação teórica para realizar as atividades. Senti incômodo pela demanda de trabalhos que eram impostos e pouco conversados com as crianças. Pareciam soldadinhos aprendendo mais sobre disciplina do que sobre o universo mágico da leitura e da escrita. Isso fez com que eu começasse a pensar de maneira negativa sobre educação escolar com as crianças, fruto ainda da falta de diálogo e pesquisa sobre esse campo de atuação.

Então, em fevereiro de 2021, eu estava cursando um componente curricular que propunha a reflexão sobre a docência e a prática pedagógica na educação infantil, pressupondo, em sua realização, o encontro com as crianças. O que eu não sabia (consequência da não experiência) ou achava que sabia e que se transformaria ao longo da disciplina? E, principalmente, conseguiria passar por aquele percurso de transformação de maneira remota? Não sabia o que me esperava ao longo da jornada.

A proposta subsequente à do relato de experiências de estágio consistia em exercícios de observação e registro baseados em cenas fotografadas no cotidiano das crianças na educação infantil. A sugestão era fazer de conta que estávamos lá com as crianças num dia de estágio, interagindo com elas, para assim observarmos atentamente o que "presenciávamos", elaborando uma narrativa escrita do que fora visto. Essas atividades foram, de maneira simbólica, a primeira entrada nesse universo institucional. Foi gostoso imaginar, permitir-me, brincar como se estivesse lá dentro dos espaços educativos, utilizando os recursos teóricos apresentados em aula, ampliando a importância do olhar sensível, do registro escrito, evidenciando as crianças com suas formas de ser e se expressar na construção da prática docente.

Fomos apresentados às Diretrizes Curriculares Nacionais para a Educação Infantil (DCNEI), documento legal que institui concepções, fundamentos, princípios orientadores e eixos norteadores a serem observados na construção de propostas educativas para o referido segmento. Em seu conteúdo, denotam-se questões fundamentais que foram analisadas no percurso da disciplina, entre elas: a concepção de criança no centro do planejamento pedagógico, como sujeito histórico e de direitos que interage socialmente e produz cultura; a educação infantil como primeira etapa da educação básica, que se realiza em creches e pré-escolas, caracterizadas por serem espaços institucionais onde o caráter de cuidar e educar estão associados e são indissociáveis; as interações e a brincadeira como eixos norteadores das práticas pedagógicas; a importância do elemento estético na educação infantil; a necessidade de procedimentos avaliativos que não visem seleção ou classificação, mas acompanhem o desenvolvimento da criança, utilizando as mais diversas formas de registro para compor esse processo; o respeito às especificidades etárias das crianças que fazem parte desse segmento educacional, sem antecipação de conteúdos do ensino fundamental (Brasil 2010). O texto foi consultado diversas vezes ao longo das aulas, a fim de entendermos e embasarmos as práticas pedagógicas que líamos, ouvíamos ou exercitávamos nas atividades propostas pela professora.

Viajamos intelectualmente para a província italiana de Reggio Emilia para conhecer a abordagem pedagógica realizada nas creches e nas pré-escolas da região. A abordagem se centra na importância da escuta e do diálogo com as crianças, que são protagonistas do processo educativo. Há uma grande valorização das diferentes (e tantas!) linguagens e formas de expressão desses pequenos cidadãos, entendendo-os como seres capazes de formular perguntas, criar teorias e se relacionar dialogicamente com o mundo. Desse modo, a escuta ativa e sensível, caracterizada pela intencionalidade e pela abertura de ouvir o outro, conectando-se com ele, coloca-se como elemento fundamental para o desenvolvimento de aprendizagens (Rinaldi 2016). Essa escuta realizada pelo docente devolve uma troca raciocinada, fruto da observação sensível, do registro do vivido (em suas diversas formas), da avaliação e da valoração das experiências educativas, capaz de apoiar a criança no desenvolvimento de sua individualidade, sua autoestima, ao mesmo tempo em que desenvolve a capacidade de dialogar com os diferentes raciocínios de seus colegas e pertencer a um grupo heterogêneo de indivíduos e ideias. Simultaneamente, permite que o próprio docente reflita e aprenda sobre sua prática profissional cotidianamente. Nesse mesmo sentido, toda a equipe profissional que trabalha na instituição é parte integrante do processo educativo, assim como as famílias, que têm importante participação nesse espaço, criando uma comunidade de aprendizado, em que todos aprendem nas diversas experiências potencializadas com base na observação, no registro, na avaliação, na reflexão, na pesquisa e, principalmente, no diálogo. O espaço como elemento educativo e a organização dos tempos e espaços com base nas necessidades e nos ritmos das crianças também são aspectos fundamentais que compõem essa abordagem (Ceppi e Zini 2013). Estudar a prática realizada em Reggio Emilia possibilitou conhecer outras formas de fazer na educação infantil. Com essa experiência, tivemos a oportunidade de aprofundar e cruzar significados com as experiências educativas brasileiras, com os conceitos que vínhamos discutindo, apresentados nos textos e nas conversas em aula.

O espaço como elemento ativo, educador e pertencente ao currículo, já indicado nos estudos sobre Reggio Emilia, foi um dos tópicos aprofundados. Compreender que o aprendizado também envolve a dimensão relacional, psicológica e multissensorial com o espaço me cedeu um olhar mais crítico para os ambientes onde a educação infantil ocorre. O espaço é agradável? Os elementos que ele contém são acessíveis às crianças? Tem espaço para construção de conhecimento? É composto e modificado em conjunto pelo grupo que o habita? De que maneira possibilita ou restringe as experiências de aprendizado? O ambiente por si só também pode assumir o papel educador, suscitando situações educativas sem a mediação do professor. Dessa forma, o compromisso com a acessibilidade e a estética na composição dos espaços, observando-os com atenção, reflexão e contínua reavaliação com as crianças, também faz parte de uma prática pedagógica comprometida com as infâncias.

O livro *Registros na educação infantil: Pesquisa e prática docente*" (Ostetto 2017), fruto de uma pesquisa-formação, organizado pela professora Luciana Ostetto em conjunto com os profissionais que compõem a Unidade Municipal de Educação Infantil (Umei) Rosalda Paim, localizada em Niterói, foi terra fecunda para que refletíssemos sobre os modos e os sentidos dos registros e das documentações na prática docente com as crianças. A pesquisa-formação que tinha como tema "A dimensão estética da documentação pedagógica: Poéticas do processo" foi desenvolvida durante dois anos de vivência, observações e trocas horizontais de conhecimentos entre as duas instituições e seus profissionais. O livro é fruto desse processo, construído também conjuntamente, trazendo narrativas em torno do tema proposto, escritas por todas as participantes do projeto em suas práticas profissionais (potencializadas pela troca da pesquisa) com as crianças, a Umei e a UFF.

No primeiro capítulo, a temática do registro já se amplia. Se, antes, com base na experiência de Reggio Emilia, já havíamos conversado sobre a importância de valorizar as diversas linguagens infantis, fazendo uso de diferentes tipos de registro para narrar essas linguagens, a perspectiva é trazida para perto de nós, no contexto prático e cotidiano de experiências realizadas em Niterói, uma cidade do estado do Rio de Janeiro. Somos apresentados aos diversos modos de registro e documentação realizados pela Umei: o "blocão", o mapa conceitual, os relatórios, as fotografias e os murais. Mais uma vez, durante o texto, é enfatizada a compreensão de que registrar com intencionalidade e compromisso, a fim de potencializar formações educativas de crianças e docentes, requer observação atenta:

> Para registrar, no cotidiano vivido com um grupo de crianças, é necessário observar ações, reações, interações, proposições não só das crianças, mas também do próprio docente. É preciso ficar atento às dinâmicas do grupo, às implicações das relações pedagógicas, com um olhar aberto e sensível, pois registrar não é uma técnica, nem tampouco pode ocorrer de forma automatizada, como a espelhar o real. (Ostetto 2017, p. 23)

Essa observação, contudo, implica uma concepção de criança, refletida por meio do aprendizado na disciplina, que novamente se enfatiza pelo texto:

> Implicam professoras e professores que olham as crianças não à procura do que lhes falta, mas do que já conquistaram, dos saberes que expressam caminhos de sua potência e, assim, professoras e professores que escutam as crianças perguntando-se sobre seus modos próprios de ser: Quem são, o que buscam, como se apropriam do mundo a sua volta? Nas questões formuladas, um pressuposto visível: as crianças aprendem por meio de sua individualidade e na relação com os outros, com curiosidade e competência, de corpo inteiro. Elas buscam o sentido e o significado das coisas, o sentido do mundo, e frequentemente expressam esses sentidos capturados por meio de diferentes linguagens: crianças dizem, e fazem, cada uma! (*Ibid.*, p. 24)

O quarto capítulo do livro, intitulado "Crianças, natureza e seres desimportantes", escrito pelas professoras Marina Coelho e Suiany Sousa, apresenta uma experiência vivida na Umei Rosalda Paim por um conjunto de crianças de 4 a 5 anos e suas professoras, autoras do texto. A narrativa dá luz ao projeto pedagógico que foi realizado com base nos interesses e nas curiosidades desse grupo de crianças, propiciando a construção de saberes e experiências, no primeiro semestre de 2016. A observação atenta aos olhares curiosos das crianças para a árvore, tão próxima à janela da sala de referência do grupo, fez com que as professoras, ao registrarem e refletirem, reavaliassem seus planejamentos no sentido de oportunizar mais tempos e momentos de exploração na área externa da instituição (Coelho e Sousa 2017). Continuamente registrando as perguntas e as surpresas infantis com os insetos, observadas nas idas à área externa e em outros momentos de brincadeira, o grupo vai se aprofundando na descoberta do mundo dos insetos, abrindo contexto para muitas situações educativas que envolveram as crianças, as professoras, outros profissionais da Umei e até os pais. Esse processo resultou na criação de um "Insetário natural", um "Coisário natural" e da "TV Inseto". O relato é lindo! Profundamente afetivo. Convida a conhecer as crianças em seus ensaios de pesquisa e exploração e o modo como as professoras se apropriam dos conceitos estudados em PPE II em suas práticas profissionais, entendendo que visibilizar o protagonismo das crianças, direcionando e apoiando suas pesquisas, suas buscas de significados no mundo, é potente, agregador, confere apreensão de saberes para toda a comunidade de indivíduos que se relaciona com elas. O capítulo também ensejou uma proposta de atividade a ser produzida pelos estudantes de PPE II: elaborar uma áudio-notícia, contando sobre o que as professoras relatam no artigo, transmitindo o que achávamos importante destacar sobre o que foi lido, experimentando, dessa maneira, um modo de exercitar o que aprendemos sobre observação e registro, atentando-nos até à estética do processo concebido.

A noção de cuidar e educar como práticas indissociáveis dentro da educação infantil, abrindo caminhos para pensar novas abordagens de planejamento pedagógico que se afastem da visão assistencialista que foi confiada por muito tempo à educação infantil, também foi um aprendizado significativo. A afirmação dessa concepção possibilita o entendimento de que todas as atividades ocorridas dentro do cotidiano de uma instituição de educação infantil são educativas. O banho, a hora da refeição, a hora do descanso, assim como as horas de interação nas salas de referência, são pedagógicos e, por isso, devem fazer parte de um planejamento intencional. Confronta-se a ideia da "hora da atividade", que, se analisada criticamente, não dá conta de todas as faixas etárias das crianças que compõem o referido segmento educacional (como planejar hora de atividade com bebês de colo?), limitando as possibilidades de situações de aprendizagem que podem ser experienciadas nessas instituições.

A discussão sobre as formas de planejamento e de um projeto que abarcasse todas as faixas etárias da educação infantil foi trazida pelo texto "Planejamento na educação infantil: Mais que a atividade, a criança em foco" (Ostetto 2000). Esse artigo forneceu os recursos teóricos para desenvolvermos uma atividade de planejamento. Com base no relatório de uma professora sobre um trabalho desenvolvido com crianças de 4 a 5 anos na Escola da Vila, em São Paulo, contido no livro *A história de uma classe: Alunos de 4 a 5 anos* (Cavalcanti 1995), exercitamos nossa compreensão sobre planejamento na prática, fazendo de conta, elaborando um projeto-planejamento proposto como alternativa no artigo anterior, como se fôssemos a professora da turma.

Os textos indicados para leitura e as reflexões tecidas em sala de aula serviram de instrumento para as atividades, fazendo com que eu, como professora em formação, pudesse construir pontes, interações e novas perspectivas sobre o conhecimento compartilhado. Um dos meus trabalhos favoritos foi a construção do mapa conceitual. O mapa conceitual é uma estrutura gráfica que pode ser realizada de diversas maneiras (a depender do processo subjetivo de quem o constrói). Ele relaciona, por meio de esquemas interativos, ideias e conceitos sobre um assunto ou temática, gerando uma representação ilustrativa.

Tomando por base os textos já apresentados, a sugestão foi construir essa estrutura gráfica, a fim de mapear os conceitos estudados sobre os instrumentos metodológicos "registro", "planejamento" e "avaliação", evidenciando a relação entre os três na prática pedagógica do fazer docente. Após a leitura dos textos, a ideia que tive para o meu mapa foi a de possibilidades de percursos para entender e associar as concepções apresentadas. Cada seta e suas direções foram concebidas como caminhos de pensamento que levam aos conceitos e suas relações. Tomei a liberdade de incluir a "observação" e a "documentação", pois

MAPA CONCEITUAL: PLANEJAMENTO, REGISTRO E AVALIAÇÃO EM RELAÇÃO

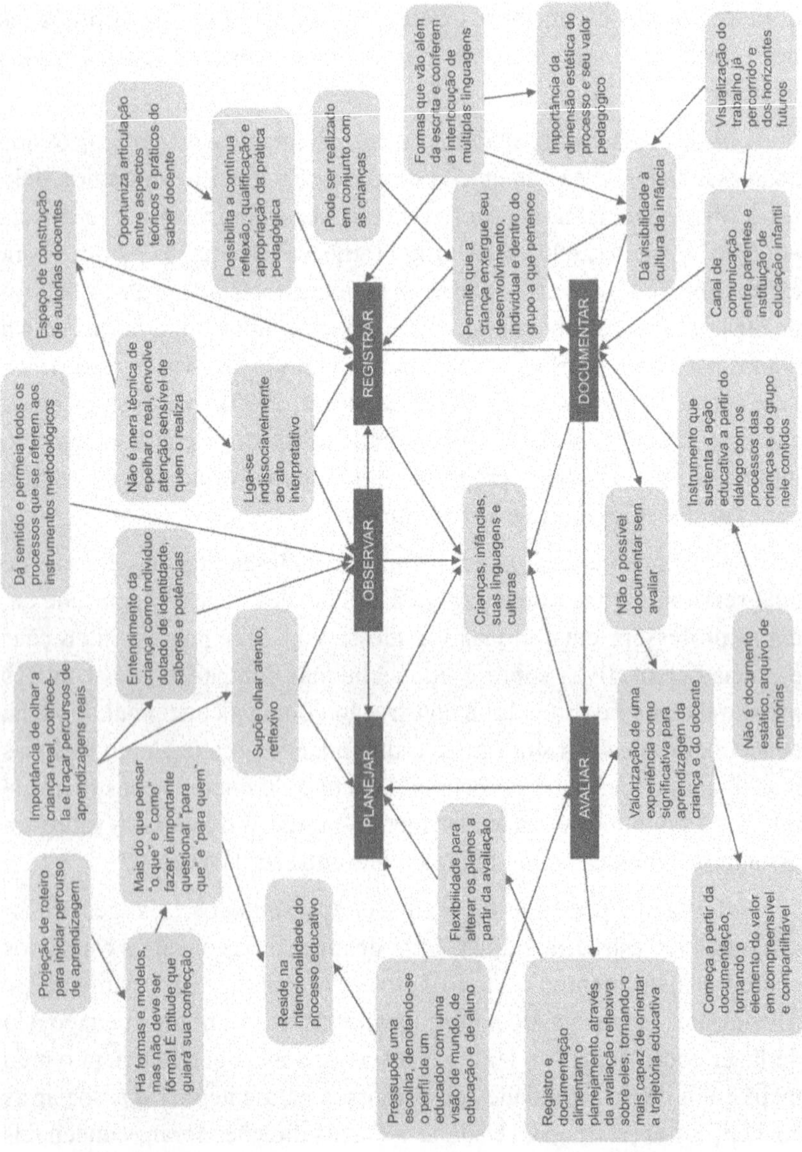

Fonte: Elaboração da autora (2021).

senti a necessidade de inseri-las como instrumentos pedagógicos distintos (mas correlacionados e imprescindíveis) do "registro", do "planejamento" e da "avaliação".

O processo de criação foi longo, demorei a terminá-lo. Meus sentimentos e os questionamentos que citei no início desta narrativa estavam presentes, pondo-se no lugar da discussão e da reflexão. Assim, insisti em continuar, e o fruto do processo me foi caro. Fui afetada ao longo da experiência, como se pudesse tatear esses instrumentos em minhas mãos, brincar com eles. Vez ou outra, revisito o trabalho para refletir sobre essas ferramentas tão importantes para a minha futura prática docente.

Pelas janelas abertas: Encontros com profissionais da educação infantil, narrativas de práticas e perspectivas

A segunda parte do programa da disciplina PPE II contou com uma série de cinco encontros com profissionais da Umei Rosalda Paim, realizados de maneira remota, via plataforma Google Meet. Com base nas temáticas dos encontros, conhecemos suas práticas e perspectivas, produzindo, ao final de cada reunião, fichas de registro de aprendizagem, tecendo reflexões sobre os conteúdos abordados pelos profissionais e relacionando-as com os conceitos teóricos discutidos.

Do primeiro encontro, participaram as diretoras Leda Marina e Celia Wolf. Elas compartilham conosco, como gestoras, as experiências, as visões e os desafios de promover e auxiliar – de maneira não só administrativa, mas também pedagógica – a construção coletiva de um projeto político-pedagógico e de uma prática. Uma proposta que rompa com os fazeres tradicionais, muitas vezes pouco raciocinados, e proporcione uma relação educativa em que a criança é foco e coparticipante do processo, entendendo que tudo o que acontece dentro da instituição de educação infantil é pedagógico, desde as atividades em sala até o banho ou a refeição, e que todos os profissionais fazem parte desse processo, não apenas os professores. No contexto dos desafios e das possibilidades da gestão, são abordados outros assuntos de grande importância: como é realizado o projeto político-pedagógico da escola, com reflexão contínua para consolidar um projeto educativo de qualidade, elegendo três eixos para embasar o planejamento do trabalho a ser realizado com as crianças (literatura, natureza e arte); a importância do registro e da documentação na prática docente; a inclusão das crianças com necessidades especiais na instituição; a necessidade de pensar o espaço como elemento educativo; e os projetos de formação continuada para os docentes.

O segundo encontro se realizou com a presença da professora Natalia Ribeiro, que contou as experiências, os rituais e o planejamento com as crianças pequenas, de 2 a 3 anos. A professora chamou a atenção para um olhar sensível às crianças dessa faixa etária, com cuidados e necessidades diferenciados. Compreendendo que o caminho educacional que vivem nessa etapa é um momento, é importante valorizar os processos formativos muito mais do que um objetivo final. O diálogo vai se construindo, apresentando os pilares que permeiam todas as etapas do cotidiano educativo na instituição. Cada pilar destacado foi destrinchado pela professora, que sempre explicava a importância deles na construção de um ambiente e de uma prática que favorecessem o aprendizado da criança em todos os aspectos, com intencionalidade, afeto, brincadeira e interação, observando, respeitando e se relacionando com suas particularidades, seus tempos e suas curiosidades. No segundo momento do encontro, Natalia apresentou os ritos das crianças dentro da Umei, enfatizando a noção de que a palavra "rotina", muitas vezes, tem uma acepção engessada e rígida. Ela prefere, então, utilizar a palavra "ritual", porque no cotidiano há horários definidos e ações idealizadas, mas flexíveis e construídos com base no diálogo entre os profissionais e as crianças. No encontro, a professora teceu as miudezas da vivência com os pequenos, demonstrando para nossa turma que cada atividade está envolta de significados e potências interativas/educativas.

O terceiro encontro nos apresentou às professoras Mariana Soler e Roberta Ferreira, que trabalhavam com crianças de 4 a 6 anos. Desde o início, as professoras expuseram a importância de estar sempre refletindo e reinventando a prática docente, colocando a criança no centro do processo e escutando-as atentamente para desenvolver um trabalho que seja interessante e faça sentido para elas. Baseadas nessa reflexão, que deu o tom de todas as falas do encontro e percorreu essas falas, as educadoras relataram as atividades e os projetos que realizaram com suas turmas antes do período pandêmico. Com riqueza de detalhes e fotos encantadoras, falaram sobre as atividades e os projetos que se iniciaram e se desdobraram do interesse dos pequenos: um projeto que nasceu da observação de um casulo, que foi se desdobrando para o tema da natureza, seguiu para o tema dos girassóis, caminhou para a exploração sobre as abelhas; uma aranha na parede que foi ponto de partida para uma série de atividades envolvendo o animal, descobrindo suas particularidades, fazendo arte, registrando histórias sobre aranhas e o que as crianças estavam aprendendo no "blocão". Ao narrar essas experiências, reafirmaram a importância de ouvir com atenção, olhando não da perspectiva de um adulto, mas, sim, através do olhar e do entendimento das crianças, abordando aspectos da rotina delas. Dessa escuta atenta, alimenta-se o planejamento embasado nos eixos arte, natureza e literatura, que orientam o projeto político-pedagógico da Umei, conforme já relatado no encontro com as diretoras. A diretora Leda Marina também esteve presente na reunião, contribuindo com o aprofundamento de alguns tópicos apresentados pelas professoras, revelando o trabalho coletivo que é desenvolvido.

O quarto encontro recebeu a coordenadora pedagógica Krýsthinna Abreu, abrindo o panorama da educação infantil com a abordagem do trabalho da coordenação pedagógica. A pedagoga apresenta para a turma a composição de profissionais e crianças – do "grupo humano" – que constitui a instituição e nos mostra uma foto. Valendo-se dessa foto, em que podemos ver um grupo de crianças bastante curiosas em volta de um retroprojetor, a convidada aludiu à concepção de criança redigida no Parecer 22/1998 do Conselho Nacional de Educação:

> Crianças pequenas são seres humanos portadores de todas as melhores potencialidades da espécie (...) desde que o contexto a seu redor,

e principalmente, nós adultos/educadores, saibamos responder, provocar e apoiar o encantamento, a fascinação, que levam ao conhecimento, à generosidade e à participação. (Brasil/MEC/CNE 1998, p. 6)

Disse a pedagoga que é essa concepção que a Umei carrega, entendendo que a gestão pedagógica (composta e articulada por ela e pelas diretoras Leda e Célia) tem como uma de suas funções levar o professor a entender essa essência da educação infantil. Instigar, propor, acolher e auxiliar o docente a construir uma prática em que exista um cenário lúdico, um espaço educador; um docente disposto e disponível, entendendo o cuidar e o educar nesse segmento como indissociáveis. Ela também detalhou as atividades desenvolvidas por essa equipe gestora-pedagógica, ou seja, como ocorrem, quando ocorrem, de que maneira se dão: conselhos de planejamento; reuniões de planejamento semanal; reuniões de elaboração do projeto político-pedagógico da Umei; acolhimento às famílias; reuniões de pais; atendimentos individuais; anamneses das famílias; socialização de saberes e fazeres entre as professoras; formações continuadas, além de todo o acompanhamento às professoras na produção dos registros, dos planejamentos semanais, dos relatórios individuais e de grupo, com a leitura de cada um deles, instigando, propondo e acolhendo as práticas docentes. Na sua exposição, ficamos sabendo como eram feitas essas atividades antes da pandemia e como elas estavam sendo realizadas no contexto remoto, revelando dificuldades e também novas possibilidades, novas formas de fazer, como a oportunidade de agrupar todos os profissionais, de todos os setores, nas reuniões de planejamento (algo antes impossível presencialmente) e a participação das professoras de apoio especializado nas anamneses das famílias das crianças com necessidades especiais. Ao longo de toda a exposição das atividades e das rotinas da equipe gestora pedagógica, foi possível entender o papel da coordenação pedagógica no auxílio, no apoio e na construção de um projeto educacional que é vivo e vivenciado por todos os profissionais.

O último encontro nos presenteou com a equipe da cozinha. Recebemos os profissionais Elenice, Rebeca, Silvana e Andrei, que ofereceram uma rica exposição sobre a importância da alimentação e de todos os aspectos relacionados às suas atividades, como profissionais, guiados pelo projeto educativo da instituição. Novamente, com base nas falas dos profissionais, foi reiterada a indissociabilidade entre cuidar e educar na educação infantil, entendendo que a alimentação também faz parte do projeto político-pedagógico da Umei Rosalda Paim, respeitando os princípios éticos, políticos e estéticos apresentados nas DCNEI. Ressaltaram que essa visão foi construída ao longo do tempo, com a interação e o diálogo contínuo de todos os profissionais, que foram desenvolvendo uma concepção de alimentação que é colocada em prática visando à autonomia, ao respeito à cultura e às características do desenvolvimento de cada criança. Esses profissionais se pautam na interação, ouvindo a voz da criança, buscando entender suas demandas e incorporando-as ao processo das refeições, que é muito mais do que só comer e se alimentar, é nutrir. Os profissionais da cozinha se esforçam continuamente por tornar as refeições mais saudáveis e nutritivas, trabalhando na reeducação de hábitos alimentares. Nesse sentido, informaram que a participação da família é fundamental. Para ilustrar como as famílias têm contribuição importante, contaram como essa relação se dá. Cada faixa etária tem sua especificidade, e esse também é um ponto muito importante, em que a criança está inteirada do seu próprio processo de alimentação. O princípio estético também é valorizado, pois entende-se que não é só colocar a comida no prato, existem diversas maneiras de apresentar um alimento. O olhar para a potência das crianças, a escuta de suas demandas e a compreensão de que elas também são parte incentivam-nas a se inteirar desses espaços, dos alimentos, das atividades que são desenvolvidas com muita ludicidade e interação. Dessa forma, compreende-se que as atividades realizadas pelos profissionais da cozinha também fazem parte do projeto educacional, assim como eles são também educadores, deixam marcas, afetos, lembranças e relações alimentares que as crianças levarão para o resto de suas vidas. O comprometimento, o orgulho e o autorreconhecimento da responsabilidade de serem partícipes desse processo educativo levaram-nos a ganhar dois concursos realizados pela Fundação Municipal de Educação de Niterói. Ao final do encontro, as falas das profissionais Elenice e Silvana foram de grande relevância e arremataram tudo o que foi dito ao longo do encontro: elas disseram que, na Umei Rosalda Paim, a cozinha é visível, participativa, integrada e participante de todos os processos que envolvem o fazer educativo dentro da instituição.

Os profissionais abriram as portas da instituição para que pudéssemos vivenciar a rememoração de suas práticas com as crianças, materializando a utilização dos instrumentos, conceitos e visões apresentados pela disciplina PPE II no cotidiano do espaço institucional, entre seus desafios e suas possibilidades. Cada encontro foi especial, potente para o meu aprendizado. Pude entender que existem outras experiências além daquelas que havia vivido, e que coisas maravilhosas ocorrem nos espaços da educação infantil em nosso país. Como desejei vivenciar a Umei a cada reunião! Ver de perto as crianças e seus interesses, acompanhar as professoras na observação e na escuta das crianças, criando seus planejamentos, participar de todos os momentos da coordenação, da cozinha, da alimentação, do banho, dos passeios exploratórios, dos projetos, e sentir os cheiros tão falados pelos profissionais! O respeito, o compromisso, o afeto e a união deles ao oferecer uma educação de qualidade, entendendo a criança como autora social, centro de todas as atividades realizadas, dão esperança e contagiam. Após ouvir suas experiências, pude imaginar e aprender com a Umei Rosalda Paim.

Aprendizagens do percurso: A escuta é semente de resistência e esperança

Já havia escrito a primeira versão deste artigo. Em busca de interpretações do momento da pandemia, comecei a ler o livro *O futuro começa agora: Da pandemia à utopia*, de Boaventura de Sousa Santos. Entre tantas coisas importantes, o autor afirma que estamos no início de um novo tempo, que o século XXI está começando agora, a partir da experiência pandêmica. Nesse cenário, o vírus dá margem a muitas metáforas, que podem ajudar os seres humanos a compreendermos algo sobre ele e sobre nós. Essas metáforas, segundo o autor, convocam a "diferentes tipos de ação e imaginam diferentes sociedades pós-pandemia" (Santos 2021, p. 34). Ele chama a atenção, entre as três metáforas que apresenta, para a metáfora do vírus como pedagogo. Nessa interpretação, o vírus, mais do que algo a ser superado ou eliminado, torna-se fonte de aprendizagem, para que possamos construir com ele novos conhecimentos e ações no presente e no futuro. Isso acontece porque o vírus não é nosso inimigo: de uma perspectiva ampla, ele é uma consequência do nosso próprio modo de vida, uma cocriação entre ser humano e natureza, nosso modo de vida é o nosso próprio inimigo. Essa chave de leitura trazida pelo pensador português também me ajuda a refletir sobre o processo vivido, sobre as limitações e as possibilidades do estágio remoto: a experiência que narrei revela que não se esteve/está lidando de maneira passiva ou combativa com a realidade viral, mas, sim, de maneira ativa e dialógica, construindo algo com ela, apesar de e para além de. A universidade e seus professores encaminharam projetos com muita seriedade, mas sem carregar um entusiasmo ou positividade que extrapolassem e idealizassem uma realidade: na corda bamba, entre sentimentos às vezes tão opostos, o que tem nos conduzido é a urgência de aprender e criar uma nova realidade baseada nas experiências presentes.

Ainda pensando sobre os escritos do autor, outro ponto que achei interessante trazer para este diálogo narrativo é a excepcionalidade dos tempos excepcionais. Santos aponta a importância de repensar as teorias, pois os tempos são de excepcionalidades excepcionais. O que, antes, num contexto de normalidade, podia ser discutido de uma forma, na realidade atual não faz sentido, pois os conceitos devem ser redimensionados para esse modelo excepcional.

> A geração que nasceu ou cresceu depois da Segunda Guerra Mundial se habituou a ter um pensamento excepcional em tempos normais. Perante a crise pandêmica, têm dificuldades em pensar a exceção em tempos excepcionais. O problema é que a prática caótica e fugidia das duas foge à teorização e exige ser entendida em modo de subteorização. (Santos 2021, p. 31)

Nesse sentido, ao finalizar a reflexão sobre a experiência, penso junto com o autor que o que foi proposto e vivemos nesse componente curricular constituiu, de certa maneira, uma excepcionalidade em tempos excepcionais. Revendo as propostas encaminhadas, ainda que não estivesse claro no início, nem para a professora de PPE II nem para nós, estudantes-estagiárias, soubemos entender essa realidade complexa e articular teorias dentro dela. Senão, quando, antes, seria possível pensar em estágio curricular remoto e tentar fazê-lo?

Não tenho parâmetros para avaliar a experiência de PPE II de maneira remota em comparação com uma experiência anterior de estágio curricular presencial. Inegável e já bem fundamentada é a concepção de que se formam professores de infâncias com as infâncias. E é com base nessa concepção que se fundamenta o componente curricular da referida disciplina, planejada para ser presencial. Com o cenário pandêmico já explicitado, não foi possível estar com as crianças, o que impeliu os docentes da universidade a reunir esforços e buscar maneiras de oferecer uma experiência de qualidade. Assim, posso dizer que, do esforço da professora responsável pelo componente curricular para que realizássemos as leituras e as atividades, aprendi muito, ainda que (infelizmente) não estando fisicamente naquele espaço de educação infantil. Por meio dos diversos relatos, das fotografias, das memórias partilhadas nos encontros, experimentei o espaço dentro da minha casa, como quem vivencia um filme e se imagina dentro dele.

Foi significativo o aprendizado que tive em PPE II. Levo um sentimento de gratidão por ter sido afetada por tantas pessoas, tantos conhecimentos e tantas esperanças nesse momento individual e coletivamente turbulento. Foi meu primeiro contato com a educação infantil, com as infâncias e as crianças de maneira dialógica entre teoria e relatos de prática. Cada texto e atividade foi essencial para compreender o que a professora propunha e entendia como fundamental no trabalho docente com as crianças da educação infantil. Eu ia alcançando a importância de todos eles à medida que avançávamos na disciplina. A sequência de assuntos, atividades, textos e diálogos ora apresentavam, ora reafirmavam e teciam conexões a respeito de uma educação compartilhada, conjunta, em que se semeia a esperança de experiências democráticas, com respeito às diferenças, ensejando autonomia, num movimento contínuo de coparticipação e reflexão com as crianças, as infâncias e seus protagonismos. Sem dúvida, essa experiência formativa marcou meu percurso de docência futura.

Novamente, reforço a importância da formação presencial. O corpo presente a interagir com outros corpos, no chão de um espaço educacional, é componente formativo da docência. Teoria e prática andam juntas e se alimentam. Afeto, respeito, participação democrática podem ser ensinados, mas devem ser também experimentados em conjunto, na presença, com todos os sujeitos partícipes da experiência educativa. A narrativa aqui compartilhada foi construída num contexto excepcional. Não sendo possível estar com as crianças em presença, sinto que, aprendendo sobre elas, aprendemos como elas: imaginando, fazendo de conta, brincando, explorando as possibilidades de realizar a disciplina, assim como elas fazem, reinventando espaços, contando histórias, criando alternativas para suas brincadeiras no ensejo imanente de explorar e buscar significados no mundo.

Aprendi principalmente sobre escutar as pessoas, sobretudo as crianças. Escutar de verdade, com atenção, entendê-las como sujeitos criativos, criadores, para assim estabelecer com elas relações de aprendizagem em conjunto, possibilitando os ensinamentos, mas também estando sempre aberta à aprendizagem que têm a oferecer, interligadas, plantando em grupo sementes de resistência e esperança num futuro melhor. Isso é o que de mais importante carrego para o meu caminho docente e humano, presente e futuro.

Este capítulo, que é memória da experiência, é um testemunho do que está sendo constituído no presente, no diálogo construtivo com os desafios. Penso nele como um manifesto: ao escrever, materializamos a história, e também fazemos futuro, na defesa e na reafirmação do que acreditamos e sonhamos para uma educação libertadora. Emocionante participar disso.

Referências bibliográficas

BRASIL. MINISTÉRIO DA EDUCAÇÃO E DO DESPORTO. CONSELHO NACIONAL DE EDUCAÇÃO (1998). Parecer CEB 022/98. Brasília. [Disponível na internet: http://portal.mec.gov.br/cne/arquivos/pdf/1998/pceb022_98.pdf.]

BRASIL. MEC (2010). *Diretrizes Curriculares Nacionais para a Educação Infantil*. Brasília: MEC/SEB. [Disponível na internet: http://portal.mec.gov.br/dmdocuments/diretrizescurriculares_2012.pdf.]

CAVALCANTI, Z. (org.) (1995). *A história de uma classe: Alunos de 4 a 5 anos*. Porto Alegre: Artmed.

CEPPI, G. e ZINI, M. (orgs.) (2013). *Crianças, espaços, relações: Como projetar ambientes para a educação infantil*. Porto Alegre: Penso.

COELHO, M. e SOUSA, S. (2017). "Crianças, natureza e seres desimportantes". *In*: OSTETTO, L.E. (org.). *Registros na educação infantil: Pesquisa e prática docente*. Campinas: Papirus, pp. 91-109.

CONHECENDO REGGIO EMILIA. [Vídeo]. [Disponível na internet: https://tvcultura.com.br/videos/37526_d-13-conhecendo-reggio-emilia.html.]

OSTETTO, L.E. (2000). "Planejamento na educação infantil: Mais que a atividade, a criança em foco". *In*: OSTETTO, L.E. (org.). *Encontros e encantamentos na educação infantil: Partilhando experiências de estágio*. Campinas: Papirus, pp. 175-200.

________ (org.) (2017). *Registros na educação infantil: Pesquisa e prática docente*. Campinas: Papirus.

OSTETTO, L.E. e MAIA, M.N.V.G. (2019). "Nas veredas do estágio docente: (Re)aprender a olhar". *Olhar de Professor*, v. 22, 13/12/2019, pp. 1-14. [Disponível na internet: https://revistas2.uepg.br/index.php/olhardeprofessor/article/view/13935.]

RINALDI, C. (2016). "A pedagogia da escuta: A perspectiva da escuta em Reggio Emilia". *In*: EDWARDS, C.; GANDINI, L. e FORMAN, G. (orgs.). *As cem linguagens da criança: A experiência de Reggio Emilia em transformação*. Porto Alegre: Penso, pp. 235-247.

SANTOS, B.S. (2021). *O futuro começa agora: Da pandemia à utopia*. São Paulo: Boitempo.

7
QUANDO TUDO PAROU E FOI PRECISO REINVENTAR CAMINHOS: EXPERIÊNCIAS FORMATIVAS DE UMA ESTUDANTE DE PEDAGOGIA NO CONTEXTO DA PANDEMIA

Amanda Fernandes Rodrigues Magon dos Santos

Antes de tudo: Pandemia, suspensão de semestre letivo e incertezas

No dia 13 de março de 2020, foi anunciado que o Rio de Janeiro pararia por duas semanas. Ao meu redor, tudo parou. Estradas, comércio, meios de transporte, escolas, faculdades, locais de trabalho de diferentes setores ficaram fechados. Tudo isso em razão de um vírus altamente letal que se espalhava rapidamente por todo o planeta, provocando a pandemia de Covid-19. Foram as duas semanas mais longas da minha história, sem saber ao certo o dia da reabertura e quando tudo voltaria ao normal.

Diante do isolamento imposto pelo controle de propagação do vírus, crises de ansiedade, pânico e medo pairavam sobre a maioria das famílias. Tudo parou, menos nossos deveres e nossas obrigações. Em meio ao caos, muitos brasileiros, entre eles meu pai, precisaram sair às ruas para trabalhar e sustentar seu lar. Foi necessário aprender a continuar a vida, enquanto os noticiários mostravam tantas pessoas morrendo. Todo dia, uma notícia pior que a outra, tanto dentro quanto fora do Brasil. As 500 mortes por dia anunciadas na Itália, antes mesmo de a Covid-19 se confirmar aqui, foram impactantes e, quando chegamos a esse número em nosso país, foi uma sensação aterrorizante! Sentíamos como se vivêssemos um momento histórico trágico que, até então, só conhecíamos de ler nos livros didáticos de história.

Com tudo isso acontecendo, a Universidade Federal Fluminense (UFF), que iniciaria o primeiro semestre letivo de 2020 no dia 16 de março, suspendeu as aulas por duas semanas e, depois, por mais duas semanas, até que veio o anúncio: "A Universidade Federal Fluminense suspendeu por tempo indeterminado os calendários acadêmico e administrativo de 2020 até que a Autoridade Sanitária autorize a retomada das atividades presenciais".[1] Em reunião extraordinária do Conselho de Ensino, Pesquisa e Extensão (Cepex), realizada por videoconferência em 8 de abril, na qual foi decidida a suspensão do calendário acadêmico, o reitor ressaltou a importância das universidades federais, em geral, e a missão da UFF, em particular, no desafio de contribuir para o desenvolvimento do que ele chamou de "nesse novo mundo que se molda", como se lê no trecho destacado a seguir:

> Temos maturidade institucional suficiente para desenvolver nossa missão nesse novo mundo que se molda. A rede de universidades federais terá um papel fundamental para pensar e promover o país que seremos no futuro. Todas as áreas do conhecimento vão contribuir na construção da nova sociedade que emergirá a partir desse cenário desafiador.[2]

---

1. "UFF suspende por tempo indeterminado os calendários acadêmico e administrativo de 2020". [Disponível na internet: <https://www.uff.br/?q=uff-suspende-por-tempo-indeterminado-os-calendarios-academico-e-administrativo-de-2020>, acesso em agosto de 2021.]
2. Pronunciamento do reitor da UFF, Antônio Cláudio Lucas da Nóbrega, noticiado em "UFF suspende por tempo indeterminado os calendários acadêmico e administrativo

A ideia de "novo mundo" passada pelo reitor era assustadora de se imaginar, porque era algo que não estávamos esperando e, muito menos, para o qual estávamos preparados. Leis e decretos foram criados, trabalho de forma remota, reuniões *on-line*, auxílio emergencial, distanciamento social sem contato com amigos e família, uso obrigatório de máscara (desde o dia 2/7/2020, com a Lei n. 14.019). De fato, um novo modo de viver no mundo estava surgindo, que nos exigiu adaptação, enquanto nossa saúde mental declinava e a crise financeira aumentava.

Como lidar com tanta coisa desconhecida em meio a uma pandemia? Essa era a pergunta que me fazia todos os dias, tendo de lidar com despesas e contas para pagar, sem poder sair de casa, vendo meu pai sair para o trabalho naquele colapso mundial e, depois, perdendo seu emprego. Na Faculdade de Educação, onde curso Pedagogia, como seriam as aulas *on-line* que se anunciavam como única possibilidade para a retomada do semestre letivo? De uma hora para a outra, tivemos de aprender a viver em um mundo virtual, interagindo pelas plataformas digitais. No início, sem saber se existiam condições para isso – se as pessoas tinham equipamentos por meio dos quais acessar as plataformas, quais as possibilidades e as impossibilidades de conexão, se estavam conseguindo pagar a internet. Com escolas paradas, muitos estudantes universitários que também são pais e mães tiveram de entrar em dupla jornada, cuidando dos filhos e cursando as disciplinas remotamente. Era muita coisa para repensar e planejar.

A Resolução n. 160/2020, aprovada pelo Cepex em 14/8/2020, regulamentou o ensino remoto emergencial, em caráter temporário, nos cursos de graduação presencial da UFF, determinando diretrizes para o planejamento de componentes curriculares, atividades de avaliação, criação, oferta e cancelamento de disciplinas, trancamento de matrícula, frequência, integralização, estágios e práticas (Universidade Federal Fluminense 2020). Assim, o primeiro semestre letivo de 2020 teve

---

de 2020". [Disponível na internet: <https://www.uff.br/?q=uff-suspende-por-tempo-indeterminado-os-calendarios-academico-e-administrativo-de-2020>, acesso em agosto de 2021.]

início em 14 de setembro, com a adoção do regime remoto de ensino, compreendido como:

> (...) a substituição temporária das atividades acadêmicas presenciais de componentes curriculares teóricos, práticos e/ou teórico-práticos dos cursos de graduação presencial da UFF por atividades remotas, mediadas por tecnologias digitais de informação e comunicação, durante período de pandemia do novo Coronavírus – COVID-19. (*Ibid.*)

Eu, como a maioria dos estudantes, fiquei me perguntando como aquilo funcionaria, pois a UFF, com a tradição de cursos presenciais, precisaria se ajustar a esse "novo mundo", à experiência de educação via plataformas digitais. O ajuste envolvia pensar não só nas atividades a serem realizadas a distância, como também nas condições mentais, emocionais e financeiras dos universitários, nas possibilidades reais de acesso digital. Os desafios também afetavam os professores que, seguindo a regulamentação da UFF, reorganizaram seus planos de trabalho e, com os estudantes, começaram uma jornada de desbravar esses tempos de ensino remoto.

Não foi, e continua não sendo, um trabalho fácil, mas ficou evidente, então, que a pandemia e o isolamento social mudariam totalmente nosso dia a dia. A rotina pessoal, profissional ou acadêmica, cercada de medo e incertezas, tornou-se a mais dura realidade da população. Na distância, sonhos paralisados, perdas, tristezas e choros se tornaram comuns. Mesmo sem respostas sobre o final da crise sanitária, foi preciso continuar, pois as obrigações não paravam de aparecer e, entre desafios e coragens, nosso compromisso era cultivar a vida, que estava tão frágil... Os dias passavam e íamos compreendendo: não voltaríamos à normalidade, tudo estava se transformando; não era possível viver como antes, pois o antes já não existia.

Esse é o quadro geral no qual se insere minha narrativa, que vai abordar a experiência de continuidade dos meus estudos no curso de Pedagogia da UFF, atingido pelo contexto pandêmico que, conforme explicitei, demandou o ensino remoto. Em especial, este capítulo trata do componente curricular Pesquisa e Prática Educativa II (PPE II) do quarto período, que abrange o segundo estágio obrigatório do curso e tem seu foco na educação infantil. Foi uma experiência nova e bem desafiadora que, junto com meus colegas de turma, enfrentei no segundo semestre letivo de 2020, de fevereiro a maio de 2021.

Realizar a PPE II em ambiente virtual poderia agregar, de forma positiva, à nossa formação acadêmica? Seria viável realizar estágio em ambiente remoto, por meio de encontros virtuais? Que limites e que possibilidades existiriam, considerando que o meio remoto se fazia necessário para preservar a saúde e controlar a disseminação do vírus mortal?

Diante das circunstâncias, além do desafio de nos organizarmos para enfrentar essa realidade tão difícil, que implicou a realização do curso de modo remoto, quem esperava realizar os estágios obrigatórios presencialmente se frustrou, pois o segundo semestre começou, a vacina não chegou para todos nem o contexto foi alterado. O jeito foi ter paciência e nos adaptarmos aos encontros síncronos, de forma *on-line*, e às atividades assíncronas.

O componente curricular PPE II, no qual eu estava matriculada, começou em 2/2/2021 e foi dividido em duas etapas: uma de fundamentação teórico-prática sobre educação infantil e uma de diálogo com diversos profissionais da Unidade Municipal de Educação Infantil (Umei) Rosalda Paim, localizada em Niterói. Esses profissionais estiveram conosco para compartilhar suas experiências pelas janelas virtuais.

Pretendo aqui refletir sobre esses aspectos, relatando o desenvolvimento da experiência – que, conforme apontei, foi organizada em duas partes – e tecendo análises sobre o processo.

O estágio curricular na pandemia: Construir espaço-tempo para aprofundar fundamentos teórico-práticos

Nos primeiros encontros, foi evidenciada a importância de refletir sobre nossas experiências educacionais, de registrar nossas vivências pedagógicas ao longo da vida. Logo na primeira aula, a professora propôs que escrevêssemos sobre os estágios vividos até então, o que nos ajudou muito a analisar o que fizemos, o que precisaria e/ou poderia ser feito, já que o ato de registrar permite refletir sobre nossas experiências no trabalho docente. Com base nessa escrita/reflexão sobre o aprendizado dos estágios que cada estudante vivenciara, discutimos que a formação docente se dá pela experiência que vai sendo construída no percurso da vida e com a inserção concreta no campo de atuação profissional, articulando teoria, estudo, pesquisa e prática.

E qual o papel do estágio no processo formativo? Com as leituras e os debates, pudemos tomar contato com uma concepção ampla de estágio, que, para o estudante-professor em formação, apresenta-se como "um tempo-espaço fecundo para provocar novas análises e sínteses integradoras, a partir do que conheceram em teoria e do que guardam em seus corpos da experiência educativo-escolar" (Ostetto e Maia 2019, p. 5). É pelo estágio que acontece a imersão no contexto educacional, parte imprescindível da formação. Mesmo que não seja o único modo de aproximação ao campo profissional, durante o curso, o momento do estágio assegura experiências e proporciona aprendizagens específicas ligadas, no caso, à profissão docente. Essa oportunidade nos mostra a importância de olhar de forma mais atenta e conhecer o espaço, as atividades, a rotina das instituições de educação infantil e, principalmente, as crianças que delas fazem parte. Como é possível adentrar os espaços educativos, pensando em atividades pedagógicas, sem observar os pequenos, para conhecer suas especificidades? Dessa forma, o exercício de observação é um aprendizado importante, que o estágio pode proporcionar e nos ajuda a sermos profissionais melhores, não apenas estudando a escola, mas procurando vivê-la.

Analisando a narrativa que escrevi sobre a minha experiência como estagiária em duas escolas distintas – uma pública e outra particular, em turmas do ensino fundamental –, pude confirmar que ser professora requer esse compromisso de observar e, assim, registrar, o tempo inteiro, todas as atividades compartilhadas com as crianças, suas aprendizagens, suas dificuldades, suas experiências. Estar de fato presente na escola como profissional é lidar com incertezas e inovações, porque se trata de um trabalho com crianças que trazem culturas e vivências diferentes, daí a importância de aprender a olhar. Nesse caso, como ressaltam as autoras que propõem uma reflexão sobre o estágio na educação infantil:

> O estágio (...) afirma-se como espaço precioso de encontros formativos, que se dão pelo entrecruzamento de olhares, saberes e fazeres – das estagiárias, das crianças, das professoras que recebem as estagiárias em suas salas e grupo –, e fertilizam aprendizagens significativas sobre a prática docente (...). (*Ibid.*, pp. 16-17)

A pandemia não nos permitiu estar com as crianças e com as professoras em suas salas de educação infantil, observando a organização do trabalho pedagógico, acompanhando o professor e as atividades desenvolvidas com as crianças, experimentando o "entrecruzamento de olhares, saberes e fazeres" sobre o cotidiano. Então, o foco esteve no estudo sobre a educação infantil, com leituras e discussões que nos aproximavam dos conceitos e das práticas envolvidos nessa que é a primeira etapa da educação básica e que tem como objetivo cuidar e educar crianças de 0 a 5 anos, em creches e pré-escolas (Brasil 2009). Ao estudar essa área de atuação, compreende-se que a atenção deve ser voltada ao processo vivido pelas crianças, visando ao seu desenvolvimento integral e não apenas ao produto de alguma atividade. Isso ficou claro ao longo das aulas, no diálogo aprofundado com o texto das Diretrizes Curriculares Nacionais para a Educação Infantil (DCNEI), que aponta a criança como centro do planejamento curricular. Isso me fez repensar muitas escolas e creches que ainda não seguem essa perspectiva que está na legislação. Foi muito importante identificar que a concepção de criança presente nas DCNEI vai além de um ser humano de pouca idade, engloba o respeito a todas as suas dimensões de sujeito de direito. Segundo o artigo 4º:

> (...) a criança, centro do planejamento curricular, é sujeito histórico e de direitos que, nas interações, relações e práticas cotidianas que

> vivencia, constrói sua identidade pessoal e coletiva, brinca, imagina, fantasia, deseja, aprende, observa, experimenta, narra, questiona e constrói sentidos sobre a natureza e a sociedade, produzindo cultura. (Brasil 2009)

Também foi importante conhecer a história da educação infantil, compreender que as instituições de atendimento às crianças surgiram pela necessidade social e econômica, e não por uma visão pedagógica. No começo, eram espaços de acolhimento para as mães ingressarem no mercado de trabalho. Colocar a criança, então, como foco principal é validar e reconhecer que ela tem seus direitos e que merece usufruir de um espaço de afeto, descobertas e aprendizados.

No processo histórico de reconhecer a criança como ser potente, encontramos a médica italiana Maria Montessori, precursora dessa ideia, presente em alguns dos princípios do método que criou: respeito à criança, liberdade, individualidade e o aprender fazendo. Trazendo questões fundamentais para o desenvolvimento da criança, seu método defendia a necessidade de melhorar o ambiente infantil. Montessori não enxergava a escola apenas como um espaço de acúmulo de conhecimentos, mas como um espaço de formação integral do indivíduo também.

Da Itália, também conhecemos a proposta de Reggio Emilia para a educação infantil, baseada na pedagogia da escuta, no reconhecimento das múltiplas linguagens da criança e no espaço como um outro educador. Através de vídeos, relatos e leitura de textos sobre essa proposta pedagógica, enxergamos um pouco mais do que as simples atividades. Refletimos que um bom planejamento, voltado para o desenvolvimento integral das crianças, mobiliza não só a comunidade escolar, os professores e as próprias crianças, mas também toda a sociedade. Torna-se um projeto, sustentado pela documentação que vai sendo produzida.

Conhecendo o caso de Reggio Emilia, percebemos que uma boa teoria é aquela que apoia/acompanha a prática, baseada no respeito e no olhar atento para as especificidades e as peculiaridades de cada criança. O tema da escuta é central na abordagem italiana, e nos estudos discutimos seus sentidos: escutar é produzir perguntas e não respostas, pois, na relação com a criança, o que vale é a reflexão (Rinaldi 2016). É preciso escutar, pois o aprendizado está sempre em movimento e se produzindo, seja pelas dúvidas das crianças, seja pelos desdobramentos que tudo isso traz. É uma rede de conhecimentos que vai se construindo junto com os pequenos. Aprendemos, assim, que precisamos, antes de tudo, observar e, principalmente, escutar atentamente as crianças, ou seja, sermos sensíveis ao outro. Escutar, investigar e descobrir nos levam ao registro e ao planejamento.

Indo na mesma direção, estudamos os instrumentos do trabalho docente: o planejamento, o registro e a avaliação, que estão diretamente ligados à prática. Esses instrumentos estão interligados, pois não há planejamento sem registro e não se pode avaliar sem uma documentação, já que a avaliação deve ser processual na educação infantil. Como num movimento circular que articula todo o fazer pedagógico, esses três instrumentos revelam teorias e sustentam práticas. A relevância de registrar as interações e as experiências das crianças para poder avaliar e planejar, construindo um currículo voltado para seus gostos, seus interesses e suas potencialidades, que se faz não apenas escrevendo burocraticamente, mas também vivendo o cotidiano, foi sempre frisada em nossos estudos. Depois dessas aulas, é impossível esquecer isto: planejar é atitude, como lemos em um dos textos de referência (Ostetto 2000).

A discussão sobre planejamento como projeto ou como programação proporcionou reflexões significativas, fazendo-nos pensar sobre certas práticas engessadas, centradas no adulto, que justamente não consideram as crianças. Vimos que projeto é um documento aberto, construído com a escuta das crianças e, por isso, é dinâmico, diferente de programação, que é um documento linear, fechado, estabelecido previamente (e muitas vezes estabelecido sem escutar as crianças). Projeto é processo, é ação/reflexão/ação.

No contexto de um componente curricular que abriga o estágio, seria muito bom podermos estar com as crianças e aprender a projetar. Mas, dada as limitações da pandemia, fizemos o exercício de criar um projeto com base no livro *A história de uma classe* (Magalhães, Stella e Marincek 1995), com os seguintes pontos: nome do projeto, justificativa, objetivos, assuntos-atividades-situações significativas, recursos, tempo previsto, avaliação e fontes de consulta. Foi uma atividade que demandou tempo e dedicação, mas foi muito produtiva, esclareceu dúvidas que tínhamos sobre o assunto, ou seja, como fazer/construir um projeto, pois esse é um ponto que veremos muito na área da educação infantil, já que planejamento é projeto e precisaremos enfrentar o desafio de projetar com as crianças.

O espaço como parte do currículo foi outro tema muito discutido. "Qualquer ambiente construído exerce um impacto tanto direto quanto indireto, ou simbólico, sobre os indivíduos" (Carvalho e Rubiano 1994, p. 108). Essa frase deixou visível que o modo como se organiza o espaço educacional influencia muito no aprendizado e no desenvolvimento da criança. Se nós, adultos, sentimo-nos sensibilizados ou afetados (tanto de forma positiva quanto negativa) por um ambiente, seus cheiros, suas cores e seu mobiliário, imagine uma criança que está conhecendo o mundo com um olhar mais atento, cheio de vida e vontade de aprender. O impacto pode ser maior e visto de forma mais significativa. Diante disso, é imprescindível assumir novas maneiras de conceber e organizar o espaço para que, dessa forma, contribua para ampliar os sentidos e apoiar as aprendizagens das crianças. O espaço, tanto a sala de referência dos grupos quanto o ambiente ao ar livre, precisa garantir um contexto de exploração, experimentação e, principalmente, interações e brincadeiras, que são os eixos norteadores da educação infantil, segundo as DCNEI (Brasil 2009).

Diversas vezes, ao longo do semestre, relembramos o poema do professor italiano Loris Malaguzzi, no qual ele expressa que a criança é feita de cem linguagens. Esse poema foi importante para entender a realidade que devemos superar (escolas que não valorizam nem validam a criança como um todo) e sonhar outras possibilidades, compreendendo que há múltiplas linguagens na infância com as quais as crianças produzem sentido e conhecimento e que não podem ser esquecidas.

> A criança é feita de cem.
> A criança tem cem mãos, cem pensamentos,

cem modos de pensar, de jogar e de falar
(...)
A criança tem cem linguagens (e depois, cem, cem, cem),
mas roubaram-lhe noventa e nove.
A escola e a cultura separam-lhe a cabeça do corpo.
(...)
Dizem-lhe: que o jogo e o trabalho, a realidade e a fantasia, a ciência e a imaginação, O céu e a terra, a razão e o sonho, são coisas que não estão juntas.
Dizem-lhe: que as cem não existem. A criança diz: ao contrário,
as cem existem. (Malaguzzi 1999, p. 5)

A parte do poema que foi apresentada demonstra exatamente o que acontece em muitas escolas: um planejamento engessado, salas de referências decoradas de acordo com os gostos dos adultos, rotina centrada na atividade de alfabetização e letramento e não na criança, que, como está posto nas DCNEI, deve ser o centro do planejamento curricular. Há várias linguagens – gestual, verbal, plástica, dramática e musical – que podem e devem ser trabalhadas com as crianças, a fim de promover o conhecimento de si e do mundo que as cerca e valorizar a imaginação e a curiosidade.

Diante do exposto, observa-se que a educação infantil está em constante evolução, para lidar com diversas infâncias, com crianças na sua pluralidade. Há ainda muito o que fazer e aprofundar nesse universo, mas reconhecer tais avanços é fundamental.

Em diálogo com profissionais: Na escuta de experiências, ampliando olhares e concepções

Após o desenvolvimento de todo o conteúdo que narrei no item anterior, entramos na segunda parte de nosso programa de estudos: iniciaram-se os diálogos com a Umei Rosalda Paim, com a participação dos profissionais que faziam parte da gestão, da coordenação e da equipe da cozinha, uma professora de bebês e duas professoras de crianças de 4 a 5 anos. A primeira parte, de fundamentos teórico-práticos, ajudou-nos muito a compreender a experiência compartilhada pelos profissionais e ter um olhar mais crítico-analítico sobre os temas abordados e presentes em suas práticas. Ouvir um pouco das suas experiências, que falavam da organização do trabalho de toda a Umei, dos princípios que seguem, do projeto político-pedagógico, da prática docente, das histórias vividas antes da pandemia, em momento presencial, e de outras histórias que estavam vivendo, agora com momentos a distância, de maneira remota.

Com a exposição da diretora e da diretora-adjunta, presentes no primeiro encontro com a Umei, percebe-se o quão difícil é a gestão escolar, na qual não basta apenas observar de longe o trabalho de professores e funcionários. É preciso estar atento a cada detalhe – da formação das crianças ali presentes, da relação com as famílias, da articulação entre os aspectos administrativo e pedagógico –, saber agir conforme as demandas vão surgindo, seguindo os princípios orientadores do projeto da instituição. As gestoras destacaram a dupla função da educação infantil, educar e cuidar. Para que seja garantida, é preciso associar as atividades de cuidado pessoal com a educação, e isso é tarefa de todos os funcionários. Para tanto, precisam planejar os diferentes momentos do dia, integrando o fazer dos professores com as outras atividades da escola, como a higiene e a alimentação.

Compreendi, então, que toda gestão se constrói de observação e participação. É interessante notar que a gestão pensa até nos mínimos detalhes, que são importantíssimos na formação dos pequenos. Por exemplo, a escola busca romper com propostas que tenham por base curricular as efemérides, ou seja, as datas comemorativas, pois, em sua opinião, as comemorações precisam ter um significado maior para as crianças. Além disso, visando a uma educação inclusiva e para todos, são propostas atividades que incluam todas as crianças em suas especificidades.

Foi perceptível, pelos encontros, que a Umei Rosalda Paim compreende a educação infantil muito além do resultado, principalmente como processo e caminhada coletiva entre os professores e as crianças. Por isso, busca garantir a formação continuada de professores.

Nas conversas com as professoras, nota-se que a criança é, realmente, o centro do planejamento curricular. Além de relevante, isso é encantador de reparar, pois, como dito no início, não é comum ver escolas dedicando tempo a observar e escutar as crianças, a fim de conhecê-las e, assim, planejar propostas e atividades baseadas em seus interesses. O foco não é preparar para o ensino fundamental, antecipando conteúdos ou dirigindo-se para a alfabetização, pois, dizem as professoras, o objetivo é, principalmente, o desenvolvimento das crianças em sua inteireza, contribuir para que cresçam de forma natural e saudável, pautando-se, para tanto, nos eixos norteadores das DCNEI: as interações e a brincadeira (Brasil 2009).

Um dos pontos relevantes tratados nos dois encontros que tivemos com as professoras foi sobre a rotina. Visto que as crianças passam a maior parte do dia na escola, faz-se necessário pensar em rotinas não rotineiras, não engessadas. Pensá-las como um rito que não se repete, que se constrói com o sentido e a necessidade de todos. A rotina precisa estar aberta à flexibilização, pois trata-se de uma proposta organizativa, uma estrutura que ajuda no desenvolvimento das atividades, não deixando que os pequenos percam o interesse na proposta apresentada e já iniciada por eles. É importante pontuar que há pilares, fundamentos, que sustentam os ritos nas atividades cotidianas: as interações e as brincadeiras, a arte, a literatura, a comunicação, a organização dos espaços, o corpo e o movimento, entre outros.

Enfocando os processos e os ritos compartilhados no grupo com que trabalha – os bebês –, a professora Natalia Ribeiro nos contou que, quando planeja, considera todos os fatores apresentados e, para tanto, destaca a importância da observação e do registro como formas significativas de avaliar os processos vividos. E conclui: o registro, o planejamento e a avaliação são instrumentos indispensáveis que devem andar lado a lado na prática da educação infantil.

As professoras Roberta Ferreira e Mariana Soler, que trabalham com um grupo de crianças de 4 a 5 anos, deixaram uma mensagem que valeu uma significativa reflexão sobre a prática docente: "Reinvente a educação e se reinvente". Ao falar sobre isso, ajudaram-nos a pensar que não há um manual de "como" e "o que" ensinar, pois, no dia a dia da educação infantil, os professores lidam com uma diversidade de crianças que vivem em realidades e culturas totalmente diferentes e que, consequentemente, aprendem e se desenvolvem de maneiras distintas. Confirmamos, assim, o que havíamos discutido na primeira parte da disciplina, nos fundamentos teórico-práticos: é preciso respeitar as especificidades de cada criança como sujeito histórico e de direito. Assim, a forma como uma criança aprende não necessariamente é a mesma de outra criança. Por isso, é preciso estudar e inovar no modo de educar e estar com elas, sem excluir suas particularidades e sua identidade.

O encontro com a pedagoga deixou claro que o registro é parte essencial do trabalho pedagógico, reforçando o que havíamos estudado a respeito dos instrumentos do trabalho docente. Agora, porém, conhecendo práticas que utilizam efetivamente esses instrumentos, vendo fotos e ouvindo relatos, eles ganharam um significado maior. Também com a coordenadora pedagógica vimos a importância da formação continuada, dos encontros de estudo entre os professores.

Na conversa com a equipe da cozinha, pudemos ver o cuidado com as crianças, desde a preparação dos alimentos até a hora de servir a refeição, reforçando a articulação entre cuidar e educar. As cozinheiras desempenham também um papel de educadoras, interagindo com as crianças, escutando suas necessidades e opiniões.

Verifiquei que a criança é ouvida e respeitada por todos os profissionais em todas as áreas da Umei. Os encontros serviram para mostrar a dedicação e o comprometimento desses profissionais da Umei com os pequenos e me ajudaram a pensar no que eu quero ter/ser como futura pedagoga.

Entre temas, encontros e atividades: Possibilidades formativas na pandemia

Depois de cada encontro com os profissionais da Umei, elaboramos fichas de registro de aprendizagem que contribuíram bastante com duas questões propostas pelo componente curricular PPE II: o registro, assunto que nos acompanhou desde os primeiros encontros, e a pesquisa em si. Em cada ficha, registrávamos os tópicos abordados e tentávamos articulá-los analiticamente com os fundamentos teórico-práticos estudados. Assim, todos os temas tratados fizeram com que eu procurasse as relações entre teoria e prática e entendesse um pouco mais a prática pedagógica na educação infantil.

Pude estudar e compreender como é importante o documento das DCNEI, que se fez presente em praticamente todos os encontros, e como devemos levar a sério o que ali está escrito, para não transformar essas instituições em "pré-1º ano". A voz da criança, por muito tempo, não tinha importância, não tinha vez, como afirmou a pedagoga da Umei e como estudamos em Philippe Ariès (1981), mas, agora, com as novas teorias e experiências, como a abordagem de Reggio Emilia e a da própria Umei, precisamos escutá-la, observar seus modos próprios de ser e estar no mundo, apoiar seu crescimento de forma significativa, enxergando em cada criança a voz de um ser de direito, de gostos e interesses, de posicionamentos e pontos de vistas diferentes.

Pensar sobre o trabalho com crianças pequenas é um grande desafio para todos – professores, pais, responsáveis e as próprias crianças. Durante o período da pandemia, o desafio foi muito maior. O distanciamento, a interação diante de uma tela, a experiência que esse período pandêmico nos trouxe precisam ser mais bem analisados. Se, como estudamos, as crianças precisam de um ambiente que promova a curiosidade, as interações e a brincadeira para seu melhor desenvolvimento, fazer educação infantil pelo mundo digital é bastante questionável. Como disseram as profissionais que estiveram conversando conosco, nesses tempos, foi preciso ampliar o olhar e aumentar o cuidado com as crianças, mesmo de longe, foi muito importante pensar na manutenção dos vínculos, na comunicação com as famílias. Assim, pensar em atividades conjuntas com os pais/responsáveis, que despertassem o interesse dos pequenos e propusessem a eles a exploração da própria casa, foi uma possibilidade.

Ademais, essa situação se estende para o ensino superior. Cursar uma disciplina que contempla o estágio curricular, normalmente presencial, foi um exercício árduo no contexto do regime excepcional de ensino remoto. Muitos atividades diversificadas, como as fichas de registro de aprendizagem e as análises de textos e vídeos, foram trabalhosas, mas, ao mesmo tempo, proveitosas nesse período em que estamos impedidos de frequentar as instituições. A professora teve a necessidade de se reinventar, reorganizando o programa da disciplina com base nas necessidades e nas condições dos discentes, o que implicou redefinir cronograma e ajustar conteúdos. E nós, como discentes, juntos nos reinventamos, com muito esforço e compromisso. Enquanto esperamos o retorno seguro e apropriado das crianças à escola, para podermos realizar os estágios presenciais, considero a forma como foi realizada essa disciplina a melhor solução. Como escrevi no início do capítulo, não sabemos quando o retorno será possível, mas sabemos que nada será como antes...

Por fim, foram trabalhados muitos temas significativos e indispensáveis para a formação docente em geral. Os assuntos me fizeram refletir sobre o meu fazer pedagógico desde agora, como estagiária e mediadora, e minha perspectiva em relação ao ambiente escolar já é outra. Imagino que, se estivéssemos presentes na escola, a dinâmica e o tempo para discutir cada assunto tratado seriam diferentes, e a realização do estágio diretamente com as crianças traria outras questões, geraria outras experiências, com outros sentidos. Porém, a abordagem sobre assuntos teórico-práticos referentes à educação infantil foi feita de forma sensível e pertinente e o programa de estudos se mostrou adequado. Trazer os profissionais de uma instituição de educação infantil pública para conversar sobre a prática em cada área, da gestão à cozinha, foi de extrema relevância para aprofundarmos a análise das relações entre teoria e prática. Não fomos à escola, mas a escola trouxe seus saberes e fazeres para compartilhar com o grupo de estudantes e o diálogo foi muito proveitoso.

Penso, após ter vivido a experiência de PPE II em um semestre remoto, que, se fosse um estágio na forma tradicional, talvez muitos assuntos não tivessem sido abordados e também não tivéssemos conhecido a equipe da cozinha da forma como conhecemos. Com a projeção de *slides* elaborados com imagens e reflexões sobre o trabalho com a alimentação, pudemos conversar sobre várias questões relacionadas à vida na instituição de educação infantil, sua organização e seu funcionamento. Essas questões poderiam passar despercebidas presencialmente, quando geralmente os estagiários se concentram na relação com as professoras e as crianças. Por isso, vejo que esse foi um ponto positivo do "estágio" realizado de forma remota.

Ademais, ouvir as narrativas das profissionais me deram esperança: em um futuro próximo, espero que as "cem linguagens" das crianças sejam enxergadas e valorizadas como saberes infantis impulsionadores de aprendizagem e que, de fato, toda a beleza e o compromisso que identificamos nas práticas da Umei Rosalda Paim não sejam uma exceção, mas a realidade de uma educação infantil que considera a criança de verdade, em seu presente e em sua potência.

Referências bibliográficas

ARIÈS, P. (1981). *História social da criança e da família*. Rio de Janeiro: Zahar.

BRASIL (2009). "Resolução CNE/CEB 5/2009. Diretrizes Curriculares Nacionais para a Educação Infantil". *Diário Oficial da União*, Brasília, 18/12/2009, seção 1, p. 18.

CARVALHO, M.I.C. e RUBIANO, M.R.B. (1994). "Organização do espaço em instituições pré-escolares". *In*: OLIVEIRA, Z. de M.R. de (org.). *Educação infantil: Muitos olhares*. São Paulo: Cortez, pp. 107-130.

MAGALHÃES, L.; STELLA, P. e MARINCEK, V. (1995). *A história de uma classe: Alunos de 4 a 5 anos*. Porto Alegre: Artes Médicas.

MALAGUZZI, L. (1999). "Ao contrário, as cem existem". *In*: EDWARDS, C.; GANDINI, L. e FORMAN, G. (orgs.). *As cem linguagens da criança: A abordagem de Reggio Emilia na educação da primeira infância*. Porto Alegre: Artmed, p. 5.

OSTETTO, L.E. (2000). "Planejamento na educação infantil: Mais que a atividade, a criança em foco". *In*: OSTETTO, L.E. (org.). *Encontros e encantamentos na educação infantil: Partilhando experiências de estágio*. Campinas: Papirus, pp. 175-200.

OSTETTO, L.E. e MAIA, M.N.V.G. (2019). "Nas veredas do estágio docente: (Re)aprender a olhar". *Olhar de Professor*, Universidade Estadual de Ponta Grossa, v. 22, pp. 1-18. [Disponível na internet: https://www.redalyc.org/journal/684/68462591001/html/, acesso em 8/2021.]

RINALDI, C. (2016). "A pedagogia da escuta: A perspectiva da escuta em Reggio Emilia". *In*: EDWARDS, C.; GANDINI, L. e FORMAN, G. (orgs.). *As cem linguagens da criança: A experiência de Reggio Emilia em transformação.* Porto Alegre: Penso, pp. 235-247.

UNIVERSIDADE FEDERAL FLUMINENSE. CONSELHO DE ENSINO, PESQUISA E EXTENSÃO (2020). Resolução n. 160/2020 – Regulamenta o ensino remoto emergencial, em caráter excepcional e temporário, nos cursos de graduação presencial da Universidade Federal Fluminense e dá outras providências. [Disponível na internet: 160-2020_ensino_remoto_e_emergencial_assinatura_digital_1.pdf (uff.br), acesso em 28/8/2021.]

8
A VIDA (E A FORMAÇÃO DOCENTE) ESCANCARADA E PERFURADA PELA TELA

Letícia Riva

Neste capítulo, ensaio reflexões sobre o processo de formação docente e pretendo falar sobre uma proposta de estágio *on-line*, vivida no âmbito do curso de Pedagogia da Universidade Federal Fluminense (UFF) em tempos pandêmicos. Interpretando sua complexidade e aparente inevitabilidade, dadas as condições do momento de crise sanitária que atravessamos, procuro reconhecer as possibilidades e as insuficiências desse estágio realizado de maneira remota, bem como suas intervenções na formação de futuros professores e professoras. No relato, baseado em minhas memórias e nos registros mentais intensificados nessa trajetória, revisito os efeitos dessa modalidade virtual na construção e na elaboração do meu fazer pedagógico.

No curso de Pedagogia da UFF, Pesquisa e Prática Educativa II (PPE II) é um componente curricular que envolve o estudo teórico e a prática docente em educação infantil por meio do estágio obrigatório, com uma parte realizada na própria universidade e a outra, em alguma creche ou pré-escola, preferencialmente da rede pública. Entretanto, as restrições sanitárias causadas pela pandemia de Covid-19, com suas respectivas medidas de segurança, fizeram com que a universidade assumisse, excepcionalmente, o ensino remoto. Consequentemente, a saída a campo para a realização do estágio também ficou impossibilitada, e tal circunstância foi motivadora da transformação completa da proposta dessa disciplina.

Como garantir a articulação teoria-prática, se não poderíamos estar com as crianças e com as professoras, interagindo no cotidiano nas instituições de educação infantil? Se foi necessário alterar tudo, uma pergunta insistia e ressoava: como realocar a prática no contexto de atividades remotas? Nesse sentido, a docente responsável pela disciplina precisou reconsiderar o formato da proposta, com base nas orientações e nas regulamentações da UFF para o período pandêmico, ponderando limites e perspectivas que oportunizassem aprendizagem no âmbito da formação docente para a educação infantil, sem, contudo, ir a campo. A alternativa possível: convidar diferentes profissionais da educação infantil para encontros com o grupo de estudantes, a fim de ampliar a reflexão sobre os princípios estruturantes do primeiro ciclo da educação básica; sobre a organização do cotidiano educativo, seus tempos e seus espaços; sobre o protagonismo da criança na proposta pedagógica, articulado aos modos próprios de viver a diversidade da infância; sobre o papel do professor, a relação família-escola, entre outros pontos.

Assim, através das janelas virtuais abertas dentro do programa de PPE II, realizado no segundo semestre letivo de 2020 (que transcorreu de fevereiro a maio de 2021), tivemos a oportunidade de ouvir e dialogar sobre práticas pedagógicas na educação infantil, em encontros protagonizados pelo coletivo de uma instituição pública de Niterói, a Umei Rosalda Paim. Esses encontros se deram na plataforma Google Meet. A cada reunião, os diferentes profissionais (diretora e diretora adjunta, pedagoga, professoras, cozinheiras) realizavam uma apresentação sobre seu trabalho, os desdobramentos pedagógicos e as relações com as infâncias várias, com as famílias, com a sociedade.

A Umei Rosalda Paim, localizada no centro da cidade de Niterói, no Rio de Janeiro, é uma instituição de educação infantil que tem, em seu projeto de cuidado e educação, cerca de 150 crianças entre 2 e 5 anos, matriculadas em horário integral, das 8 às 17 horas, organizadas por faixa etária em Grupos de Referência de Educação Infantil (Grei). Já em relação à equipe, a escola é constituída por porteiro, diretoras, pedagoga, merendeiras, secretária, funcionários de serviços gerais, mediadoras e professoras. É importante ressaltar que estas trabalham no modo de bidocência, ou seja, duas professoras para uma turma de período integral, o que colabora absolutamente para a construção de um ambiente de escuta leve, afetuoso e acolhedor. Uma escola composta de cores, texturas, cheiros e vozes, foi o que vimos no retrato apresentado pelas narrativas das profissionais, que, de forma remota, possibilitaram aos graduandos de pedagogia um contato com a instituição para conhecer sua estrutura e seu funcionamento, os princípios e os eixos que sustentam a proposta pedagógica.

Sob esse viés, tanto o primeiro encontro, com as diretoras Leda e Célia, quanto o encontro com a pedagoga Krýsthinna serviram para familiarizar a turma com o ambiente físico, uma vez que a visita estava impossibilitada pela crise sanitária, e também com a equipe, os princípios, os valores e os conceitos que guiam o trabalho. Apresentaram-nos a Umei Rosalda Paim como uma "escola de crianças pequenas, mas grandes pessoas", feita e pensada para as crianças, onde elas são respeitadas e entendidas como sujeitos de vontades e protagonistas de sua própria história e de seu próprio desenvolvimento. As diretoras contam que o ato de repensar constantemente a prática, tendo por foco as crianças e suas especificidades, é fundamental no dia a dia e faz parte da rotina dos profissionais.

Essa ação de respeito às peculiaridades e às necessidades das crianças também acompanhou o processo de mudanças físicas na escola quando houve uma reforma: nos banheiros, o boxe passou a ter uma altura reduzida, o piso escorregadio foi trocado por um antiderrapante, a altura das janelas foi modificada, de modo que as crianças pudessem olhar para fora, e, assim, a copa da árvore ficou visível, por exemplo. As alterações no concreto do espaço arquitetônico atingiram o plano da fundamentação teórica, chegaram ao projeto político-pedagógico (PPP), que, afinal, se é um documento, não é apenas um pedaço de papel, mas o norte, o que assegura a identidade da instituição e suas finalidades educativas. Para assumir um caráter coletivo e significativo para todos os envolvidos, o documento precisa passar por revisões constantes, pois os desafios, quase intrínsecos, surgem a todo momento e precisam ser considerados e superados. Entre os principais desafios da gestão, as diretoras apontaram: abarcar os princípios de educar e cuidar, que são objetivos indissociáveis da educação infantil, sem que o cuidado seja minimizado e, sim, realmente integrado; acolher a presença da brincadeira no cotidiano, sem pensar no ensino-aprendizado como objetivo final; alinhar-se a documentos delimitadores como a Base Nacional Comum Curricular (BNCC), sem perder a essência da educação infantil e a percepção de infância como fase marcante.

Já nos encontros com as docentes, foi partilhada uma visão mais atrelada à prática cotidiana com as crianças. Os ritos daqueles grupos, as ligações afetivas, as manifestações artísticas, literárias e junto à natureza, a questão do espaço e como essas relações se dão naquele ambiente vieram por meio de relatos e registros fotográficos que congelaram o tempo, já que retratavam um contexto pré-pandemia.

Os inúmeros desafios que se apresentaram aos professores, principalmente os da educação básica, em razão da pandemia, foram sendo enfrentados, no caso da Umei, entre inquietações, dúvidas e medos. Assim, na beleza dos retratos compartilhados, também senti falas engasgadas das professoras, que atravessavam a apresentação do vivido com as crianças... antes da pandemia. Um engasgo causado por aquilo que ainda não tinha nome. Talvez um incômodo, quem sabe uma angústia, causada pelo não saber: como é isso de ser professor de criança virtualmente? Como estabelecer e/ou manter vínculos com as crianças, com toda a distância que a tela impõe? Como fazer para que se mantenham lúdicos e potencializadores das singularidades infantis, em vez de transformá-los em aulas conteudistas e expositivas, focadas na realização de atividades dirigidas?

Certo é que, diante da tecnologia, que antes funcionava como aliada e virou item essencial, foi preciso um enorme e rápido esforço por parte dos professores para aprender a mexer em todas as ferramentas. Sobretudo na educação infantil, em que não se trata de dar aulas, mas de tecer interações, proporcionar espaços e tempos para experiências significativas, oferecer propostas pautadas na brincadeira e nas múltiplas linguagens, não bastava estar diante da tela e falar. Seria preciso arrumar o cenário que sustentaria a conversa *on-line* ou apoiasse a gravação de um vídeo a ser compartilhado; encontrar matérias dentro de casa que pudessem suscitar a ampliação de sentidos – uma vez que as saídas deveriam ser apenas para atividades essenciais –; posicionar a câmera; arrumar a luz. *Ok*, tá gravando, ação! E... corta! O filho começou a chorar, o cachorro do vizinho não para de latir, a obra na rua está a todo vapor, um cheiro de queimado no ar (são as torradas?). Espera mais um pouco, e volta a gravar. Vídeo pronto, precisa editar, enviar para a nuvem, compartilhar pelo WhatsApp... Situações nunca antes imaginadas se tornaram cotidianas.

O contexto pandêmico, que impôs o isolamento físico e outras restrições, fez com que o mundo onde se cresce, desenvolve e aprende com todos os sentidos – cheirando, tocando, pintando, fazendo de conta que é outro – ficasse empobrecido, reduzido a esse lugar de duas dimensões ligado na tomada e que precisa de internet para ser visualizado.

Para além disso, pensar o trabalho de professores durante esse período é lembrar-se da enorme desigualdade econômico-social que assola o Brasil em todos os aspectos. Nem todos os docentes possuem a aparelhagem tecnológica necessária para viabilizar encontros *on-line*; nem todas as crianças, todos os adolescentes e jovens possuem internet em casa para acessar encontros e materiais; nem todos possuem um espaço tranquilo e aprazível para o momento de estudo e aprendizado mediado pelas tecnologias de informação. Dessa perspectiva, mais uma vez, as classes média e alta disparam na frente, por, justamente, possuírem um acesso mais fácil à rede e terem variados privilégios residenciais. A classe menos favorecida (público em maior quantidade nas escolas públicas) acabou ficando à mercê de políticas governamentais, que não foram efetivas, para que conseguissem alguma conexão que possibilitasse o acesso às atividades remotas e aos materiais disponibilizados pelas instituições, fossem escola ou unidades de educação infantil.

Ignorar a realidade não parece ser a melhor saída, mas há saída quando a pressão de governantes irresponsáveis é maior? Revisitar as memórias, por mais que pareça uma delícia em tempos tão complicados, em que a recordação se tornou a forma mais bonita, e segura, de encontros, é um processo doloroso, complexo e que exige muita energia mental.

Por falar em recordação, é a vez de lembrarmo-nos das profissionais da cozinha que estiveram conosco e elucidaram questões relacionadas à alimentação, à estética na apresentação de pratos preparados na cozinha, à importância do momento das refeições para as crianças, às significações do ato de alimentar, intrinsecamente ligado com o cuidar-educar dentro da educação infantil.

Ouvindo as profissionais, vamos compreendendo que cozinha e afeto caminham pelo chão; a comida é lembrança de identidade, é o que arrepia e sustenta o corpo, também na cultura, pois liga-se à pessoa de referência da criança. O ato da alimentação, como nos contaram, é mais do que apenas se nutrir, é sobre quem a criança é, sobre seus pais, tios, avós, irmãos. É quando estão sentados à mesa que uma colher para tomar o mingau faz falta; é a canela na canjica; é a coxinha de galinha com osso, porque fica mais gostosa; é o ovo cozido inteiro no prato, porque representa um crescimento e que não são mais bebês. Talvez seja o instante em que a recordação dos aprendizados de casa se torna mais latente e, por esse motivo, a equipe da Umei Rosalda Paim reafirma a urgência da parceria cozinheiras-pais-crianças.

Atrelado a isso, ao longo do desenvolvimento desse diálogo tão significativo, os discentes de pedagogia se pegaram lembrando as artimanhas relacionadas à alimentação na infância: do aviãozinho com a colher, da comida escondida e amassada debaixo do feijão. Questões e pensamentos que não só atravessaram esses estudantes do curso como sujeitos passivos desses mesmos atos enquanto eram pequenos, mas também no momento atual, da refeição feita às pressas, em virtude das inúmeras atividades que precisavam ser realizadas ainda naquela tarde ou como possíveis reprodutores dessas ações com as crianças. Um certo desconforto na escuta se revelou.

Seguindo essa perspectiva de diálogo com uma instituição de educação infantil, invertendo o movimento (nós não fomos ao campo de estágio, mas as profissionais trouxeram o campo de estágio à universidade, pelas janelas virtuais), a organização do programa de PPE II possibilitou o acontecimento de todos esses encontros, com suas riquezas, que, por sua vez, foram essenciais não apenas para a formação de professores e professoras, mas também, principalmente, para a formação de cidadãos cientes da força infantil.

Os afetos entrelaçados viraram caminhos importantes a serem incorporados e seguidos nesse futuro fazer pedagógico. A existência virtual do outro reafirmava o "eu", pois só posso saber que existo se algum conectado responde a alguma interpelação minha. "Você está me escutando?", frase de "ordem" proferida pelos adultos como uma forma de repreensão, e marcada na infância de muitos de nós, agora, no contexto pandêmico, significa acolhimento. Expressa o querer que a vivência seja completa para todos os presentes e conectados na tela, é a revelação do buscar uma escuta ativa para a voz apertada na garganta, que muitas vezes sucumbe sufocada; sensação proibida.

Os encontros com as profissionais da Umei Rosalda Paim foram como um respiro, diria um sopro de afetações, sorrisos e lágrimas, vontade de desligar e de permanecer. O aprendizado, que parecia tão impossível em tempos pandêmicos, nos instantes das quintas-feiras era quase absoluto, não restam dúvidas da intensidade e da quantidade de saberes compartilhados e apropriados. Estar ali, de "carne e osso", ouvindo o que aquelas pessoas tinham para dizer, fazia o diálogo atravessar a tela e trazia um pouco de aconchego. Como discutimos ao longo do semestre, estagiar na educação infantil exige, antes de tudo, parcimônia para reaprender, questionar o saber "sólido", estar aberto a mudanças e abraçar o inesperado. A escuta atenta se torna regra, ouvir o que aquelas crianças tão cheias de vivências têm a compartilhar é indispensável para que esse fazer pedagógico como futuros docentes seja respeitoso com os pequenos e siga um caminho que os deixe confortáveis para exploração e investigação do mundo da forma que quiserem.

Por definição pessoal, estágio é ação, e o mundo *on-line* soa como inércia. Mas os olhos, por mais que cansados da luz do computador, não deixavam escapar um mísero detalhe e transmutaram os sentidos. A Umei Rosalda Paim fez a visão demorada se tornar regra e ponto de partida para o "ser pedagoga", as miudezas do caminho, a poça d'água, o cheiro de terra molhada, o sol que reflete e faz um arco-íris, pular a amarelinha riscada no chão, o balanço das árvores pelo vento, a frutinha roxa recém-caída e os pássaros que se alimentam dela, o porteiro do prédio vizinho que todo dia descruza os braços só para acenar, o pedaço de pão na padaria do seu Zé. Contemplar, sobretudo, a infância, esta, sim, ponto de partida da vida, da percepção de mundo, de potencialidades coletivas e individuais. Momento de desenvolvimento que exige uma escuta atenta. É pequeno, mas é sujeito de desejos. A vontade e as particularidades da criança devem prevalecer na prática pedagógica, e isso apenas é possível desde que a visão do adulto de referência, para os meninos e as meninas naquele ambiente, seja afastada de qualquer ínfimo sinal de adultocentrismo. Ficou claro, portanto, que o docente, munido de um olhar muito enquadrado nos moldes sociais e mais distante de uma sensibilidade, precisa se realocar no mundo como aprendiz, ou seja, em uma posição em que tudo seja novo, tudo seja motivo de demorar-se, de instigar, de observar como se fosse a primeira vez.

Os encontros *on-line* que tematizaram a pesquisa e a prática educativa, conforme o título do componente curricular, ainda que não possam ser caracterizados como estágio docente, no sentido estrito, trouxeram à tona, e de maneira muito viva, a magia do inesperado dentro da educação infantil – que está na brincadeira que acontece a qualquer segundo e termina da mesma forma, e possui um tempo diferente do mundo real; no desenho do autorretrato, que conta uma narrativa; num choro atravessado em um momento em que as coisas parecem ir bem, o qual é preciso acolher; na risada solta enquanto se lê um livro (ainda que insistam que aquela criança não sabe ler); no alimento que vira o prato favorito do personagem amado. Ouvir os relatos das experiências e conversar com profissionais que vivem o cotidiano junto com as crianças aguçou a percepção do desejo de ensinar-aprender de toda aquela equipe, tão empenhada em transmitir tantas bonitezas.

Entretanto, *on-line*, é o corpo que indica a insatisfação. A coluna dói, a cabeça parece latejar, parece que uma tendinite está para chegar muito em breve. Depois, a mente exausta clama por um descanso, da tela e do caos, mas não há descanso. É tudo o que temos, mas eu queria a perna de índio, recostar a cabeça no colega ao lado, esticar os braços e receber um abraço daqueles que balançam de um lado para o outro, respirar fundo e sentir o cheiro do feijão no fogo e do bolo assando, prestar atenção e escutar vozes infantis cantarolando ou quem sabe inventando histórias mil de um cotidiano com as crianças.

No modo *on-line*, tanto estagiar quanto exercer a docência é um deságio, uma jornada cheia de limites, como bem nos mostraram as profissionais em diálogo. É, Gilberto Gil tem razão quando entoa sua aveludada voz na canção "Cérebro eletrônico" (1969): "O cérebro eletrônico faz quase tudo"; e o quase é porque falta. Os fios coloridos do tecido da vida perdem a vivacidade, não tem criança para me ensinar a olhar o caminho das formigas, não tem bolo feito com canecas na hora do lanche, não tem a percepção do caminho de ida e volta, não tem como reparar nos desenhos das pedras portuguesas até, enfim, chegar ao ambiente escolar. Falas e fotos, por mais fidedignas que sejam, não transmitem o que o real transmite, as provocações pensadas possuem efeitos diferentes das provocações vividas e analisadas na escola. O que será que eu realmente penso, o que será que eu estou pensando, diante do que acabaram de me contar? Como foi essa cena ao vivo? Haja imaginação para elaborar as cores, os cheiros, os toques e as presenças! Tarefa estilo missão quase impossível!

Para além do fato de que nada supera o aprendizado no chão da escola, acredito que não existam formas de superação no contexto brasileiro atual, mas formas de sobrevivência, como essa de estagiar remotamente, por mais que sejam atravessadas por adversidades que não parecem ter fim. Por conseguinte, limites e possibilidades andaram juntos nesse semestre e na realização do componente curricular PPE II, assim como juntos seguimos na percepção de que o mundo está dividido, de que o sorriso de uma despedida de reunião dá lugar ao choro de angústia, aquele senso de que são tentativas falhas de encontrar uma vida normal numa avalanche de caos.

Ainda que, como escrevi no título, a vida (e a formação docente) tenham sido escancaradas e perfuradas pela tela, para terminar, reafirmo a lindeza do aprendizado possibilitado com as janelas virtuais abertas à Umei Rosalda Paim e revelo a dúvida que persiste: que profissional serei? Entre isto e aquilo, sigo com a convicção de transbordamento quando este encontro – Letícia Riva e Rosalda Paim – finalmente acontecer; pelos afetos e pela certeza de que os tempos obscuros, mesmo que muitíssimo cruéis, passaram.

PARTE 2

PROFISSIONAIS DA EDUCAÇÃO INFANTIL: CONTRIBUIÇÕES À FORMAÇÃO DOCENTE NA PANDEMIA

9
FRAGMENTOS DE UMA JORNADA ATRAVESSADA PELA PANDEMIA: REVISITAR AÇÕES, AVALIAR REALIZAÇÕES, REDIMENSIONAR PROJETOS

Leda Marina
Celia Claudia Wolf

Flores espalhadas ao longo do dia
Aladas, enluaradas, ensolaradas
São promessas de amor e poesia.
Roseana Murray

Este capítulo nasceu do diálogo tecido com os fios do desafio e do compromisso de contribuir com a formação de futuros docentes para a educação infantil. Como gestoras, estamos familiarizadas com a presença de meninos e meninas grandes no espaço escolar da Unidade Municipal de Educação Infantil (Umei) Rosalda Paim. Mas, no contexto de distanciamento social, que se instaurou durante o período da pandemia do novo coronavírus em 2020, receber estagiários, estar em presença no cotidiano com as crianças tornou-se impossível. Assim como tantas outras atividades, da vida cotidiana à vida profissional, precisaram ser reinventadas, a educação, em todos os níveis, também teve de redimensionar perspectivas e criar alternativas para enfrentar os tempos difíceis e restritivos que se apresentaram. Nesse momento, fomos convidadas a encontrar outra forma de acolher os estagiários do curso de Pedagogia da Universidade Federal Fluminense (UFF) que cursavam a disciplina Pesquisa e Prática Educativa II (PPE II, referente ao estágio em educação infantil). Como uma possibilidade instaurada, desbravamos o ambiente virtual: se os estudantes não podiam ir até a Umei, seus profissionais poderiam ir à universidade, em encontros virtuais.

É no encontro com a palavra que vamos nos constituindo, vamos nos revelando e dando visibilidade a um projeto de escola que se faz e refaz cotidianamente. Acolher a incompletude das nossas ações é o caminho para não temer o encontro com o outro. É no diálogo que descobrimos sentido para a nossa ação como gestoras e vislumbramos novas possibilidades, novos sonhos, mesmo diante de dias tão desafiadores.

Pensar e fazer o encontro com os estudantes-estagiários na universidade, em modo virtual, além de nos desafiar, permitiu que resgatássemos os fragmentos de um trabalho que vem sendo construído desde o meio da década de 2010 e, para eles, contar um pouco da experiência gestora nessa instituição municipal que acolhe crianças de 2 a 5 anos em horário integral e que sustenta seu trabalho em princípios que as tomam como centro da proposta pedagógica. Aqui, trazemos alguns dos aspectos de nosso trabalho que compartilhamos na conversa com os estudantes-estagiários: a criança, pistas para a ação docente e gestora; o espaço que acolhe; um currículo que se movimenta, e se alimenta, com literatura infantil, arte e natureza; alimentação, cuidar e educar potencializados; para atravessar a pandemia, ressignificar ações e concepções; convite ao diálogo.

A criança: Pistas para a ação docente e gestora

Cada criança que nasce
em qualquer lugar do mundo
com sua história que vai ser escrita
luz por luz, dor por dor,
é minha.
Roseana Murray

A ação gestora vai se instituindo baseada em inúmeros caminhos, e é o diálogo com diferentes interlocutores que se constitui como uma importante estratégia do nosso trabalho, marcado por uma ideia de infância na qual a criança ganha a centralidade da ação.

É com foco na criança pequena que vamos delineando um projeto de escola, acreditando na construção de um currículo que rompa com um trabalho pautado em datas comemorativas, atividades mecânicas ou ações que reduzam a criança a um projeto de alguém que ainda está por vir a ser. Acreditamos na criança pequena como um ser potente, criador, curioso, afetivo, desejoso de conhecer, de se relacionar, de viver intensamente a vida de um modo muito peculiar, brincando.

Um projeto pedagógico se faz no caminhar, nas descobertas do caminho, nas idas e vindas, nos erros e acertos. É dessa forma que estamos construindo um percurso no qual o olhar pedagógico norteia a caminhada. Ouvir as crianças, prestar atenção no que fazem e como interagem com os pequenos e grandes desafios nos ajudam a entender como enxergam o mundo. Suas pistas nos auxiliam a planejar ações, a definir gastos, a escolher projetos, a investir em atividades docentes de formação continuada, entre outras questões.

O espaço que acolhe

Eu te escrevo da minha janela
para falar das outras janelas,
das que abrem para dentro
com seus trincos enferrujados.
Roseana Murray

A construção do espaço na Umei Rosalda Paim tem se constituído num movimento de inacabamento, de reflexão constante e sobretudo de um desafio coletivo. Ao longo dos sete anos que estamos à frente da gestão, no mesmo passo que a proposta pedagógica se adensava, foi se tornando cada vez mais clara para nós a importância que o ambiente exerce, impactando quem o habita, influenciando comportamentos, facilitando ou dificultando ações.

Fomos percebendo que o espaço não é simplesmente o espaço físico, que há nele uma dimensão simbólica que comunica e revela as concepções, os objetivos e os valores das pessoas que o organizam. Hoje, já compreendemos que a forma como o espaço é estruturado traduz o pensamento dos educadores sobre como se dão o desenvolvimento e a aprendizagem na educação infantil, sobre qual concepção de criança, qual papel do professor, das ações de cuidar e educar, da brincadeira e das materialidades presentes.

Isso significa dizer que, desde a reforma física do prédio da Umei, em 2014, tem sido fundamental pensar coletivamente, com os diferentes atores envolvidos nesse projeto, sobre como organizar as salas, os murais, o pátio e os espaços externos, planejando quais materiais eleger e comprar. Compreendemos que cuidar do espaço, pensar os detalhes com as lentes da dimensão estética é também parte de nosso trabalho pedagógico, pois refletem escolhas e modos de ver, como diz a pesquisadora:

> Cuidar da estética dos espaços educativos é, portanto, matéria de primeira grandeza e não simples decoração, dirigida pelo gosto de cada um. Cabe aos educadores refletir sobre seus "modos de ver" e seus "gostos" que direcionam suas escolhas sobre o que colocar ou não nas paredes. (Ostetto 2011, p. 9)

Para isso, desde o início, foi preciso que nós, gestoras, abríssemos muitos canais de escuta e mediação: com a empresa de engenharia responsável pela obra, passando pelos representantes gestores do órgão central que nos acompanha, da Fundação Municipal de Educação (FME) de Niterói, com os profissionais da escola (professores e funcionários), com os responsáveis e as próprias crianças (Marina e Wolf 2017).

Nas salas das crianças, por exemplo, sugerimos o rebaixamento e o reposicionamento de algumas janelas, para que ficassem voltadas para as árvores do entorno da Umei e, assim, pudessem abrigar o olhar curioso das crianças. Essa pequena mudança foi fundamental para que o próprio espaço convidasse professores, meninos e meninas às mais diversas observações e pesquisas que aconteceram ao longo dos anos letivos. Entre elas, a descoberta da goiabeira, do tamarineiro e do oitizeiro, além da observação de diferentes frutos e folhas, dos pequenos insetos e pássaros que ali habitam, da maneira como a luminosidade dos vários momentos do dia penetra na sala, projetando as sombras dos galhos, e tantos outros momentos que instigaram a investigação e, portanto, a construção de um currículo vivo e potente.

Nos banheiros infantis, propusemos a construção de boxes mais elevados, para que a hora do banho propiciasse maior proximidade entre o olhar da criança e o do professor, e também conforto para o adulto, que não precisaria se abaixar para alcançar a criança. Ademais, foram instalados ganchos e prateleiras, para que as crianças pendurassem as mochilas e colocassem seus pertences, garantindo que pudessem trocar de roupa no banheiro no momento de banho com privacidade. Assim, o banho se torna mais acolhedor e tenta respeitar a criança em sua individualidade, objetivando o cuidado, mas sempre com vistas ao estabelecimento de uma relação de proximidade e afeto com a professora numa hora de tanta intimidade.

Aos poucos, tomamos maior consciência da importância de pensar o espaço como outro educador. Ajudou-nos, especialmente, nossa aproximação à UFF em parcerias e cursos de extensão, que tiveram como temática a discussão sobre a construção do espaço.[1] Fomos compreendendo cada vez mais a premissa de que o que há ou não há no espaço vai educando os gestos, os comportamentos.

Foi procurando ajustar as ações da equipe gestora da Umei à ideia da criança como centro do planejamento pedagógico, da criança que aprende a toda hora na relação com o espaço, com as materialidades, com os brinquedos, entre outras questões, que as discussões sobre a

---

1. Projeto de extensão "Diálogos entre saberes e fazeres: Encontros de formação continuada com profissionais da educação infantil", realizado em 2014 sob a coordenação da professora Luciana Ostetto, da Faculdade de Educação da UFF.

organização pedagógica das salas das crianças e dos espaços externos se tornou cada vez mais um dos focos do trabalho gestor.

O desafio foi tomar o espaço como elemento do currículo. Não pensá-lo apenas como uma cena, um pano de fundo para a atividade que está acontecendo, mas compreendê-lo em sua dimensão simbólica de importante influenciador dos modos de ser e estar no ambiente. A equipe gestora, tomando essa direção, precisa ser mais do que uma administradora do prédio físico, das verbas escolares, das burocracias que a administração exige. Precisa se conscientizar de que cada compra de material, cada instalação de equipamento, cada ação administrativa colabora para que o espaço favoreça uma determinada concepção de criança e da própria educação infantil.

O pressuposto é de que as interações são a base da aprendizagem. Não só a interação da criança com o adulto, mas entre as crianças. E o espaço deve promover essas interações. Nesse sentido, organizar a sala em zonas circunscritas (Carvalho e Rubiano 1994) possibilita o trabalho em pequenos grupos, bem como a descentralização da ação da professora, pois, enquanto as crianças interagem, agrupadas em diferentes cantos, ela pode observar melhor o que fazem e dizem. Ao elegermos trabalhar com cantos, configurando os espaços semiabertos discutidos por Carvalho e Rubiano (1994), foi preciso pensar em materiais que demarcassem o perímetro, formando barreiras baixas entre as árias delimitadas, como os móveis, que se tornaram essenciais nessa divisão do ambiente. As estantes de ferro do tipo escritório enviadas pela FME precisaram ser serradas, para que os objetos pudessem ficar na altura das crianças. Adquirimos também algumas estantes de madeira, material menos escolarizado, capaz de dar mais aconchego. Compramos inúmeros cestos, caixas e recipientes para organizar materiais e brinquedos.

Adequar os espaços a essa intencionalidade exigiu da equipe gestora muitas demandas: não eram necessárias mesas e cadeiras para todas as crianças se sentarem ao mesmo tempo, já que nem todas estariam fazendo a mesma coisa num dado momento, o que, em algumas situações, causou espanto na equipe da FME, que julgou que a falta de mesas seria vista como falta de recursos. Foi preciso esclarecer que era uma decisão pedagógica.

A compra de muitos, muitos metros de tecido e fita é quase um capítulo à parte: acreditamos no potencial desse material para tornar o ambiente mais acolhedor e menos escolarizado. Vale salientar que, além do piso frio, todo o perímetro das salas, até a metade das paredes, é azulejado. Assim, os tapetes e as almofadas confeccionadas com tecidos pelas professoras, muitas vezes com a participação das crianças, ajudam a tornar mais agradável estar nesse local. Cortinas de tecido também foram instaladas, para tornar o ambiente mais afável. Da mesma maneira, tecidos revestem as mesas das professoras, transformando-as em cabanas e tendas, que ora são casinhas de boneca e restaurantes, ora lugar para se esconder e possibilitar à criança permanecer sozinha num ambiente tão coletivizado. Os colchonetes usados nas horas de descanso rapidamente viram confortáveis sofás forrados pelos tecidos. Fitas e tecidos também transbordam as salas e compõem o visual dos murais dos corredores, revestidos com margens coloridas pela alegria das estampas dos chitões.

Tudo isso se torna um verdadeiro desafio, mesmo financeiro, se levarmos em consideração o valor da verba escolar recebida. Precisamos planejar muito bem os gastos e traçar estratégias para que os projetos pensados se concretizem.

A compra de brinquedos para a construção dos acervos das salas também constituiu um desafio. Implementamos, então, várias estratégias para melhorar a qualidade dos brinquedos. Em vez de comprar muitos, de preço e qualidade inferiores, passamos a adquirir uma quantidade menor com qualidade melhor. Em vez de distribuí-los entre as salas, organizamos diversos *kits* temáticos (de bonecas, de bonecos, de animais de fazenda e animais de selva, de salão de beleza, de culinária, de miniaturas, de heróis etc.) que circulam de sala em sala durante a semana.

Nesse sentido, aproximamo-nos da ideia do espaço como um contexto de exploração, de experimentação, de brincadeiras, de interações, de relações. O desafio que temos como gestoras se torna diário, pois é preciso ter sensibilidade no olhar para enxergar muito mais do que um espaço físico, percebê-lo como um contexto em que as brincadeiras sejam potencializadas e as interações, qualificadas.

Um currículo que se movimenta, e se alimenta, com literatura infantil, arte e natureza

Posso fazer uma pequena clareira
no bosque do seu coração?
Juntar um pouco de lenha para a noite que se avizinha
e alguns vagalumes,
um certo jeito de arrumar a lua,
um certo jeito de arrumar as ruas da infância
e suas brincadeiras.
Roseana Murray

O currículo da Umei Rosalda Paim se organiza com base em três eixos: a literatura infantil, a arte e a natureza. Dessa forma, buscamos desenvolver ações que percebam a criança pequena como leitora do mundo que a cerca, que valorizem a interação com os pequenos e preciosos elementos encontrados na natureza que nos rodeia, que compreenda a arte e o processo criativo como formas de interagir com a própria vida. Encontrando tais pistas, fomos definindo coletivamente as linhas que norteariam o nosso trabalho.

Por isso, um dos compromissos firmados durante o processo de eleição direta, do qual participamos no final do ano de 2017, foi estabelecer como meta a ampliação do acervo de literatura infantil, utilizando, para tanto, toda a verba de um projeto custeado anualmente pela FM Educação. Tal como aponta Reyes (2010, p. 63), "a literatura é uma fonte de nutrição a que a criança recorre em busca de ferramentas mentais e simbólicas para organizar o fluxo dos acontecimentos". Nesse sentido, investimos na compra de livros de autores e ilustradores nacionais e estrangeiros, ganhadores de prêmios e que nos oferecem, através da literatura, outra forma de ver o mundo.

Como parte desse compromisso, também temos investido na formação dos professores, realizando na própria escola atividades formativas com foco na literatura infantil, afinal, o professor é o principal mediador da experiência leitora. Para compreender o mundo e os enredos mágicos das infâncias, para poder entrar em relação com os modos próprios de ser, estar e se expressar das crianças, que utilizam múltiplas linguagens, precisamos estar contagiados pela fantasia, alimentar e ampliar nossas linguagens também. Nessa direção, um professor que não é leitor, que não tem repertório literário, que não se maravilha com o encanto e a magia das histórias não pode ser um interlocutor efetivo e afetivo.

Outro aspecto que podemos destacar é a parceria que estabelecemos com a Biblioteca Parque de Niterói,[2] instituição localizada a apenas alguns metros da escola e que nos recebia quinzenalmente, antes da pandemia do novo coronavírus, para uma roda de leitura. Nesse dia, com a permissão dos pais e de mãos dadas com os professores, um grupo de crianças atravessava a rua e ia ao encontro de uma experiência de leitura que, pouco a pouco, vai constituindo a todos como leitores.

Porém, é preciso ressaltar, apesar de todo nosso investimento, também temos muitos desafios. Como garantir a circulação do acervo, se não temos um professor mediador que trabalhe apenas com esse foco? Como construir um ambiente que incentive a leitura e a fruição literária? Como catalogar os livros para que não se percam? Entendemos que, se não há uma sala específica para onde ir, os livros vão aonde as crianças estão: na sala do grupo, embaixo da árvore, num cantinho criado pelo professor em algum espaço. Nesse caso, é a coordenadora de turno,[3]

---

2. A Biblioteca Parque de Niterói está localizada na Praça da República, no centro da cidade. Mantém um canal aberto de comunicação com o público pelas redes sociais, como Facebook e Instagram (https://www.facebook.com/bibliotecaniteroi/; https://www.instagram.com/bibliotecaniteroi/).
3. A coordenação de turno é uma função exercida por uma professora que atua acompanhando os diferentes processos pedagógicos, auxiliando a direção a organizar a rotina da Umei.

que também é bibliotecária por formação, que nos ajuda a organizar em dois armários todo o acervo disponível.

A arte é outro eixo que acreditamos ser importante potencializar, tendo em vista que o universo infantil é permeado de sons, cores, texturas etc. Nossa intenção é que a arte se constitua como um elemento estético do espaço da Umei com base nas criações das crianças. O desafio é romper com a perspectiva de arte como atividade, quando muitas vezes se resume a pinturas baseadas em modelos estereotipados, apresentação das cores e das formas, entre outras ações que tradicionalmente são compreendidas como o "ensino da arte" na educação infantil.

É em busca de outra estética que também, como gestoras, vamos elegendo materiais e comprando aqueles que fazem da escola um espaço acolhedor, no qual reconhecemos a presença da criança. Oferecemos um ambiente em que ela possa ir além daquilo que já conhece. Por isso, em nossas paredes, não temos os painéis de personagens conhecidos das crianças, referenciados nas produções comerciais e midiáticas. Nossos murais, em geral, são compostos pelas produções das crianças, mediadas pelo adulto, que ajuda a escolher o melhor suporte, a melhor forma de expor e comunicar, que organiza o material com a intenção de dar unidade ao trabalho coletivo. Móbiles feitos pelas crianças, produções com fotografias, projetos em que um artista é apresentado, entre outras possibilidades, podem ser encontrados nas salas e nos corredores também.

Falar de arte com crianças é também falar de arte e formação docente. Assim como os repertórios literários, a questão da arte perpassa essa relação: um adulto alimentado esteticamente, que é provocado a ampliar seus sentidos, ao encontro de obras e artistas, constrói, certamente, um caminho estético rico com as crianças. Dessa forma, assumimos outro compromisso: a visita a diferentes espaços culturais, experiências voltadas para os diferentes profissionais da Umei, que contribui para o enriquecimento de nossos repertórios artístico-culturais, haja vista que

> (...) nossos repertórios constituídos ao longo da vida, são acionados a cada encontro com o outro – pessoas, lugares, paisagens, obras, objetos, conceitos. É com eles que vamos significando o mundo,

> fazendo a leitura do que nos rodeia e nos acontece. Quanto maior o repertório, maior a possibilidade de estabelecer diálogo com as "coisas do mundo", com o mistério da vida. (Ostetto 2011, p. 4)

A arte, nesse sentido, agrega, constituindo-nos como um grupo. Por exemplo, fizemos uma visita ao Museu de Arte Contemporânea de Niterói, com professores, merendeiras e funcionários da limpeza. Assim, o coletivo teve a oportunidade de participar de uma vivência cheia de possibilidade, de experimentar e compreender o mundo com outro olhar.

Mas o nosso compromisso se estende à criança: temos como proposta anual que as crianças do Grei 5[4] visitem o Museu de Arte Popular Janete Costa,[5] equipamento cultural da cidade de Niterói. A instituição tem acolhido a Umei Rosalda Paim, oferecendo a oportunidade de participarmos com as crianças de visitas às exposições, de vivências nas quais elas podem interagir com diferentes materiais inspirados nas obras em exposição e em instalações artísticas do espaço. Nem sempre é uma tarefa fácil, pois precisamos agendar um ônibus, disponibilizado pela FME, mas que atende a muitas outras escolas e nem sempre está funcionado ou a agenda não está disponível quando desejamos. Enfim, são os desafios presentes no nosso dia a dia, mas que enfrentamos com disposição, pois temos um projeto que nos conduz.

Acreditamos também que uma unidade que atende crianças pequenas em horário integral precisa ter áreas externas que permitam o contato com a natureza e a realização de atividades ao ar livre, potencializando a capacidade criativa das crianças e as infinitas possibilidades de aprendizagem sobre si e o mundo que as rodeia. Para Tiriba e Profice (2019, p. 8), "as vivências das crianças na natureza fortalecem seu vínculo com o mundo natural, bem como fomentam o conhecimento local acerca dos ambientes, dos seres e dos processos naturais".

---

4. O Grei 5 é o Grupo de Referência da Educação Infantil composto pelas crianças de 5 anos que estão matriculadas na Umei.
5. O Museu Popular Janete Costa está situado num casarão do século XIX, no bairro do Ingá. Pode ser encontrado nas redes sociais (https://www.facebook.com/museujanetecosta/; https://www.instagram.com/museujanetecosta/?hl=pt-br).

O nosso pequeno espaço externo abriga três árvores antigas, que moram ali muito antes de nós e que nos oferecem sombra, folhas de várias cores e algumas goiabas e tamarindos. São o pedacinho de natureza de que dispomos, onde o sol nos visita e o chão é coberto por areia, pedrinhas e alguns matinhos. É nele que encontramos possibilidade de interagir com a natureza, intensificada pela ação curiosa e pelo movimento das crianças, que exploram cada cantinho e agigantam, pela ocupação, aquele espaço de vida.

Por isso, como gestoras, investimos na compra de pedrinhas para forrar o chão. Também conseguimos colocar uma cerca de madeira com um portãozinho, criando dois ambientes, favorecendo que mais de um grupo de crianças possa estar ali desenvolvendo propostas diferentes ao mesmo tempo.

Aqui também, mostra-se a íntima relação entre a formação de professores e a ação docente com as crianças: incentivamos todo o grupo de professores a participar de um curso oferecido pela Universidade Federal do Estado do Rio de Janeiro (Unirio), cujo tema era "Infâncias e natureza". Com as participantes, fomos aprendendo, e também nos comprometendo, a comprar materiais que têm na sua composição elementos encontrados na natureza, para que possam compor esse espaço. Então, pouco a pouco, estamos substituindo os objetos de plástico por colheres de pau, bacias de alumínio, toquinhos de madeira, bolinhas de argila, entre tantos outros elementos que permitam brincadeira, faz de conta, imaginação.

É nessa pequena área externa que acontecem caçadas a formigas, piqueniques, contações de histórias, que comidinhas de folhas e lama são feitas e degustadas e que carrinhos furiosos sobem e descem rampas. Porém, a ação mais ousada e fértil foi a construção de um lago artificial, feito por um grupo de crianças de 5 anos com a mediação de duas professoras arteiras. Nele, moraram por um tempo dois peixes.

Nem sempre é fácil para nós, gestoras, embarcarmos nessas aventuras. Ponderamos gastos, as ações que se desdobrarão de cada projeto, o objetivo da proposta. No entanto, de acordo com Ostetto (2011,

p. 12), "para seguirmos alimentando processos criativos e criadores, é preciso reconquistar a beleza, retirando a repressão que a impede de se manifestar". O fato é que, na maioria das vezes, ao embarcar com as professoras e as crianças em seus sonhos, vamos ratificando um projeto de educação infantil no qual as crianças ganham o lugar de destaque.

Dessa forma, compreendemos que o papel do gestor é, junto com os adultos e as crianças, definir o projeto de escola que sonhamos e, com base nele, priorizar a compra de materiais, selecionar os projetos que ganharão destaque num determinado período, apoiar os docentes na sua caminhada formativa, entre tantas outras atribuições.

Alimentação: Cuidar e educar potencializados

> *Tudo que a avó fabrica*
> *em sua cozinha encantada*
> *tem cheiro bom:*
> *bolo de chocolate, biscoito de nata,*
> *sonhos embrulhados em açúcar e canela*
> *que são como nuvens no céu da boca*
> *e expulsam qualquer pesadelo.*
> Roseana Murray

Em uma escola de horário integral, a alimentação ganha um espaço enorme na rotina. Assim que chegam, as crianças e os adultos são recebidos com o café da manhã: leite batido com uma fruta ou achocolatado e um cereal. Às 11 horas, são servidos arroz, feijão, uma proteína e legumes, sempre acompanhados de uma fruta. Por volta das 14 horas, uma outra fruta chega para ser degustada: banana picada, fatias de melancia ou melão, tangerina descascada e, algumas vezes, pera ou abacaxi. Antes de voltarem para casa, as crianças têm um jantar leve: canja, mingau, sopa de legumes etc.

Nessa rotina, está claro o papel da alimentação: nutrir as crianças, que passam na escola a maior parte do dia, bem como romper com uma cultura de alimentação industrializada (que leva ao desenvolvimento de inúmeras doenças), contribuir para a construção de bons hábitos alimentares, baseados em pouco açúcar, muitas frutas, legumes, verduras, em pequenas porções ao longo do dia.

Contudo, mais do que alimentar, a cozinha dá potência ao binômio cuidar-educar e revela parte do projeto pedagógico da Rosalda Paim, uma proposta que foi sendo construída ao longo desses sete anos de gestão e que tem como protagonistas, além dos docentes, a equipe de merendeiros-cozinheiros da Umei.

Atualmente, contamos com quatro merendeiros na cozinha e duas merendeiras readaptadas.[6] Em suas ações, os merendeiros, além de cozinhar e lavar pratos e panelas, servem a refeição, organizam a despensa, cuidam da limpeza da cozinha, entre outras tarefas. Uma gestão que compreenda os merendeiros como profissionais importantes na escola também fornece materiais e equipamentos que subsidiem seu trabalho, amenizando o impacto em sua saúde, visto que a tarefa exige amplo esforço físico, provocando muitas vezes o adoecimento e o afastamento da função. Por isso, buscamos comprar equipamentos para a cozinha que facilitem o trabalho cotidiano, adequando o ambiente com pequenos objetos e materiais que, adaptados, promovam maior conforto e saúde.

Compreendendo também seu lugar como educadores é que os merendeiros vão buscando e construindo espaço para suas vozes e seus saberes fora da cozinha, em diferentes ações. Uma delas é a participação nas atividades formativas com os familiares das crianças, pois, pouco a pouco, fomos compreendendo que a construção de uma cultura alimentar saudável precisa ser realizada em parceria com a família. Por isso, anualmente, promovemos um encontro sobre alimentação escolar, no qual os merendeiros assumem o lugar de palestrantes e buscam orientar os pais acerca de uma alimentação que priorize alimentos menos industrializados, como a que servimos na escola. Dessa forma, numa

6. A readaptação temporária de um servidor ocorre em virtude de uma situação de saúde, quando não pode realizar a tarefa correspondente ao seu cargo. Assim, o servidor permanece na escola, mas suas funções são revistas e ele passa a desempenhar atividades que não afetem a sua saúde.

roda de conversa, profissionais e familiares trocam informações, tiram dúvidas, aprendem, constroem laços e vão se compreendendo como parte de um mesmo grupo.

A participação da equipe nas atividades formativas também foi gradualmente se constituindo como um importante investimento. Foi participando de reuniões pedagógicas, discutindo o currículo da Umei Rosalda Paim ou recebendo orientações da pedagoga em casos específicos e demandados, que os merendeiros compreenderam, por exemplo, o motivo pelo qual não priorizamos as efemérides como um guia da nossa prática pedagógica. Foi também com o envolvimento nas ações formativas que entenderam a peculiaridade da faixa etária a que atendemos e que, ao ser solicitado que o corte das frutas para crianças de 2 anos seja diferente do das de 5 anos, isso significa um cuidado com a criança que ainda está desenvolvendo o processo de mastigação. Mais do que o conhecimento sobre alimentos, queremos que toda a equipe possa partilhar de uma ideia de infância na qual os diferentes modos de ser criança estejam no centro da ação.

Percebendo que a cozinha também é lugar de crianças, os merendeiros recebem grupos para visitar a despensa, preparar receitas, ouvir opiniões sobre os alimentos servidos, identificando gostos e preferências. A equipe também não se furta a ir à sala dos grupos para contar histórias, apresentar um alimento novo ou mesmo participar de algum projeto que esteja sendo desenvolvido e que inclua a alimentação.

Para atravessar a pandemia: Ressignificar ações e concepções

Ofereço minhas lágrimas ao tempo
que me trouxe em sua enxurrada até aqui
com todos os destroços, palavras e melodias
que atravessaram o oceano.
Roseana Murray

O ano de 2020 marcou um momento ímpar na história recente da humanidade. O mundo foi pego de surpresa pelo vírus da Covid-19, e a pandemia que se instaurou nos forçou a uma reflexão sobre o modelo de sociedade construído até aqui. Exigiu de todos inúmeras mudanças nas relações sociais e, no caso da escola, impactou especialmente a forma como estabelecemos vínculos com as crianças, as famílias e a equipe de funcionários, pois implicou o funcionamento não presencial das unidades.

Nesse cenário, em meados de março de 2020, as atividades presenciais da Umei Rosalda Paim foram interrompidas. Naquela ocasião, imaginávamos que seria por poucos dias ou meses. Hoje, decorrido mais de um ano da pandemia, ainda estamos reaprendendo o sentido do trabalho com as crianças da educação infantil.

Foi preciso ressignificar o papel que até então vínhamos desempenhando, pois um dos pilares da educação infantil, o binômio cuidar-educar, ganhou um lugar de relevância se pensarmos não só na criança, mas também naqueles que cuidam-educam as crianças, os adultos. Um aspecto desse binômio é o cuidado, traduzido como zelo, implicação com o outro.

> O cuidado (cura) com as coisas e com os outros, portanto, é determinante na produção dos seres que somos e atua como força condicionante dos significados que atribuímos a tudo por meio da linguagem. Esse processo de curadoria organiza a fundação do mundo, articulando o espaço-tempo em que somos e, paralelamente, criando condições para que atribuamos significados ao mundo, ao espaço, ao tempo, aos próprios seres que somos. (Colla 2020, p. 4)

Por isso, uma das primeiras ações desenvolvidas pela equipe gestora foi participar do movimento realizado pela prefeitura de Niterói de entrega de cestas básicas, garantindo que todas as crianças recebessem tal benefício, já que estavam privadas das refeições que diariamente recebiam na escola. Cuidar da segurança alimentar das crianças e garanti-la passou a ser, naquele momento, o foco da nossa ação.

Outras ações que envolvem a família também foram sendo realizadas ao longo desse período, como o preenchimento de planilhas para a confecção dos cartões de renda básica temporária, a entrega de *kits* de arte para as crianças. Além disso, ficamos disponíveis para nos tornarmos uma referência para que as famílias pudessem acompanhar a evolução da pandemia e suas consequências na vida escolar das crianças.

Nesse sentido, a Umei, muitas vezes, manteve a secretaria escolar funcionando presencialmente, potencializou o *blog*[7] como uma ferramenta de informação atualizada sobre as ações desenvolvidas e usou aplicativos de mensagens comumente acessados pelas famílias. Nosso objetivo era manter um canal de comunicação diário. Contudo, o trabalho precisava alcançar também os adultos que trabalhavam na Umei e que, assim como todos, estavam assustados e vivenciando pessoalmente desafios distintos. Mais uma vez, o papel do gestor se relacionava com o cuidar.

O primeiro caminho encontrado foi retomarmos semanalmente a reunião pedagógica que, na agenda presencial, acontecia às quartas-feiras. Nosso intuito era acolher o coletivo para que, juntos, encontrássemos saídas para o enfrentamento de uma situação tão inusitada, difícil e temerosa. Dessa forma, os encontros iniciais foram marcados pela partilha de sentimentos, pela manifestação da saudade da convivência diária, pelo compartilhamento das situações vividas por cada um.

Quanto medo sentimos e quanta coragem foi necessária para atravessar aquele momento! A autora Roseana Murray, que já nos inspirava no trabalho com a literatura na Umei, foi essencial nessa caminhada. Com base em seu livro *Tantos medos e outras coragens* (Murray 1996), iniciamos uma partilha de sentimentos pelas janelinhas virtuais. Propusemos, então, a confecção de mandalas artesanais com palavras que expressassem nossos temores e também nossas coragens, pois é disso que somos feitos, de medos e valentia. Era preciso aceitar que, apesar de estarmos vivendo um momento de fragilidade, tínhamos no grupo a potência para nos mantermos firmes nessa jornada dolorosamente nova que se apresentou para o mundo.

As reuniões foram retomadas, de forma virtual, e passaram a contar com a presença de todos os funcionários da escola, o que incluiu

7. Ver: https://umeirosaldapaim.blogspot.com.

as merendeiras e os funcionários administrativos, que geralmente não participavam desses momentos, já que, no dia a dia, estavam envolvidos em suas atividades no momento destinado ao encontro com os professores. Precisamos destacar que agregar tais profissionais às reuniões pedagógicas no contexto pandêmico foi um marco em nosso trabalho, pois eles passaram a participar ativamente dos encontros semanais, planejando e articulando ideias para que os vínculos com as crianças não se perdessem. Aos poucos, nosso papel de gestores voltava a ter nas questões pedagógicas o foco da nossa ação.

Na impossibilidade do retorno presencial, foi o uso das tecnologias que certamente nos trouxe possibilidades para essas conexões, assim como muitas dificuldades. Por um lado, fomos percebendo que, com o retorno cada vez mais adiado pela pandemia, seria imprescindível manter as interações com as crianças de forma *on-line*; por outro lado, ficou claro que nem todos dispunham de recursos materiais e conhecimento suficiente para acessar o mundo da comunicação virtual. Como gestoras, sentimo-nos impotentes, pois o acesso à tecnologia e à própria internet estava além das nossas possibilidades de intervenção.

Ademais, outra questão se impunha a todo momento: como organizar um trabalho na educação infantil sem o toque, sem o cheiro, sem as experiências que articulam os saberes, sem o conjunto de práticas de pesquisa, de investigação e descobertas, próprias do convívio no cotidiano? Novamente, foi preciso potencializar as reuniões pedagógicas, para que, discutindo o currículo, o projeto político-pedagógico e a realidade vivida, encontrássemos novos caminhos de ação.

Um dos nossos objetivos era manter o vínculo com o adulto, para que este também se redescobrisse como professor de crianças pequenas que, mais do que ensinar conteúdos, revela-se na construção das interações. Enviar aos docentes, pelo correio, um caderninho embalado em tecido e poesia foi uma forma de dizer o quanto continuávamos conectados, mesmo distantes fisicamente, assim como realizar o sarau de poesias, comemorando virtualmente o Dia do Professor e dos Merendeiros, como anualmente fazemos, entre outras ações.

Nosso intuito foi manter vínculos fraternos com os adultos, pois só quando nos sentimos afetados é que conseguimos afetar o outro. Dessa forma, fomos criando estratégias para que docentes, merendeiros e outros funcionários soubessem que, apesar da pandemia e do distanciamento social, a Umei Rosalda Paim se mantinha como uma instituição com o eixo de cuidar e educar.

Convite ao diálogo

> *Ciranda, cirandinha, vamos todos cirandar*
> *enquanto ainda dá tempo,*
> *a primeira estrela anuncia:*
> *a noite já vai chegar*
> *Vamos dar a meia volta de mãos bem apertadas*
> *e corações entrelaçados, volta e meia vamos dar.*
> Roseana Murray

Compartilhar um pouco da jornada que temos percorrido na gestão de uma unidade municipal de educação infantil nos permite olhar para o nosso fazer por outro ângulo, sobretudo quando a história contada encontra o olhar interessado de estudantes-professores em formação.

Quando as crianças adentram a secretaria escolar, olham para tudo, querem saber para que serve cada objeto, indagam o que fazemos e por que fazemos. Assim também ocorreu com esses meninos e essas meninas quase professores, com atitudes que se aproximam daquela curiosidade infantil que diariamente quer saber sobre o desconhecido, que faz perguntas e nos encanta na interação que estabelecemos.

Foi o desconhecer, o perguntar, o encantar-se em aprender que nos fez estabelecer um diálogo com a universidade desde o início de nossa ação, a fim de pensar um projeto de escola que não se perdesse no seu dia a dia. É a reflexão, a troca com diferentes sujeitos que nos ajuda cotidianamente a trazer a criança para o centro do processo. Ao mesmo tempo, tal parceria reafirma nosso compromisso de contribuir para o processo formativo de futuros docentes, compartilhando experiências, apontando desafios e dividindo sonhos.

Revisitar nossas ações, avaliar o que temos realizado, redimensionar nossos projetos é parte do nosso dia a dia, mas a pandemia do novo coronavírus nos trouxe desafios nunca imaginados. Nesse sentido, a parceria com a universidade constituiu uma estratégia ainda mais importante, ainda que de forma virtual, uma vez que uma nova realidade se instaurou. Esperamos que, ao contar o que fazíamos antes do período pandêmico, ouvir as dúvidas dos estudantes, bem como compartilhar as ações realizadas durante o afastamento físico que nos foi imposto possa ajudar esses futuros docentes a tecer um compromisso com a criança pequena, reconhecendo, na brincadeira e nas interações que estabelecem com adultos e com as outras crianças, o fazer da instituição que atende meninos e meninas de 2 a 5 anos, ainda que envolvida no emaranhado recente da história.

Foram também os estudantes, o diálogo com a universidade, a experiência partilhada que nos fortaleceram, lembrando que, mais do que ações pontuais, há um projeto em andamento na Umei Rosalda Paim. Tal projeto tem suas raízes fincadas na ideia de que a escola de educação infantil é espaço de potência, de escuta, de construção de um coletivo formado por crianças e adultos. Nesse sentido, a ação gestora se amplia e se constitui pedagógica, levando-nos a olhar para as questões cotidianas baseadas em referências nas quais o afeto, a brincadeira e as interações são o norte para o trabalho.

Os encontros virtuais, como espaços de formação curricular dos estudantes, também se converteram em espaço de formação para nós, pois os diferentes setores estiveram em diálogo: gestão, coordenação pedagógica, docência e cozinha. Foi muito significativo testemunhar, por exemplo, as vozes apropriadas dos profissionais da cozinha, que se percebem protagonistas no processo de formação de crianças e professores, abrindo-se para o diálogo com a universidade e, junto com a equipe gestora, contando suas experiências e dividindo seus fazeres com estudantes que se propõem a conhecer a escola através de diferentes olhares e por intermédio de diferentes profissionais.

Referências bibliográficas

CARVALHO, M.I.C. de e RUBIANO, M.R.B. (1994). "Organização do espaço em instituições pré-escolares". *In*: OLIVEIRA, Z. de M.R. de (org.). *Educação infantil: Muitos olhares*. São Paulo: Cortez.

COLLA, R.A. (2020). "O cuidado como dimensão ontológica na educação infantil: Sobre corpos, espaços e movimentos na constituição do ser-no-mundo". *Pro-Posições*. Campinas, v. 31. [Disponível na internet: https://www.scielo.br/scielo.php?script=sci_arttext&pid=S0103-73072020000100501&lang=pt.]

MARINA, L. e WOLF, C. (2017). "A criança como centro da ação gestora: Desafios na educação infantil". *In*: OSTETTO, L.E. (org.). *Registros na educação infantil: Pesquisa e prática pedagógica*. Campinas: Papirus, pp. 55-71.

MURRAY, R. (1996). *Tantos medos e outras coragens*. Rio de Janeiro: FTD.

OSTTETO, L.E. (2011). "Educação infantil e arte: Sentidos e práticas possíveis". [Disponível na internet: http://acervodigital.unesp.br/handle/123456789/320.]

REYES, Y. (2010). *A casa imaginária: Leitura e literatura na primeira infância*. São Paulo: Global.

SECRETARIA MUNICIPAL DE EDUCAÇÃO DE NITERÓI. FUNDAÇÃO MUNICIPAL DE EDUCAÇÃO DE NITERÓI (2010). *Referencial curricular para a rede municipal de ensino de Niterói: Educação infantil – Uma construção coletiva*. Niterói: FME.

TIRIBA, L. e PROFICE, C.C. (2019). "Crianças da natureza: Vivências, saberes e pertencimento". Seção Temática: Infâncias e Educação das Relações Étnico-Raciais. *Educ. Real.*, 44(2). [Disponível na internet: https://doi.org/10.1590/2175-23688370.]

10
REGISTROS DE UMA PEDAGOGA DA EDUCAÇÃO INFANTIL: NARRATIVAS DA PRÁTICA EM TEMPOS DE PANDEMIA

Krýsthinna Franco Sepúlvida de Abreu

Entendo os registros como instrumento para a construção do humano, pois eles deixam marcas do vivido, das reflexões sobre elas, e abrem-se, indefinidamente, para novas possibilidades de retomada e atribuição de sentidos.
Cecília Warschauer

A oportunidade de estar em diálogo com outros atores é, também, a oportunidade de revisitar minha história, de pensar sobre a trajetória de professora e de pedagoga que venho percorrendo, de tecer a reflexão necessária para prosseguir, com base na prática e nas marcas de minha incompletude, estabelecendo uma estreita relação com a teoria, que tanto nos alimenta.

O texto que escrevo foi produzido após o diálogo que tive com estudantes do curso de Pedagogia da Universidade Federal Fluminense, no contexto das atividades acadêmicas desenvolvidas de forma remota, no ano pandêmico de 2020. Trazendo algumas questões apresentadas no encontro virtual com os estudantes, falo sobre algumas histórias que me constituem, do meu fazer como pedagoga da Unidade Municipal de Educação Infantil (Umei) Rosalda Paim, uma instituição pública, localizada no centro de Niterói, que atende aproximadamente 150 crianças, em horário integral. Sempre em diálogo, com todos os profissionais (gestores, professores, funcionários dos diversos setores), pais e crianças, vou me constituindo e constituindo meu trabalho.

Afinal, com quantos fios se faz uma história?

O tecido do vestido da menina
era composto por fios diferentes
que ela recolhia...
Tatiana Filinto

Da minha história, puxo um fio: sou pedagoga, integrante da Equipe de Articulação Pedagógica (EAP) da Umei Rosalda Paim. Sempre envolvida com a educação: filha e neta de professoras, atuantes e comprometidas, exemplos de vida pessoal e profissional. Minhas memórias afetivas de infância sempre me remetem ao ser professora. Não me recordo de brincar de outra coisa senão de "escolinha", onde as bonecas eram minhas alunas. Assim, depois dos anos vividos no Instituto de Educação Professor Ismael Coutinho, formei-me professora e comecei a vida profissional. Continuei a estudar, cursei Pedagogia – Orientação Educacional, ainda na época das habilitações, na Universidade Federal Fluminense (UFF). Ingressei na rede municipal de Niterói no final da década de 1990, mas a minha inserção na educação infantil aconteceu recentemente, em 2015, quando fui convidada a fazer parte da EAP da Umei Rosalda Paim.

Desde então, tenho pautado meu fazer pedagógico numa postura dialógica de construção dos princípios que norteiam o trabalho com as crianças pequenas, muito amparada nas Diretrizes Curriculares Nacionais para a Educação Infantil (DCNEI) (Brasil 2010) e em documentos oficiais da rede de ensino de Niterói. Assim, fios vão tecendo um bordado que traz a criança ao centro, onde localizamos também os professores e as famílias como potentes interlocutores. Afinal, como bem indicou Rinaldi (2016), não há educação infantil de qualidade sem as crianças, os educadores e as famílias, que, para mim, são três pontos indissociáveis da proposta pedagógica que vem sendo bordada em minha prática.

Outro fio, o principal fio que tece esta história, é a criança. Mas, de que criança estou falando? Uma criança sujeito de direitos, que brinca, interage, cria, é curiosa, produz cultura enquanto é produzida em uma cultura; por isso, tem diversos modos de ser, estar e de se expressar. Lembro-me da definição apresentada pelo Parecer 22/1998 do Conselho Nacional de Educação, que nos ajuda a dar a ela o lugar de autora, protagonista de sua história:

> Crianças pequenas são seres humanos portadores de todas as melhores potencialidades da espécie:
> *inteligentes, curiosas, animadas, brincalhonas em busca de relacionamentos gratificantes, pois descobertas, entendimento, afeto, amor, brincadeira, bom humor e segurança trazem bem-estar e felicidade;
> *tagarelas, desvendando todos os sentidos e significados das múltiplas linguagens de comunicação, por onde a vida se explica;
> *inquietas, pois tudo deve ser descoberto e compreendido, num mundo que é sempre novo a cada manhã;
> *encantadas, fascinadas, solidárias e cooperativas desde que o contexto a seu redor, e principalmente, nós adultos/educadores, saibamos responder, provocar e apoiar o encantamento, a fascinação, que levam ao conhecimento, à generosidade e à participação. (Brasil 1998)

Assumir essa concepção de criança e reconhecê-la em toda a complexidade, singularidade e positividade apontada no documento citado traz implicações diretamente para as relações que se estabelecem no cotidiano do espaço educador e na forma como o trabalho pedagógico é planejado e ali se concretiza. Assim, as relações, os tempos e espaços e as ações pedagógicas traçadas devem tê-la como centro de todo processo, considerando as especificidades de cada faixa etária. O meu trabalho como pedagoga, em diálogo com o coletivo da Umei, constitui-se com base nessa potência que é a criança.

> Tinha fio que era comprido...
> outros eram curtos...
> Tinha fio brilhante...
> (Filinto 2020)

Outros fios importantes são os professores. Os professores na Umei Rosalda Paim são os adultos educadores, que devem assumir o papel de provocadores, aqueles que instigam, desafiam, brincam. Levantam hipóteses com as crianças, pesquisam, vão em busca de descobertas e se encantam com o conhecimento. Trabalham no regime de bidocência,[1] que possibilita uma interação maior com as crianças e a construção de um currículo recheado de experiências significativas, pautadas na brincadeira, como "situação privilegiada de aprendizagem infantil" (Fundação Municipal de Educação 2020, p. 80).

Considerando todas as potencialidades da criança, busco orientar os professores para que planejem ações que se baseiem na escuta atenta, no olhar observador e investigativo, que articule os saberes da criança com o mundo, descobrindo com ela, estabelecendo novas conexões, construindo conhecimento. Seguindo as orientações legais, investimos no entendimento de que a prática pedagógica da educação infantil se constitui em torno das interações e das brincadeiras, mediadas por outras crianças, mas também por um adulto disponível a encantá-las e ajudá-las a descobrir este mundo, que desponta com algo novo a cada instante. O lugar do planejamento, do registro e da avaliação é ratificado, destacando-se a íntima articulação entre esses três instrumentos do trabalho docente, qualificando-o.

---

1. Bidocência, na rede municipal de educação de Niterói, é a presença de dois professores como responsáveis por uma mesma turma, pelo planejamento, pela avaliação e pela atuação pedagógica com as crianças, de forma integrada.

Seguir essa orientação é extremamente desafiador para o professor que, tradicionalmente, assumiu o controle da relação pedagógica, estabelecida em torno de si próprio, com atitudes que chamamos de adultocêntricas. Como nos provoca Madalena Freire (2008, p. 136), esse caminho de observação e escuta da criança, como um caminho novo, pode gerar medo, ansiedade e até frustrações, mas é necessário, "é um caminho inevitável se entendemos que o espaço da educação infantil é o espaço da experiência, que oferece a possibilidade de a criança ser criança, brincante e assim, estimular o seu desenvolvimento".

> E nesses entrelaçados de fios...
> tinha coisa que não era mesmo dela,
> era preciso que a avó, a mãe, o pai
> e às vezes até os irmãos, ajudassem
> a desatar alguns fios.
> (Filinto 2020)

As famílias... outros fios que se agregam ao bordado de uma educação infantil de qualidade. É fundamental estabelecer com as famílias um vínculo de responsabilidade compartilhada, garantir a efetiva participação dos pais nas experiências de suas crianças no espaço escolar, o que significa ir além das participações nas reuniões, nas convocações de assembleias do Conselho Escola Comunidade. A partilha de responsabilidade, a participação, o vínculo se constroem abrindo espaço para a voz dessas famílias, visando pensarmos juntos a educação de suas crianças, nossas crianças. Dessa forma, buscamos, seguindo os preceitos legais, estabelecer uma relação efetiva (e, eu diria, afetiva) com a comunidade local, constituindo mecanismos que se pautem pela gestão democrática e pelo reconhecimento dos saberes da comunidade e os garantam (Brasil 2010). A acolhida das famílias na primeira reunião de pais, quando conversamos sobre a Umei e sua proposta pedagógica, e os encontros para as anamneses são importantes espaços de troca e estabelecimento de vínculos.

Entrar no espaço da Umei todos os dias para levar a criança até a sua sala e viver com ela o processo de inserção (aquele período em que a criança está começando a frequentar a Umei) é um movimento essencial de aproximação das famílias com o espaço educador. Durante esse percurso, do portão de entrada até a sala de referência do grupo da criança, a família interage também com o espaço que é seu: observa o mural, que comunica uma proposta em andamento, lê com a criança o cardápio do dia, encontra-se com as professoras, troca algumas informações. Assim, a escola assume intencionalmente uma relação com as famílias como partícipes das experiências que acontecem nesse contexto escolar.

Do entendimento e da vontade dessa Umei de estreitar os laços com as famílias de nossas crianças, nasceu, em 2017, o projeto "Família na sexta", convidando-as a participar do cotidiano de seus filhos, estudando, lendo, debatendo o desenvolvimento infantil e suas implicações, conversando sobre o lugar da família e da escola na busca de um trabalho pedagógico sério e comprometido com a criança.

> Passeava por acontecimentos e situações diferentes, inusitadas, estranhas, chatas, outras engraçadas, familiares...
> (Filinto 2020)

Como pedagoga, educadora também, vou me constituindo articuladora do trabalho pedagógico. Como pessoa e profissional, agrego mais um fio nas histórias que compõem o contexto educativo, histórias trazidas pelos profissionais, pelas crianças e suas famílias.

No trabalho do pedagogo que atua na educação infantil, um aspecto fundamental é construir pontes e apoiar os professores na compreensão de que a essência da educação infantil é dar à criança tempos e espaços de ser criança, protagonista do seu tempo; garantir oportunidades de se perceber e se relacionar com o mundo, por inteiro, *brincando e interagindo*. E, o mais importante, em cada espaço e tempo de interação e brincadeira deve haver, sim, uma intencionalidade pedagógica, marcada pelo planejamento do trabalho docente comprometido, pelo registro que deixa a marca do processo vivido e pela avaliação que redimensiona essa prática. Portanto, o meu papel perpassa uma escuta atenta, uma mediação respeitosa, a provocação desse profissional docente, no incentivo a buscar, a pesquisar, a construir novos conhecimentos, a registrar suas vivências e suas experiências, reconhecer seus saberes e seus fazeres e dar sentido à sua prática.

Conforme já pontuou Fochi (2020), a identidade da educação infantil está em ter um educador disponível, competente, que reconheça na criança uma potência; ter um cenário lúdico, um espaço educador; ter o binômio cuidar-educar como base das interações e das brincadeiras, eixos norteadores do trabalho pedagógico.

Algumas ações que entrelaçam os fios tecidos até aqui

> Passeava tanto que a menina foi ficando
> repleta de histórias que ela mesma podia
> contar... O vestido a certa altura... estava
> comprido e repleto de fios de todos os tipos.
> (Filinto 2020)

Plano de ação anual

O Plano de Ação Anual constitui uma possibilidade de traçar, junto com os professores e os funcionários, as ações que pretendemos desenvolver ao longo do ano com base em alguns indicadores previamente estabelecidos: a relação escola-comunidade; as relações interpessoais; as práticas pedagógicas; as aprendizagens; as interações e as brincadeiras; a nossa relação com a sede, na figura da FME; e, desde o ano de 2020, as interações possíveis num ambiente remoto. Assim, o coletivo da Umei enumera, no início de cada ano, as ações que farão parte do seu plano e que serão objeto de avaliação ao término dele e subsídio para o planejamento do ano subsequente.

Conselho de Avaliação e Planejamento da Unidade Escolar (Capue)

Como uma EAP, planejamos o Conselho de Avaliação e Planejamento da Unidade Escolar (Capue), que acontece em toda a rede de ensino municipal, definido em calendário oficial no início dos semestres. Iniciamos o planejamento da unidade escolar como um todo, traçando os percursos pretendidos: definimos os grupos de referência e seus respectivos professores e o autor literário que será nossa inspiração para o trabalho pedagógico do ano que se inicia. Também propomos o estudo de temáticas importantes para o grupo, como, por exemplo: o currículo que defendemos para a educação infantil; a questão do espaço como o outro educador; a literatura infantil, a arte e a natureza como eixos do trabalho pedagógico; a importância dos registros cotidianos como documentação pedagógica; o planejamento da prática pedagógica, seus instrumentos e seus registros, entre outros. Participamos também de momentos formativos, organizados pela FME.

Planejamento pedagógico

Para nós, o planejamento requer uma tomada de posição, atitude séria, de responsabilidade, com uma educação infantil de qualidade. Planejar é registrar, documentar o caminho, e também avaliá-lo a todo momento e redimensioná-lo quando necessário. Como aponta Ostetto (2000, p. 177), "planejar é traçar, projetar, programar, elaborar um roteiro para empreender uma viagem de conhecimento, de interação, de experiências múltiplas e significativas para com o grupo de crianças (...) ele marca a intencionalidade do processo educativo".

Faz-se necessário destacar que esse planejamento demanda uma escuta, um olhar atento à realidade, ao espaço e, principalmente, à criança, e deve estar pautado nas interações, na troca afetiva de experiências, de vivências, nas brincadeiras que exploram diferentes cantos, diferentes linguagens e produzem conhecimento.

O planejamento acontece em vários espaços/tempos da Umei Rosalda Paim, de acordo com a carga horária de cada professor. Em alguns momentos, são individuais, em outros momentos, são coletivos. Às quartas-feiras, quando encontramos os professores e a EAP, o planejamento é um espaço de estudo, relato de experiências, socialização de fazeres e saberes, do qual não abrimos mão.

Outros encontros que acompanham o planejamento do trabalho pedagógico acontecem em pequenos grupos (Greis 2 e 3/Greis 4 e 5), em que os docentes compartilham as experiências vividas, destacam uma determinada proposta, bem-sucedida ou não, o desenvolvimento de uma criança, uma reflexão acerca do trabalho realizado, entre outras questões. O importante é considerar que "a troca de experiência e a partilha de saberes consolidam espaços de formação mútua, nos quais cada professor é chamado a desempenhar, simultaneamente, o papel de formador e formando" (Nóvoa 1992, p. 26). Para nós, esses espaços possibilitam uma interação maior entre os professores, uma atitude colaborativa, tratando de assuntos próprios de cada grupo de referência, mas possibilitando uma maior sistematização da sua prática. Compõem também o espaço de planejamento, os encontros formativos e os cursos de extensão em parceria com a universidade.

Conselho de Avaliação e Planejamento do Ciclo Infantil (Capci)

É a hora de avaliarmos o caminho percorrido e redimensionar o trabalho. Esse encontro acontece ao término de cada período letivo e constitui um momento avaliativo e formativo de muitas trocas de experiências.

O Capci é subsidiado pelos registros do período vivido. Então, considero importante dar um destaque para o lugar do registro na formação do professor. Ao se iniciar um ano letivo, os professores da Umei Rosalda Paim recebem um caderno que os convida a registrar seus planejamentos, seu trabalho, as falas e as observações de suas crianças, a reflexão acerca de um projeto desenvolvido, a relação com uma teoria, entre outros pontos. Nos registros de cada professor, encontramos as memórias do vivido, as bem-sucedidas e aquelas que fracassaram, o planejado e o não planejado, mas que aconteceu. Dessa forma, rever os registros (anotações, fotos, atividades, áudios, anamneses, planejamentos etc.), preparando-se para o momento de Capci, traz a oportunidade de refletir, avaliar, refazer o caminho, replanejar, prosseguir, avançar.

Partimos sempre de algumas provocações para iniciarmos o Capci, como, por exemplo: Como acontece a rodinha? As refeições têm sido acompanhadas de forma que promovam a autonomia, acolhendo as especificidades de cada um e pensando em estratégias que incentivem uma melhor alimentação? A relação adulto/criança, criança/criança, adulto/adulto, as interações e as brincadeiras, como acontecem? No projeto de literatura, como está o acervo de sua sala? Existe um canto aconchegante dedicado à prática de leitura? Existem propostas intencionais para que as crianças observem o comportamento leitor? E os registros, como têm acontecido, quais são as formas de registro? Revelam suas crianças? Trazem para você, professor, alguma reflexão sobre sua prática? E as ações que envolvem a arte e a natureza? A respeito do planejamento do trabalho, como têm acontecido? E os objetivos traçados para este período? E o espaço, foi pensado convidando às interações e às brincadeiras, oportunizando a ampliação de experiências? Os cantos de brincadeiras foram pensados com ou a partir da observação atenta das crianças?

Essas são apenas algumas questões que perpassam o fazer da educação infantil. A cada Capci, elaboramos propostas diferentes, usando múltiplas linguagens que possam provocar no grupo o movimento de avaliação do percurso vivido e o planejamento do período seguinte. Assim, vamos tecendo uma teia de experiências, conhecimentos que dialogam com a teoria e nos alimentam nas ações cotidianas.

Experimentamos nesses espaços coletivos a possibilidade de refletir sobre a prática, pois, como diz Arroyo (*apud* Vasconcellos 2007, p. 120), "a prática educativa quando refletida coletivamente é a melhor fonte de ensinamento teórico e sobretudo de práticas mais comprometidas".

Projeto político-pedagógico (PPP)

O projeto político-pedagógico é um documento baseado numa análise do contexto global social e faz um diagnóstico da nossa realidade. Com base nesse diagnóstico, a proposta é apontarmos demandas/necessidades, traçarmos ações e metas, definidas a partir dos pressupostos defendidos e, por isso, em constante processo de escrita e reescrita. Sua construção consolida as discussões de grupo, em que várias vozes ganham espaço: profissionais, professores, pais e crianças. Possibilita um espaço rico de estudo, debate e contribuições acerca de questões importantes do cotidiano da educação infantil, entre elas: interações e brincadeiras, arte, família, professor pesquisador, *cuidar-educar*, natureza, literatura, corpo e movimento, eu e o mundo, identidade, investigação, inclusão.

A proposta da Umei Rosalda Paim é revisitar o PPP a cada três anos, aproximadamente. Iniciamos esse processo em 2019 e continuamos em 2020, em meio à pandemia, o que nos privou da participação mais efetiva das crianças, interlocutoras potentes, para pensar na escola que temos e queremos. Mas o processo de escrita, nesse revisar e avaliar o que queremos, reforça o entendimento do PPP como documento norteador das práticas pedagógicas da Umei, que é vivo. É imprescindível que se mantenha no cotidiano da unidade e não seja encarado como um modismo ou uma mera burocracia ou obrigação legal.

Com os fios da pandemia, um tecido à parte

> *Há momentos em que a vida é*
> *teia frágil e fina*
> *como os fios trabalhados no tear.*
> Madalena Freire

Tempos desafiadores estes que temos vivido! Nunca poderia imaginar que um vírus seria capaz de se espalhar pelo planeta e mudar o rumo da história da forma como aconteceu.

Saímos da Umei Rosalda Paim, em 13 de março de 2020, despedindo-nos das crianças que corriam pela rampa rumo a mais um final de semana e desejando "até segunda"! Porém, a segunda-feira chegou e tudo ficou diferente, pois veio com a marca do afastamento. Fomos nos afastando da nossa rotina, do longo trajeto até a Umei, das pessoas, da mediação com as professoras, do atendimento aos pais, da organização dos tempos e dos espaços, dos livros de literatura, do cheirinho do almoço no fogo já tão cedo, pela manhã, de tudo o que havíamos planejado para o ano de 2020. Fomos nos afastando das crianças correndo pelo espaço da Umei, dos rostinhos e das histórias sonhadas para serem vividas no ano. Assim, afastamo-nos das interações e das brincadeiras. Para alguns, aquele foi o último ano na Umei Rosalda Paim, encerrando o ciclo infantil, e também a última oportunidade de serem verdadeiramente crianças no espaço escolar. Fomos nos afastando do nosso convívio, das trocas, daqueles com os quais compartilhamos as mesmas ideias e daqueles que pensam diferente de nós, mas que constituem um grupo, o nosso grupo de trabalho, enquanto estamos juntos e enquanto temos no encontro com as crianças a razão do nosso ofício.

Então, do dia 13 de março de 2020 até o momento em que escrevo, vimo-nos obrigados a nos reinventar como pessoas e profissionais: reinventar um jeito de cuidar-educar, de nos relacionarmos com o outro, com o mundo, com o entorno, com aqueles que fazem parte do nosso cotidiano. Fomos, assim, buscando outros jeitos de articular o trabalho pedagógico. São essas experiências vividas que conto a seguir.

Vivendo o período de isolamento/distanciamento social, fazia-se necessário retomar o trabalho pedagógico, receber de volta o grupo de profissionais com quem, até então, vínhamos mantendo os vínculos através das redes sociais, na tentativa de estar perto, mesmo que fisicamente tão longe. Naquele momento, a ação da equipe gestora tinha o lugar de mobilizar o grupo em torno de um "novo jeito" de ser/fazer da educação infantil, sem nos distanciarmos de nossos princípios.

Como EAP, traçamos ações que visavam acolher esses profissionais, impactados com o que assistíamos e vivíamos no nosso entorno e no mundo. Manter vínculos, preservar a identidade das crianças e seus grupos, planejar interações e brincadeiras, experiências lúdicas, vivências brincantes num ambiente remoto, com crianças tão pequenas... tudo nos parecia muito difícil naquele momento. Cientes de que a educação infantil não é ensino. Por suas especificidades, não existe como educação a distância, como seguir? Saímos em busca do que seria, então, o nosso fazer, longe fisicamente das crianças e de nosso espaço educador na Umei.

Como parte de uma rede pública de ensino, fomos estruturando o trabalho pedagógico conforme orientação da Diretoria de Educação Infantil/Superintendência de Ensino da FME, que indicava: "Oferecer experiências lúdicas que envolvessem crianças e familiares no sentido de fortalecer os vínculos afetivos entre a unidade escolar e a comunidade" (Ofício 057/2020, FSDE/FME). Assim, fomos chegando à casa dos nossos pequenos, pelo WhatsApp institucional, contando histórias, brincando, cantando e encantando um pouco o mundo de nossas crianças.

Tudo era muito desafiador: foram (e ainda têm sido) muitos aprendizados para estarmos transitando no ambiente virtual. Cada sujeito/professor viveu essa experiência de forma única; às vezes, num movimento muito solitário; outras vezes, em diálogo com seus pares. Precisávamos começar de algum lugar e algumas orientações foram importantes para que os professores planejassem suas primeiras propostas de interações e brincadeiras, como, por exemplo: atentar para a faixa etária da criança e o tempo de duração dos vídeos interativos; pensar na proposta de interação em si; escolher bons livros, levando em conta o enredo, o tamanho das ilustrações e a familiaridade com o texto da história a ser contada, a entonação da voz ao contar a história, pois isso ajuda a transmitir sentimentos e trazer vitalidade à narração; usar objetos de apoio, tornando o momento mais dinâmico. Para as propostas de brincadeiras: ter cuidado com o uso de material acessível às famílias; dar atenção ao espaço, para que não oferecesse riscos às crianças, entre outras questões. A cada encontro, reiterava-se a necessidade de organizar o planejamento das ações e o registro das interações realizadas, possibilitando a reflexão do percurso, subsidiando novas propostas ou redimensionando aquelas já planejadas. Registrar as inquietudes, as dificuldades e os avanços, ampliando a consciência sobre o seu fazer. Tais registros também seriam fonte para relatórios e outras formas de comunicação do trabalho remoto realizado.

Uma importante estratégia foi construída a partir da preocupação das professoras do Grei 5 com as crianças que não estariam na Umei no ano letivo seguinte, pois ingressariam no primeiro ano escolar em outra unidade. Mantivemos a interação com as postagens no celular institucional, via WhatsApp, mas propusemos também os encontros remotos com as crianças e suas famílias.

Traçamos uma ação mais sistemática em relação ao trabalho pedagógico, que era acompanhada semanalmente durante as reuniões de planejamento e avaliada a cada Capci. Recebemos dos pais e das crianças respostas muito positivas. Foram demonstrações de saudade e afeto. Sentíamos que estávamos no caminho certo. Nosso desejo era manter o vínculo afetivo e escolar, mas exatamente nesse ponto estava o nosso maior desafio, pois a dificuldade de acesso à internet e a falta de interação com a criança em "tempo real" muito nos preocupavam.

Para as professoras de apoio especializado, atender as crianças com deficiência foi um grande desafio. No processo, avaliaram que não obteriam muito êxito na inclusão dessas crianças por meio das interações propostas.

Concomitantemente, as reuniões pedagógicas aconteciam virtualmente, às quartas-feiras. Mesmo com os desafios, principalmente a baixa qualidade da internet e os equipamentos inadequados, vivemos potentes espaços de estudo, discussão e, com certeza, muitos aprendizados. A participação de todos os profissionais da Umei, em diálogo com a UFF no campo da educação, mas também no da saúde, foi muito expressiva e trouxe muitas contribuições à formação. Vale ressaltar que, em meio a esse contexto de distanciamento/isolamento social, a busca individual por várias possibilidades de formação que surgiam no ambiente remoto, através de participação em congressos, *lives* e cursos, possibilitou trocas importantes durante nossos encontros.

Entre os conselhos da unidade escolar e do ciclo infantil, espaços potentes de formação, eu destacaria três momentos muito significativos: primeiramente, a possibilidade de todos os funcionários da Umei participarem da revisão dos Referenciais Curriculares da Educação Infantil/FME, afinal, esse material chega à escola em meio à pandemia com a proposta de análise e envio de contribuições para constituir um documento de toda a rede. Então, realizamos estudo e discussão aprofundados acerca dos pressupostos que norteiam a educação infantil, o que nos possibilitou debates bastante produtivos, considerando vários olhares.

Em segundo lugar, dando continuidade ao movimento de revisão e reescrita do PPP, em encontros via plataformas digitais, contamos com outros atores que, no cotidiano da Umei, nem sempre estão disponíveis para se engajar nessa discussão. Entre eles, destaco funcionários e os pais representantes do Conselho Escola Comunidade, que conosco vivenciaram uma experiência de participação efetiva nas rodas de conversa para pensarmos juntos a escola que queremos. O diálogo com os profissionais da universidade, mais uma vez, subsidiou a discussão de referências importantes que trazemos para o nosso PPP.

Por fim, destaco, em terceiro lugar, a discussão das diretrizes para a construção de um plano local de retorno às atividades presenciais. Considerando a possibilidade de retorno às atividades presenciais com um cenário epidemiológico de risco, com o número ainda crescente de pessoas contaminadas com o vírus, o medo, a insegurança, estabelecemos um amplo diálogo com a comunidade educativa, que culminou com a escrita do plano local da Umei Rosalda Paim, que tem até hoje respaldado nossas ações.

O projeto "Família na sexta" assumiu o formato de *live*, ora através da plataforma de compartilhamento YouTube, ora em encontros remotos pelas plataformas digitais, por exemplo, por meio das videochamadas pelo Google Meet. Sempre abordando temáticas importantes com profissionais convidados, como a doutora Natassia Souza, que nos trouxe informações imprescindíveis sobre o vírus, com base nas questões levantadas pelos pais, e também a doutora Liz Helena, que conversou com as famílias sobre a ansiedade infantil em tempos de pandemia. Fizemos uma postagem utilizando o YouTube da Umei Rosalda Paim, problematizando a relação adulto/criança em meio à hiperconvivência familiar no contexto de isolamento social, além das reuniões de pais para conversarmos sobre o momento vivido. Enquanto isso, mantínhamos um trabalho de conscientização sobre a pandemia, sobre o novo coronavírus: sintomas, formas de contágio, cuidados, medidas protetoras, campanhas destacando a importância do uso da máscara, do álcool em gel, o isolamento/distanciamento como formas primordiais de prevenção, a fim de minimizar o risco de contaminação.

Nesse período de atividade virtual, também participamos de encontros com estudantes da UFF e da Unirio, visando atender à demanda de estágio dessas instituições. Assim, realizamos diversas reuniões remotas, nas quais compartilhamos com os graduandos um panorama do fazer pedagógico da Umei Rosalda Paim sob o olhar de vários sujeitos: equipe gestora, pedagoga, professoras, merendeiros. A proposta de partilha com os estudantes do curso de Pedagogia da UFF mobilizou os profissionais, que se envolveram em organizar a apresentação, selecionando sua documentação – fotografias, registros, vídeos – e fazendo uma síntese do trabalho em *slides* para serem compartilhados no encontro. O processo permitiu, ao mesmo tempo, um repensar sobre as práticas e afirmou a importância dos registros do vivido. Depois dos encontros, que foram tão significativos para os estudantes e para nós, profissionais da Umei, veio a proposta de organizar as narrativas em artigos, a serem publicado em um livro. E cá estamos.

Para um arremate dos fios tecidos

Ela sabia que os fios de seu vestido tinham histórias para contar. O que ficou diferente é que agora a narradora é ela mesma, não mais os fios.
Tatiana Filinto

Nesse contexto pandêmico, chegamos ao ano de 2021, e ganhou visibilidade a discussão sobre possibilidades e limites de uma educação infantil a distância. Ao pensarmos nessas questões, não tínhamos certeza de nada, mas sabíamos que era fundamental estabelecer com a criança, que foi afastada de todas as possibilidades de interação com os seus pares, um contato remoto, virtual. Traçamos o nosso planejamento com base na possibilidade de interações semanais, utilizando as videochamadas do Google Meet, em que todo o grupo de referência é convidado a estar em interação com suas professoras, ouvindo e contando histórias, conversando, pesquisando, brincando, interagindo. Além do serviço de mensagem instantânea, Telegram, em que as crianças, as famílias e as professoras interagem com maior frequência baseadas em propostas postadas para que sejam desenvolvidas em família.

Fomos testemunhando que a forma de contato que se apresentava às crianças ficava completamente dependente da disponibilidade do adulto (pai/mãe/adulto responsável), que passou a ser o grande mediador para que qualquer proposta de ação pedagógica acontecesse. O lugar da família, nesse contexto, foi redimensionado: sem ela, não haveria possibilidade de chegarmos às crianças. O processo de inserção da criança no espaço escolar foi substituído pelo processo de inserção do professor no espaço domiciliar. Ou melhor, nos vários espaços domiciliares, que passaram a ser os outros educadores e, assim como no espaço da Umei, restringiam ou possibilitavam interações, experimentações, participações.

A inserção da criança com deficiência, nosso grande desafio nesse tempo de trabalho remoto, ganhou outro formato, traçado com as famílias e as professoras de apoio. Além dos encontros remotos com o seu grupo de referência, essas crianças passaram a interagir também em encontros afetivos virtuais, apenas com sua professora de apoio e a família, proposta pensada para atender às demandas e às potencialidades de cada um, respeitando suas características.

Alguns espaços (ou algumas famílias) se mostraram mais engajados na proposta pedagógica da Umei Rosalda Paim, participativos, inseridos nesse contexto, garantindo espaço de interações e brincadeiras, reinventando suas relações; outros, distantes de toda e qualquer forma de interação (o que para nós é outra preocupação e precisa ser analisada). Vimo-nos em outro lugar, antes inimaginável para a educação infantil, que se constitui da interação com o outro, com o espaço da afetividade, da confiança.

Fomos criando possibilidades a cada encontro com a criança real em nossas salas/janelinhas virtuais. Às vezes, uma criança, às vezes, um grupo de crianças... não importa. Alguém nos espera para um encontro, é importante que ele seja acolhedor, potente. A busca ativa por aqueles que não participam das interações se transformou em busca afetiva, quando dedicamos um tempo da nossa rotina a contatar individualmente cada família, e numa relação de respeito ao buscar essa criança (às vezes, em vão) e tentar trazê-la para o nosso convívio.

No decorrer de 2021, alguns grupos já retornavam à Umei em formato presencial, o que nos demandava outra discussão, gerenciando riscos e atentando para que os protocolos sanitários não se sobrepusessem aos princípios da educação infantil, que traz a criança como centralidade do planejamento curricular, brincando e interagindo. Em vista disso, temos hoje duas escolas em funcionamento: uma remota e outra presencial, com trabalhos pensados e planejados de formas completamente diferentes, vencendo desafios a cada dia – tempos reduzidos, horário parcial, distanciamento, crianças com máscaras, refeições que não demandem manipulação da cozinha, adultos com todos os cuidados necessários. Espaços reorganizados, brinquedos que possam ser higienizados com maior frequência, salas arejadas, álcool em gel, rodas de conversa, novos combinados, novos comportamentos. Ainda assim, fomos seguindo com muitos livros, muitas brincadeiras, hipóteses levantadas, curiosidade aguçada, muita pesquisa, muito colo (sempre que necessário, para acolher uma dor ou simplesmente estabelecer uma relação de afeto e segurança), muita imaginação, muita criação.

As reuniões de planejamento, os conselhos de avaliação da unidade e do ciclo continuam a acontecer remotamente, em outro formato, trazendo para o cenário questões que sempre permearam o contexto da educação infantil como a rodinha, as interações, a literatura, a arte, a natureza, e tantas outras que passaram a fazer parte do nosso cotidiano nas "janelinhas virtuais".

Como pedagoga, também me vi desafiada a pensar em outras formas de articular o trabalho pedagógico hibridamente, manter vínculos com os profissionais, com as crianças e suas famílias, principalmente considerando o fator emocional desses sujeitos, envoltos em tantas dores, perdas e lutos. Questões de ordem técnica, como a dificuldade com a tecnologia, a dificuldade de acesso das famílias e dos profissionais a uma internet favorável às propostas interativas foram sendo administradas, considerando o possível no momento.

Finalizando, destaco que revisitar os meus registros, relatar minhas experiências possibilitou uma viagem ao mundo vivido, trouxe uma consciência do meu fazer junto com a equipe gestora, os pais, os professores e as crianças da Umei. Encontrei um trabalho que foi sendo tecido comigo e com o outro, possibilidades que não foram vistas, dificuldades, avanços, acertos, faltas... quantas faltas ganharam visibilidade.

Cabe a mim, agora, fazer deste registro um rico material para prosseguir, com outros olhares e outras mediações possíveis. Destecer, refazer bordados, deixar marcas. Afinal, hoje, posso dizer que se faz uma história com muitos fios. Então, podemos recomeçar sempre.

Referências bibliográficas

BRASIL (1998). Parecer CNE/CEB 022/98. Brasília: Conselho Nacional de Educação.

BRASIL (2010). *Diretrizes Curriculares Nacionais para a Educação Infantil.* Brasília: MEC/SEB.

EDWARDS, C. *et al.* (2016). *As cem linguagens da criança: A abordagem de Reggio Emilia na educação da primeira infância.* Porto Alegre: Penso.

FILINTO, T. (2020). *Vestido de menina.* São Paulo: Peirópolis.

FOCHI, P. (2020). "Educação infantil como direito das crianças". *Live* promovida pelo Ateliê Carambola, São Paulo. [Disponível na internet: https://youtu.be/JdkoJsu1cPA, acesso em 28/12/2020.]

FREIRE, M. (2008). *Educador, educa a* dor. São Paulo: Paz e Terra.

FREIRE, P. (1996). *Pedagogia da autonomia: Saberes necessários à prática educativa.* São Paulo: Paz e Terra.

FUNDAÇÃO MUNICIPAL DE EDUCAÇÃO-FME (2010). *Referenciais curriculares para a rede municipal de ensino de Niterói*: *Educação infantil.* Niterói: FME.

________ (2020). Referencial curricular da rede municipal de educação de Niterói: Educação infantil (Minuta). Niterói: FME. (Documento não publicado)

GUIMARÃES, D. e BARBOSA, S. (2009). "'Cadê a Viviane? Cadê a Ingrid?': Visibilidade e invisibilidade das crianças na creche". *In*: KRAMER, S. (org.). *Retratos de um desafio: Crianças e adultos na educação infantil.* São Paulo: Ática.

NÓVOA, A. (1992). "Formação de professores e profissão docente". *In*: NÓVOA, A. (coord.). *Os professores e a sua formação*. Lisboa: Dom Quixote, pp. 15-33.

OSTETTO, L.E. (2000). "Planejamento na educação infantil: Mais que a atividade, a criança em foco". *In*: OSTETTO, L.E. (org.). *Encontros e encantamentos na educação infantil: Partilhando experiências de estágio*. Campinas: Papirus, pp. 175-200.

________ (2018). "A prática do registro na educação infantil: Narrativa, memória, autoria". *Revista @mbienteeducação*, v. 8, n. 2, jan., pp. 202-213.

OSTETTO, L.E. (org.) (2012). *Educação infantil: Saberes e fazeres da formação de professores*. Campinas: Papirus.

RINALDI, C. (2016). "A pedagogia da escuta: A perspectiva da escuta em Reggio Emilia". *In*: EDWARDS, C.; GANDINI, L. e FORMAN, G. (orgs.). *As cem linguagens da criança: A experiência de Reggio Emilia em transformação*. Porto Alegre: Penso, pp. 235-247.

VASCONCELLOS, C. dos S. (2007). *Coordenação do trabalho pedagógico: Do projeto político-pedagógico ao cotidiano da sala de aula*. São Paulo: Libertat.

WARSCHAUER, C. (2017). "Registros como instrumentos de formação e de criação". *Caderno de Registro Macu (Pesquisa)*, São Paulo, n. 10, pp. 16-21.

11
A COZINHA, ENTRE CHEIROS E SABORES: NUTRIÇÃO, CUIDADO E EDUCAÇÃO

Silvana Penha Moura Inácio
Elenice Carvalho Ambrósio

Este capítulo surgiu de um convite inesperado, em meio à pandemia do novo coronavírus, tempo no qual esteve fechada a Umei Rosalda Paim, unidade de educação infantil da rede municipal de Niterói, onde atuamos. Durante um ano, todos tiveram de se reinventar, descobrir novas formas de trabalhar. Nós, merendeiras, também descobrimos que seria possível realizar um trabalho *on-line*. Como? Isso vamos contar mais adiante.

Depois das interações virtuais vivenciadas durante a pandemia, foi feito o convite para participarmos de uma conversa com um grupo de estagiários do curso de Pedagogia da Universidade Federal Fluminense (UFF). A princípio, pensamos: mas o que nós, merendeiras, temos para contar a futuros professores?

Foi só parar para organizar a exposição sobre nossas funções e nossas práticas relacionadas à alimentação das crianças, no contexto de uma instituição educativa, que começamos a perceber sentido no ato de contar para os estudantes o que fazemos. É sobre isso que tratamos aqui.

Bom, vamos começar relatando um pouco quem somos, trazendo memórias que nos revelam. Depois, apresentaremos algumas interações e situações vividas com as crianças na Umei, que também revelam o que os meninos e as meninas nos ensinaram. Por fim, falamos da pandemia que nos atravessou como medo, mas também trouxe novas possibilidades.

Narrativas e memórias para começo de conversa

E então, em dias de saudade, abrimos nossa caixa
E mergulhamos como num túnel do tempo.
Roseana Murray

Memórias que revelam Silvana

Quando me lembro da minha infância, eu me vejo lecionando para bonecas. Passava horas organizando todas, como em uma sala de aula. Ali, eu conversava com elas, imitando as minhas professoras. Não me via muito entre panelinhas, mas entre crianças que precisavam de mim para aprender, brincar e acarinhar. Eu era estudiosa, mas gostava mais ainda de conhecer pessoas e aprender com elas.

No fim do ensino fundamental, achava que estava apaixonada por matemática e, no ensino médio, tentei fazer um curso de contabilidade. Entretanto, por ser um curso noturno, meus pais não permitiram. Optei, então, pelo curso de formação de professores no Instituto de Educação Clélia Nanci, no município de São Gonçalo.

O curso foi muito interessante, amava especialmente as disciplinas de psicologia. Gostava de aprender sobre psicologia infantil, comportamento e interações com as crianças. Foram anos em que adquiri muitos conhecimentos e me vi apaixonada por lecionar. Meu objetivo era descobrir os melhores caminhos para ajudar as crianças a aprender.

Assim, no final de 1985, estava eu ali, formada, com direito à cerimônia de formatura e tudo.

Como professora, trabalhei durante muito tempo com crianças de ensino fundamental, sempre em escolas de bairro, na rede particular. Trabalhava com prazer, mas nem sempre sentia que meu trabalho e minha dedicação eram reconhecidos, especialmente pelos donos das escolas. O trabalho era árduo, levávamos muitas tarefas para fazer em casa, como corrigir provas, fazer trabalhinhos manuais para datas comemorativas e outras coisas. O que me alimentava eram as crianças, era por elas que eu me dedicava.

Tentei, então, prestar alguns concursos para atuar como professora na rede pública. Passava nas provas, mas não chegava a ser convocada. Em meio a tantas tentativas, já casada e com filhos, surgiu a oportunidade de fazer um concurso para o cargo de merendeiro na rede municipal de Niterói. Neste, passei e fui convocada. Fiquei muito feliz, pois ali estaria garantida a minha estabilidade no emprego, situação que sempre me afligia, pois, na rede privada, estamos à mercê da conjuntura, das expectativas das famílias e dos donos de escola.

Nos livros didáticos, a função do merendeiro aparece como a de alguém que serve lanches frios, prepara sanduíches e sucos. Foi com essa imagem que iniciei minha carreira, mas soube logo que não era bem assim. De repente, ainda nos primeiros dias, estava entre grandes panelas, fogões de seis bocas e geladeiras enormes, tendo de preparar grandes quantidades de comida na cozinha experimental da Fundação Municipal de Educação de Niterói (FME), espaço onde os novos merendeiros eram recebidos e orientados.

No entanto, não desanimei e, depois de três dias nessa cozinha, fui designada para a minha primeira escola da rede municipal de Niterói. Lá, recebia alimentos, lavava, picava, cozinhava, servia. Além de procurar entender a rotina, também conheci muitas pessoas, mas nunca me envolvi com o processo pedagógico das crianças. Na segunda escola onde atuei, também do ensino fundamental, a rotina era a mesma. Por mais que eu me sentisse à vontade no ambiente escolar, ali eu era apenas uma merendeira, limitada à cozinha e a seus afazeres. Senti muitas vezes estar me afastando do pedagógico, da vida das crianças. Quase não tinha contato com elas, só entregava o pratinho de comida e pronto. Eu era só uma cozinheira.

Essas escolas ficavam muito afastadas de onde eu morava e tive a oportunidade de ir trabalhar na Umei Rosalda Paim, situada no centro de Niterói. Ali, iniciei um trabalho desde a inauguração. Nessa unidade, comecei uma nova jornada, pois deparei com uma realidade diferente das que vinha observando. Agora, o segmento era outro, educação infantil, e o jeito de trabalhar também era diferente. É um pouco das experiências da Rosalda Paim que venho compartilhar com vocês, leitores.

Memórias que revelam Elenice

Trago, em minhas memórias de infância, lembranças muito boas, recheadas de brincadeiras e aventuras, mesmo sendo a única criança da casa e brincando na maioria das vezes sozinha, com poucos brinquedos. Uma única boneca, panelinhas e um fogãozinho me acompanharam por muito tempo. Lembro que eu montava minha casinha com esses poucos brinquedos, mas com muita imaginação e, com os potinhos e os objetos descartados pela minha mãe, ia ampliando a minha casa. Deixava que minha imaginação me levasse para outros lugares. Fazia comidinhas, arrumava a casa, passava roupa, conversava com a boneca... A fantasia se misturava com o meu cotidiano.

Fui a filha caçula, mamãe já tinha idade mais avançada e, para poupá-la, aos 13 anos, fui pouco a pouco assumindo tarefas da casa, em especial a cozinha. Aos domingos, cozinhava para a família toda. Vinham os filhos mais velhos, netos e noras da minha mãe. Era aquele monte de comida e aquela refeição era prazerosa. Aprendi com mamãe a fazer grandes refeições típicas de domingo, galinhada, macarronada, assados.

O tempo foi passando e o sonho da minha mãe era que eu me tornasse professora, mas não me sentia atraída pela profissão e dizia que isso não era para mim. Foi assim que, no ensino médio, decidi fazer um curso técnico de secretariado. Cheguei a me formar, mas não a exercer a profissão. Na verdade, a oportunidade de emprego de carteira assinada surgiu aos 18 anos, em um hospital, trabalhando dentro de um CTI. Acompanhava os documentos de entrada e saída dos pacientes, verificava toda a medicação e outras questões burocráticas. Foi a partir dessa experiência que decidi fazer um curso de auxiliar de enfermagem. Foi quando me vi envolvida na tarefa de cuidar das pessoas, e um novo curso me levou a trabalhar como cuidadora de idosos durante vários anos.

Porém, trabalhar como cuidadora exigia de mim uma disposição emocional e física que não consegui suportar. A vida me trouxe de volta para um caminho familiar: fui trabalhar num bufê. Ali, fazia um pouco de tudo, cozinhava, lavava louça, servia alimentos, mas a instabilidade financeira me preocupava, e a oportunidade de prestar um concurso público para a rede municipal de educação de Niterói, para o cargo de merendeiro, pareceu um caminho mais seguro.

Embora tivesse alguma experiência em cozinhar, eu não sabia que as funções do merendeiro seriam tão árduas. Batemos o leite em pó, passamos manteiga no pão, higienizamos verduras e frutas, temperamos e cozinhamos carne, arroz, legumes e feijão, sem contar as enormes panelas e as centenas de pratos e copos que lavamos. Isso tudo diariamente e em grandes proporções.

Ao me dar conta de todas essas tarefas, foi que me inseri no Sindicato dos Profissionais da Educação, a fim de lutar para que a nomenclatura de merendeiro fosse trocada para cozinheiro, muito mais adequada ao nosso fazer e também merecedora de um ajuste salarial, já que são tarefas distintas. A nomenclatura já foi modificada no Plano Municipal de Educação de Niterói, mas ainda falta ser regulamentada.

É nesse contexto que me insiro na Umei Rosalda Paim, unidade em que atuo há sete anos, desde que fui convocada no concurso. É nessa escola que estou descobrindo que, apesar de as tarefas serem tão pesadas e, muitas vezes, levarem a adoecimento, existe também outro tipo de trabalho que não acontece só na cozinha.

Do estalar de temperos no fogão às maravilhosas experiências que nos enchem o coração: Narrativas de cozinheiras no cotidiano com crianças

Consertam-se panela, bacia e penico.
Quem quer?
Mal a cozinheira ouve o grito,
junta as panelas tortas, furadas,
sem cabo e esquisitas.
Desce correndo
as escadas do sobrado,
entrega ao consertador
o seu maior tesouro,
e, maravilhada, acompanha
seus movimentos.
As mãos do homem
batem, pregam, colam, acariciam,
e logo as panelas estarão outra vez
no fogo, estalando seus temperos,
espalhando pela casa
os mais maravilhosos cheiros.
Roseana Murray

Quando uma escola acaba de ser inaugurada ou municipalizada, como no caso da Umei Rosalda Paim, muitas vezes, o Departamento de Alimentação Escolar envia uma merendeira mais experiente para auxiliar por algumas semanas a equipe que está começando. Foi o que ocorreu nessa escola, o que foi muito bom, pois contar com a ajuda de uma colega experiente realmente nos deu um norte. Porém, com o tempo, percebemos que, mesmo novatas na educação infantil, tínhamos outras experiências e ideias para agregar, especialmente quando passamos a ouvir as crianças.

Neste tópico, narraremos o que as crianças nos ensinaram. São histórias de interação, de escuta, de convívio com elas no dia a dia que nos trouxeram aprendizagem para a vida e a profissão.

O mingau

Muitas vezes, servimos mingau na refeição do fim do dia. As crianças adoram! A merendeira mais antiga, que havia sido destacada para nos ajudar nas primeiras semanas, sugeriu servir o mingau em canecas. Estranhei, pois só conhecia mingau em potinho e com colher, mas acatei, pois ela era muito mais experiente do que eu. Servimos! Logo em seguida, soubemos que havia crianças pedindo colher para comer o mingau. Algo nos dizia que isso iria acontecer...

Entregamos as colheres para a criançada e percebemos que a aceitação foi bem maior. Dali em diante, entendemos que o nosso olhar em relação àquelas crianças seria diferente. Tínhamos de prestar atenção nelas, observando o que pensavam e desejavam, valorizando a experiência que traziam de suas casas. Usaríamos outras experiências, não só como merendeiras, mas também como pessoas, mães. A criança também precisa ser ouvida e observada.

A canela

Mais uma vez, o mingau foi o protagonista da situação. Havíamos servido o mingau e logo uma criança voltou ao balcão da cozinha e perguntou se não havia "aquilo que tem no churrasco". Ficamos intrigadas: O que poderia ter no churrasco que também poderia ser colocado no mingau?

O menino nos deu a dica: aquilo que a gente bota na banana do churrasco. Era canela. Como as crianças são espertas! Mingau fica muito bom com canela! Desde então, todas as vezes que servimos mingau, disponibilizamos um potinho de canela em pó para quem gosta dessa especiaria.

Arroz e feijão tem que ser misturados?

Em geral, servimos o pratinho das crianças de forma que elas vejam cada alimento, mas o feijão costuma ser o primeiro que colocamos e os demais vão sendo servidos por cima dele, o arroz, os legumes e a carne. Uma criança de origem chinesa se recusava a comer. Conversando com suas professoras, fomos descobrindo detalhes da vida dessa criança e nos perguntamos quais seriam os hábitos alimentares da família, que tinha muita dificuldade de comunicação e pouco podia nos ajudar nesse sentido. Fomos fazendo tentativas, até perceber que ela não comia comida misturada.

Assim, o feijão não podia vir por baixo do arroz e nem os legumes e as carnes por cima do arroz, tinha que ser tudo separado. Cada criança traz consigo uma bagagem de casa, acumula experiências, tem gostos e hábitos alimentares construídos com a família e precisamos nos apropriar disso, para que o nosso trabalho tenha sentido. Aos poucos, fomos percebendo que podemos fazer uma pequena diferença, afinal, fazemos parte de uma grande equipe.

Deixa eu comer uma coxinha de frango?

Na Umei Rosalda Paim, acreditamos que a criança pequena vai, pouco a pouco, conquistando seu espaço no mundo e que nossa tarefa é ajudá-la a aprender a se alimentar de forma saudável, respeitando sua faixa etária e as situações em que precisa de ajuda. Por isso, investimos em cortes de carne pequenos, descascamos as frutas, e as professoras auxiliam as crianças na hora das refeições, especialmente as crianças de 2 anos.

Já as crianças de 5 anos têm outro perfil, já se alimentam sozinhas e desejam vivenciar rituais que mostrem o quanto já são grandinhas. Observamos que elas vinham sinalizando um desejo de comer um ovinho cozido inteiro ou uma coxinha de frango sem desossar, que é como em geral fazemos. Essa mudança foi um grande sucesso. Além de se sentirem mais independentes, as crianças passaram também a ser uma referência para as colegas menores.

O balcão térmico

A instalação de um balcão térmico no refeitório nos trouxe uma mistura de emoções. Ao mesmo tempo em que imaginamos as crianças se servindo ali, tivemos medo de que se queimassem ou não se alimentassem direito. Então, junto com a direção da escola e a pedagoga, decidimos que começaríamos com as crianças mais crescidas, acreditando no seu potencial.

Nossa aposta foi um sucesso. As crianças rapidamente se apropriaram da dinâmica, passando a servir a própria comida, mantendo o compromisso de provar todos os alimentos, selecionando os itens de que mais gostavam e identificando a porção que mais as satisfaria. A readaptação das funções da cozinha nos propiciam, também, acompanhar e orientar esse processo, permitindo que observemos o desenvolvimento das crianças.

Diferentes sentidos invadem a cozinha

Na Umei Rosalda Paim, o cheirinho da comida é sentido logo pela manhã. Todos os que chegam comentam. Isso acontece porque o almoço começa a ser preparado juntamente com o café, pois é servido antes das 11 horas. Então, temos de estar sempre adiantados nos afazeres. É com esse convite olfativo que muitos pais procuram logo saber o cardápio do dia e incentivam as crianças a comer, assim que adentram o prédio da escola.

Oferecemos diariamente quatro refeições: café da manhã, almoço, lanche da tarde e jantar. Os cardápios são elaborados por nutricionistas da FME. Apenas adaptamos, quando necessário, em conjunto com a direção da escola, que acompanha diariamente a nossa rotina. Os cardápios são diferentes a cada semana; com isso, são oferecidos alimentos variados todos os dias.

Entre os alimentos, estão pães, biscoitos, sucos, leite, frutas, legumes, proteínas e carboidratos, tudo na quantidade necessária para a alimentação diária de uma criança. Os merendeiros têm por obrigação verificar a qualidade dos alimentos que chegam. Caso não estejam próprios para consumo, o que é muito difícil acontecer, somos orientados a devolvê-los.

Fonte: Leda Marina.

Temos muito cuidado ao servir os alimentos, pois, ainda que estejam frescos e sejam variados, a forma como servimos também faz muita diferença. Então, procuramos sempre colocar porções pequenas. A criança pode repetir, se desejar. Além disso, temos a preocupação de colocar os alimentos separados no prato e servidos de forma que a criança tenha vontade de experimentá-los. Assim, picamos a alface com cuidado, descascamos as frutas para as crianças pequenas e, quando há tempo, cortamos a beterraba ou a cenoura em forma de flor, de coração etc. Acreditamos que também comemos com os olhos.

Em companhia da família

Nosso trabalho ganha mais vida em parceria com a família. A direção está sempre promovendo atividades formativas com os pais e nós, merendeiros, somos convidados a participar. Conhecer os pais promove uma troca de saberes sobre as crianças. São relatos interessantes, tanto da parte dos pais, quanto da nossa parte. Às vezes, os pais também aprendem conosco, trocamos receitas, compartilhamos truques.

Numa dessas palestras, tivemos a oportunidade de explicar o projeto "Alimentação saudável", que desenvolvemos na escola às quartas-feiras. Esse projeto é vinculado a uma ONG estrangeira e orientado pela FME. Nessa proposta, oferecemos refeições sem a proteína animal no café da manhã, no almoço e no lanche da tarde. Um dos objetivos é criar novos hábitos de alimentação. Inicialmente, não foi fácil, pois as crianças achavam estranho receber o pratinho sem a carne, mas, aos poucos, foram percebendo que havia outros alimentos e que eram bem saborosos. O cardápio vencedor das quartas-feiras é a feijoada vegetariana! Até os pais tiveram oportunidade de prová-la em um dos nossos encontros, e adoraram!

De mãos dadas, encontramos novos caminhos

Assim que iniciamos o trabalho na Umei, fomos desafiadas a trabalhar com crianças com deficiência. Um dos casos mais especiais foi o de um menino com sequelas de paralisia cerebral. Como era a primeira criança com deficiência matriculada na escola e não tínhamos experiência, ficamos com certo medo. Não sabíamos o que ele podia comer, qual era a textura certa de sua alimentação, mas a família e as nutricionistas da FME nos orientaram.

Gradualmente, apendemos que, na verdade, ele não tinha restrições alimentares e podia comer o mesmo que as outras crianças, só que bem triturado no liquidificador. Em alguns dias, ele dormia na hora do almoço e tínhamos de aguardar para servir sua comidinha mais tarde. Outras vezes, ele se engasgava, deixando todos apreensivos. A professora de apoio especializado era quem o alimentava, mas nós da cozinha também nos sentíamos responsáveis por ele. Cada vez que o seu pratinho voltava vazio era uma vitória.

Outro caso que nos desafiou foi o de um menino que apresentava uma alergia muito severa ao leite. Um simples beijo em sua bochecha de alguém que houvesse bebido leite podia desencadear a alergia, que, de forma mais severa, levava a uma internação hospitalar. Quando ele chegou à escola e esse quadro foi compartilhado com a equipe da cozinha, ficamos apavorados. Nosso questionamento era: como vamos alimentar essa criança? Em que vasilhas vamos cozinhar, já que nenhum traço de leite pode estar nas panelas, nas colheres ou nos outros utensílios? Tínhamos dúvidas, mas também acreditávamos que poderíamos de alguma forma colaborar para que essa criança frequentasse regularmente a escola.

Mais uma vez, a parceria entre a escola, a família e a FME apontou o caminho para a inserção da criança. A equipe de nutrição permitiu a entrada diária de alimentação trazida de casa pela família, que, sempre parceira, procurava semanalmente conhecer o cardápio que seria oferecido pela escola e trazer a alimentação que mais se aproximasse, para que a criança pudesse se sentir parte do grupo, ainda que com tantas restrições.

Vamos brincar de fazer comidinha?

Na Umei Rosalda Paim, sentimo-nos parceiras das professoras, especialmente quando elas promovem atividades que levam as crianças a nos conhecer e conhecer a cozinha. Procuramos sempre ser solícitas nas necessidades referentes às receitas desenvolvidas com as crianças, desde um piquenique até algo mais elaborado, porque percebemos que a alimentação é muito mais do que a hora da refeição.

São muitas as propostas desenvolvidas, incluindo também as crianças de 2 anos. Para isso, são necessários, além dos ingredientes, também utensílios. Assim, surgiu, da equipe de merendeiros, a ideia de comprar alguns itens que ficassem disponíveis para os professores e as crianças. Percebendo que isso potencializaria as atividades culinárias com as crianças, a pedagoga e a direção da escola decidiram comprar diferentes utensílios, criando um *kit* composto de: liquidificador, tabuleiros, formas, medidores, espátulas, colheres etc. Assim, os docentes podem desenvolver melhor as atividades culinárias. Mas, para que isso funcione de forma organizada, temos uma agenda que concilia as atividades rotineiras da cozinha com as das diferentes turmas.

As crianças se divertem e aprendem muito na execução das receitas fora de suas salas. Observamos a participação delas, as conversas e sua alegria ao ver as receitinhas prontas. Biscoitinhos, gelatinas, bolo, sucos e até feijoada já foram preparados na Umei.

Fonte: Leda Marina.

A feijoada de dona Baratinha

As professoras do Grupo de Referência de Educação Infantil 2 (Grei 2) começaram um projeto com as crianças baseado na história de dona Baratinha. Quando percebemos, toda a escola estava envolvida nele, inclusive a equipe da cozinha. A história conta a aventura de uma baratinha que, depois de muito escolher um pretendente, decidiu se casar e, para comemorar, fez uma feijoada. O noivo, dom Ratão, quando sentiu aquele cheirinho delicioso, não resistiu e quis provar a feijoada, mas desequilibrou-se e caiu dentro da panela, deixando dona Baratinha no altar.

Muitas questões foram exploradas: os animais que tentaram se casar com a dona Baratinha, o perigo de chegar muito perto do fogão, a tristeza da noiva, mas foi a feijoada que se destacou para as crianças, talvez porque estivessem iniciando, aos 2 anos, seu processo de alimentação salgada, experimentando na creche muitas texturas e muitos sabores diferentes. Então, as professoras resolveram investir nessa pista e nos convidaram para fazer parte do projeto.

Resolvido isso, marcamos a ida ao mercado. Crianças e adultos foram fazer compras e adquirir os itens para a feijoada. Foi lindo acompanhar aquela experiência. Crianças de apenas 2 anos dentro dos carrinhos, mercado afora, com aqueles olhinhos de curiosidade, querendo saber de tudo, apontando os alimentos que conheciam e tentando descobrir inúmeros itens ainda não conhecidos. Foram muitas as novidades, especialmente no setor de carnes salgadas: rabo de porco, orelha de porco, toucinho, carne seca, linguiça etc. Nem todos os itens foram comprados, em virtude da dieta das crianças, mas elas queriam saber de tudo, contavam coisas de suas vidas, revelavam o seu cotidiano e nos presenteavam com as interações que protagonizavam.

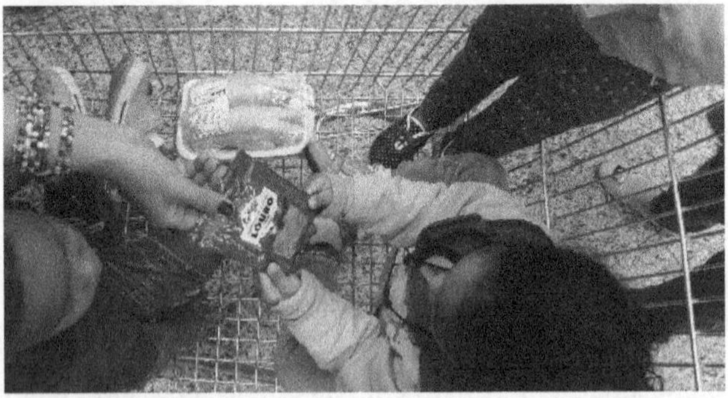

Fonte: Leda Marina.

No dia seguinte, feijoada pronta, mesa arrumada com toalha de chitão, samba e história: a feijoada é servida e os pratinhos são raspados. Todos comem. Feijão com carne seca, arroz, farofa, couve mineira e laranja. As crianças se deliciam com tudo! Nós também, participando daquele momento.

O projeto não se encerrou naquele momento. Quatro anos depois, agora com 5 anos, as crianças chegam ao fim da jornada na Umei, e as professoras resolveram resgatar a história de dona Baratinha e sua feijoada. As crianças ensaiaram uma dramatização, contando a história, e se apresentaram para toda a escola. Além disso, novamente, a cozinha foi convidada a ser parte das atividades desse grupo de referência, fazendo uma nova feijoada. A organização do refeitório ganhou outros elementos. Além das toalhas coloridas de chitão, cada criança teve seu nome marcado no lugar reservado a ela, garfos e facas foram cuidadosamente embrulhados em guardanapos coloridos e os pratos servidos impecavelmente. Novamente, havia um cuidado com a organização de tudo. Queríamos que as crianças que estavam se despedindo da escola levassem em seu coração recordações de todas as suas vivências, em especial, da cozinha.

Fonte: Leda Marina.

A pandemia, o medo, as novas possibilidades

Os medos são como flores secretas, cores secretas,
invisíveis vaga-lumes marcando o caminho.
Isso a gente faz, isso a gente não faz. Como um relógio oculto.
Que a vida é um jogo assim, de tantos medos e outras coragens.
Roseana Murray

Toda a rotina que conhecíamos veio abaixo durante 2020. Como cozinhar, se as crianças estavam em casa? Como alimentar, se não havia ingredientes? Como nós, merendeiros, poderíamos colaborar para manter as crianças vinculadas à escola? Foram muitas dúvidas, mas nós, merendeiros, passamos a participar de reuniões pedagógicas remotas, o que nem sempre era possível presencialmente, já que estávamos normalmente envolvidos com os afazeres da cozinha. Também participamos de seminários e até cursos nesse período. Queríamos entender melhor como seria o trabalho com as crianças.

Foi quando nos propusemos a gravar vídeos para as crianças, assim como estavam fazendo as professoras. Porém, no nosso caso, queríamos falar de receitinhas fáceis e econômicas. Passamos a assistir aos vídeos das professoras e a tutoriais de receitas, a fim de entender a linguagem e o desenvolvimento técnico, a fim de produzir nossos vídeos. Contudo, surgiram várias dificuldades, como planejar os vídeos a distância e aprender a lidar com a tecnologia para editá-lo, sem contar a inibição diante do celular. Mas a direção, a pedagoga e os professores sempre procuram nos incentivar, e isso nos deu ânimo para o nosso primeiro vídeo.

Foi uma receita bem fácil, ensinamos como fazer uma gelatina cremosa. Cada merendeiro gravou uma parte do vídeo em casa e a filha de uma das merendeiras ajudou a editar. Toda a equipe da escola nos elogiou, e logo a nossa receita foi publicada no *blog* da Umei (https://umeirosaldapaim.blogspot.com/).

Mas foi a foto que recebemos de uma criança, com a sua "gelatina", que nos mostrou que estávamos no caminho certo! Foi muito incentivador e gratificante. Naquele momento, começou a nossa culinária *on-line*!

Fonte: Rosilaine Matos Veloso.

Outras receitas foram sendo desenvolvidas: panqueca verde, doce de leite, sucos de frutas variados e até sanduíches!

No período das festas juninas, fizemos uma receita de paçoca.

A edição dos vídeos foi ficando cada vez mais elaborada. Atualmente, todos os vídeos começam com uma cantoria, é a brincadeira invadindo a atividade culinária!

Quando menos esperávamos, veio o convite para dialogar com os estagiários do curso de pedagogia. Mas o que teríamos para contar? Com a ajuda e o incentivo da direção, preparando nossa apresentação, vivemos um processo de reflexão. O ano de 2020 nos mostrou um lado da educação de que, como merendeiros, não tínhamos consciência: o nosso fazer tem importância e relevância dentro de uma escola. Somos também educadores e, como todo educador, ensinamos, contribuímos e, principalmente, aprendemos com as crianças e com todos.

Conseguimos vencer a timidez e participar do encontro proposto. No final, tudo fluiu naturalmente e mostrou que havia, sim, algo para dividirmos com os estagiários. Queríamos que eles percebessem que a cozinha também pode ser um lugar de educar, que nosso trabalho não é simples e que estamos conectadas com o projeto da escola: no centro da ação, sempre tem a criança.

Agora, concluímos este outro desafio que se apresentou, escrever um texto. Não sabíamos por onde começar, mas, com ajuda e incentivo, apresentamos um pouco da nossa história na Umei Rosalda Paim. Esperamos que tenha gostado e sentido os sabores e os aromas de nossa prática, na cozinha e em todos os espaços, com as crianças.

Fonte: Leda Marina.

12
NA AVENTURA DE NARRAR A EXPERIÊNCIA: UMA PROFESSORA DE BEBÊS CONVERSA COM ESTUDANTES DE PEDAGOGIA

Natalia Ribeiro da Silva Barros

A educação é sempre uma "aventura" coletiva de partilha: de afetos e sensibilidades, de conhecimentos e saberes, de expectativas e experiências, de atitudes e valores, de sentidos de vida...
Rubem Alves

Na pandemia: Um convite, um susto e uma oportunidade de diálogo

Sou professora de bebês. Um grande processo de reconstrução se iniciou em minha vida quando, em 2015, ingressei na Unidade Municipal de Educação Infantil (Umei) Rosalda Paim. Eu tinha muitas dúvidas, nada do que tinha lido, ouvido ou estudado até então respondia a alguns dos meus questionamentos sobre a realidade que estava vivendo com a educação infantil, em atendimento de horário integral. Tratava-se de um cotidiano educativo bem intenso. Tanta coisa. Tudo tão interligado! Banho, fraldas, brincadeiras, espaços, combinados... Várias coisas unidas, contemplando a integralidade das crianças. Tantos processos, únicos, todos tão ricos! Lindamente complexos e dignos de observação, registro, avaliação e planejamento para que colaborar positivamente no desenvolvimento de cada uma e de todas, para que as vivências acontecessem da melhor forma possível naquele espaço-tempo.

Estávamos nesse clima, de dias intensos, corridos, vários processos se desenvolvendo, quando, de repente, bateu à nossa porta a pandemia. Numa sexta-feira, estávamos na Umei. No domingo, recebemos a notícia de que, na segunda-feira, a escola não abriria, em virtude do distanciamento social que se fazia necessário. Os processos de desenvolvimento e de aprendizagem das crianças foram interrompidos? Claro que não, pois a educação das infâncias se faz na vida. A vida cotidiana é o laboratório de aprendizagem das crianças.

> Para crianças pequenas, a vida cotidiana é um laboratório contínuo, desde o momento em que acordam até adormecerem. Tudo pode ser descoberto: como segurar com a mão algum objeto, como explorar, como descobrir tudo, cada momento, cada coisa ao seu redor. Os acontecimentos do cotidiano nunca param, e existe uma curiosidade insaciável por parte das crianças para tudo. Os adultos não precisam inventar coisas extraordinárias, porque, para as crianças, tudo é extraordinário, pois há muito pouco tempo estão no mundo e há tanto para descobrir. (Ritscher e Staccioli 2017, p. 159)

Assim, as crianças certamente continuaram se desenvolvendo. Mas nós, professoras, infelizmente deixamos de acompanhar de perto, juntinho, como sempre acontecia. Viver em distanciamento foi muito difícil. Apesar de entendermos as medidas como necessárias para a segurança de todos, elas trouxeram dor. E entre dores e desafios, uma necessidade se impôs: manter vínculos, pensando não apenas no dia em que o retorno presencial aconteceria, mas também, sobretudo, na criança que vive o hoje, e que precisa e merece interagir e ser acompanhada. Nesse momento pandêmico, nosso contato, nosso cultivo de vínculos foi possível apenas pelas telas, mas sabíamos que aquilo não era a educação infantil que sonhamos e na qual acreditamos.

Foi preciso reinventarmo-nos sem esquecer nosso compromisso com a formação contínua: enquanto o contato era virtual e não estávamos presencialmente com as crianças, dedicávamos mais tempo a nos prepararmos para elas. Um trecho da música "Amor de índio", de Beto Guedes, define bem esse momento: "A abelha fazendo o mel vale o tempo que não voou". Enquanto não podíamos voar como gostamos e acreditamos, não estávamos inertes, seguimos fazendo o mel, criando possibilidades, rompendo fronteiras. E foi nesse contexto de quem não pode, momentaneamente, voar, mas se esforça por produzir o mel, que recebemos um convite da professora Luciana Ostetto, grande colaboradora no processo formativo de tantas professoras, que, com suas provocações e seus encorajamentos, contribui para a transformação de práticas pedagógicas: receber seus estagiários do curso de Pedagogia da Universidade Federal Fluminense (UFF). A princípio, um susto! Como recebê-los com a escola fechada, sem crianças, funcionando a distância? Depois, fomos entendendo a proposta, pois a universidade também estava fechada, sem encontros presenciais: se os estagiários não podiam ir até o campo de estágio, a Umei iria até eles... pelas janelas virtuais.

Então, iniciamos a preparação para compartilhar nossas experiências. Um desafio que foi encarado com prazer. Seria possível compartilhar experiências, provocar reflexões e aprendizagens sobre a docência por meio de plataformas digitais, sem estar lá, onde tudo acontece, naquele cotidiano intenso e complexo de uma instituição de educação infantil? Tudo era novo. Se, com as crianças, os processos de aprendizagem continuavam, e fazíamos o melhor, com os olhos na realidade (que estava sendo bem difícil e dolorida), também com os estudantes poderíamos fazê-lo, porque a vida segue e, nesses momentos desafiadores, o melhor caminho é o diálogo.

> Convidando e ao mesmo tempo abrindo-nos ao diálogo é que podemos tecer conversas sobre a multiplicidade de fazeres e saberes que emergem do dia a dia da creche e fundamentam as relações

> entre crianças, adultos e conhecimento. Mais do que "falar sobre", "estar com" aqueles que cotidianamente fazem a educação infantil acontecer, (...). (Ostetto 2012, p. 7)

O desafio estava posto e aceito. Organizando o material para partilhar minhas histórias com os estudantes de Pedagogia, estava aceitando o desafiador convite para o diálogo, para estar com eles, e isso poderia ser significativo para eles e para mim. Foi um processo intenso, pois, conforme ia fazendo o exercício de selecionar imagens para mostrar ao grupo como é o nosso dia a dia com as crianças, percebia também que aquela poderia ser uma boa oportunidade de reflexão para mim, falando sobre o dia a dia de uma forma inteira, oferecendo um retrato do vivido no convívio presencial, visto em suas múltiplas articulações, detalhes, sutilezas.

Os detalhes! A inteireza! A oportunidade de conversar sobre "como" e sobre "porque", sobre concepção de criança, sobre particularidades da primeira infância! Pensar que, um dia, futuros colegas de profissão poderão não se sentir tão "crus" ao estar frente a frente com bebês. Que bela chance de colaborar para a reflexão sobre assuntos tão caros à educação infantil!

Nos detalhes, a inteireza de ser professora de bebês

Iniciei a conversa sobre as práticas pedagógicas com crianças de 2 e 3 anos na Umei Rosalda Paim propondo uma abordagem com imagens e uma reflexão sobre o cotidiano educativo. Um cotidiano desafiador? Sim, mas muito prazeroso e gratificante, desde que se queira estar ali. Nesse sentido, ponderei com os estudantes o quanto é importante o autoconhecimento, uma avaliação sobre quão real ou não é a disponibilidade de cada um para atuar na educação infantil, em especial na primeira infância, que tem demandas tão peculiares. Ninguém é obrigado a trabalhar nesse segmento, mas, quando aceitamos o desafio, passamos, sim, a ter o compromisso de estarmos disponíveis para atender às particularidades dessa faixa etária.

Falamos sobre a organização do cotidiano, marcada pelos ritos, e do quanto temos nos empenhado para que tais ritos não sejam apenas reproduzidos, mas pensados e construídos no e com o grupo. A organização coletiva desses ritos forma o que ainda temos chamado de rotina. Na educação infantil, a rotina é constituída por momentos importantes e dignos de observação e pesquisa. A negociação construtiva tem sido nosso objetivo constante na constituição das relações. Pensar no bebê é sempre um ato de generosidade e de abertura com esses seres que inauguram tudo e nos reinauguram todo o tempo. Como diz Gianfranco Staccioli (2013, p. 3): "As experiências são filhas do tempo e não podem ser repetidas da forma como foram realizadas"; por isso, devemos nos esforçar continuamente para que sejam vividas da melhor forma possível.

Ao expor minha experiência docente, trouxe alguns assuntos que considero essenciais à prática e que permeiam todo o período de convivência com as crianças. De tão importantes, considero-os pilares no planejamento, dão sustentação às atividades no espaço/tempo da educação infantil, que nos desafia a unir tantas singularidades num coletivo. Esses pilares, que tomam por referências a legislação (DCNEI e Referencial Curricular de Niterói), o projeto político-pedagógico da Umei Rosalda Paim e os estudos da infância são: interações e brincadeiras, música, corpo e movimento, literatura, artes, colo, comunicação, observação, registro, planejamento, espaços, cuidar e educar. Neles me apoio e sustento minha prática pedagógica. A seguir, a exemplo do que compartilhei com os estudantes, falo desses pilares, tentando revelá-los na prática, que significa falar de minhas buscas, construções e aprendizagens.

Interações e brincadeiras: Estar junto

É muito importante brincar junto, não apenas oferecer brinquedos ou planejar uma brincadeira. As brincadeiras aproximam as pessoas, sejam grandes, sejam pequenas. Através da aproximação, que, por si só, já é tão importante, tornam-se possíveis a confiança e a segurança, fortalecendo a relação de convivência. Quanto mais fortalecidas forem as relações, mais potentes elas serão, a ponto de, por exemplo, numa troca de olhares, o outro perceber o interesse, a angústia ou outras emoções. Assim, possíveis intervenções poderão acontecer de maneira mais assertiva, potencializando o momento de construção de conhecimento com o afago, com a acolhida de sorrisos, choros etc.

Ao brincar com as crianças, é importante entrar no mundo construído por elas para aquela brincadeira. Sim! As crianças criam, ressignificam, problematizam, solucionam questões colocadas por elas próprias nesse movimento de mergulhar na brincadeira. Quando o professor brinca junto ou observa atentamente a construção da brincadeira, ele não precisa perguntar o que é determinada coisa ou do que estão brincando. Ele brinca. Se chegou na brincadeira já iniciada, ele percebe o desenrolar da brincadeira e brinca. Não interrompe com perguntas. Além de não interromper, é importante também não tentar direcionar a brincadeira, e sim brincar, deixando-se levar pelo que foi criado pelas crianças. No momento da criação de cenários, elementos e enredos, a criança está protagonizando, dando pistas do que tem se destacado em suas vivências, do que tem despertado seu interesse, sua curiosidade. Não é justo que o adulto venha com sua visão, geralmente tão menos criativa, e interrompa processos tão ricos e tão importantes!

É relevante destacar, porém, que, quando o professor não está brincando junto, deve estar observando e registrando, por meio de anotações, fotos ou vídeos, mas sempre com discrição, para não interromper a fluidez da brincadeira. Através das observações e dos registros, poderá planejar estratégias que possam potencializar aquela brincadeira de interesse do grupo ou até outras, de acordo com as pistas percebidas durante a observação.

Outro ponto muito importante, que tenho aprendido com as crianças, é que o lugar que constroem é diferente do lugar que é dado a elas. Na imagem a seguir, temos um exemplo de criação cheio de significados para essas crianças.

FIGURA 1. NA BRINCADEIRA: CAVALINHOS-CASA.

Fonte: Arquivo da autora.

Numa sequência de dias, um grupo de crianças, ao chegarem ao parque, pegavam alguns cavalinhos, delimitavam um espaço e brincavam dentro dele. Às vezes com mais cavalinhos, às vezes com menos, dependia de quantos estavam disponíveis. Quando conseguiam poucos cavalinhos, estes representavam apenas as paredes externas da casa. Quando havia muitos cavalinhos, alguns eram utilizados para fazer mais delimitações internas, que eram os cômodos. Todos ficavam fixos, exceto um, que podia ser movimentado, como que uma porta, abrindo e fechando. Ali, naquela casa, por dias seguidos, as crianças construíram vários enredos: assistiam à TV, cozinhavam, saíam para ir ao mercado e até para levar os filhos à escola. Depois, retornavam para casa, usando chaves imaginárias para abrir a porta antes de entrar.

O brinquedo é um elemento que, em cada momento da brincadeira, exerce uma função e um significado diferenciado. Compreender o raciocínio da criança e concordar que isso é importante exprime a nossa concepção de criança e nos ajuda a entender que é possível que as mesmas crianças, que, em outros momentos, disputavam os cavalinhos para balançar, num dado momento, montem uma casa, gostem tanto da brincadeira que a repetem por dias seguidos. Em momentos assim, com o olhar atento, podemos perceber a força da significação de mundo praticada por elas, como, por exemplo, quando alguma outra criança se aproxima e, em vez de pegar um cavalinho para balançar (parecia ser essa a intenção inicial), observa "a casa montada" e acaba tocando a "campainha" ou perguntando se pode entrar na casa também.

As crianças se percebem, captam sinais e mensagens. Devemos aprender com elas a respeitar as criações e a nos envolver nos processos. Os cavalinhos são comumente objetos de disputa no parque. Caso o professor não esteja atento à brincadeira que está acontecendo ali, pode acabar sugerindo que se empreste o cavalinho para alguma outra criança que não queira brincar de casinha, por exemplo. Imagine como seria frustrante para os "moradores da casinha" ver alguém tratando como cavalinho aquele elemento que, naquele momento, era uma parede ou uma porta.

As crianças têm o poder de ressignificar elementos para atender a suas demandas. Que poder incrível! Se nós, adultos, não cercearmos seus processos criativos, certamente, elas vão crescer acreditando nessa possibilidade e poderão fazê-lo no decorrer da vida.

Corpo e movimento

Num grupo de crianças de 2 a 3 anos, convivemos com pessoas que acabaram de se colocar de pé. Essas pequenas pessoas, que até pouco tempo estavam no colo e, depois, engatinhando e andando, estão vivendo constantes processos de descoberta de seu corpo e de seus movimentos. Cada dia é uma novidade, uma conquista, uma superação. Aquela criança que até outro dia andava segurando as mãos de alguém de sua confiança, às vezes, demanda nossas mãos para se sentir encorajada a saltar, por exemplo. Movimentos que parecem tão simples para nós, adultos, com nossos tantos anos de vida, são descobertas para a criança pequena, e é necessário um olhar sensível do adulto para perceber que, além de todas demandarem liberdade para se movimentar, e assim se descobrirem continuamente, algumas demandam também encorajamento, incentivo e às vezes até apoio de nosso corpo ou de nossas mãos para ousarem movimentos novos. É apenas através da observação que conseguimos perceber qual a intervenção pedagógica mais pertinente para aquele momento. Cada criança se desenvolve em seu tempo e do seu jeito, já que os estágios de maturação não estão ligados apenas à faixa etária.

Isso posto, destacamos a importância do planejamento de atividades distintas, que respeitem os diversos estágios de desenvolvimento. A importância não apenas de encaminhar propostas para que as crianças façam, mas de estar junto para que se sintam seguras em se aventurar nos desafios propostos. Na minha prática, esse contexto ganha forma em circuitos que proponho como desafios, que convidam a movimentos como subir, descer, girar, saltar, correr, arremessar, equilibrar-se, seguir trajetos etc. Vale destacar que, muitas vezes, as professoras propõem desafios e, outras vezes, as crianças o fazem, desafiando-se e desafiando umas as outras, e todas essas vivências devem ser valorizadas e observadas, pois são pistas riquíssimas para identificação dos estágios diversos de desenvolvimento e, ainda, subsídios para o planejamento das atividades seguintes.

Literatura, música, arte

Gosto de uma citação do filósofo Walter Benjamin (2002), que elucida meu entendimento do quanto as experiências literárias podem ser encantadoras quando vividas em sua plenitude:

> Não são as coisas que saltam das páginas em direção à criança que as vai imaginando – a própria criança penetra nas coisas durante o contemplar, como nuvem que se impregna do esplendor colorido desse mundo pictórico. Diante do livro ilustrado, a criança (...) adentra um palco onde vive o conto maravilhoso. (Benjamin 2002, p. 69)

É exatamente na intenção de viabilizar as melhores vivências possíveis que, na Umei Rosalda Paim, buscamos, além de disponibilizar títulos que julgamos bons e pertinentes, viver com as crianças e/ou observar suas vivências individuais e/ou coletivas com a literatura.

Como ponto de partida, nós fazemos uma curadoria de títulos e os disponibilizamos em um espaço pensado para um confortável acesso das crianças. Esses títulos vão sendo oferecidos em forma de rodízio: ficam um tempo acessíveis, enquanto despertam o interesse do grupo e, aos poucos, vão sendo revezados com outros títulos que também possam despertar interesse, dependendo dos contextos. Às vezes, os títulos voltam a ser disponibilizados, às vezes não, dependendo do interesse do grupo.

Além dos momentos que temos reservado diariamente para a leitura, as crianças também podem acessar livremente os títulos nos demais momentos do dia. Assim, pegam nas mãos os livros que querem, "leem" para si, "leem" para os pares e para as professoras; escolhem títulos para que leiamos para elas e, assim, a familiarização com os títulos vai acontecendo, bem como a familiarização com o contato com o livro, o cuidado com ele, o passar das páginas etc. "Mas elas vão rasgar!", dizem alguns adultos, distantes da realidade educativa. Como se trata de crianças pequenas, seria utópico dizer que nunca acontece algum dano aos livros, mas entendemos que isso faz parte do movimento.

Quando algum livro é danificado, buscamos repará-lo, de preferência juntamente com as crianças, enquanto conversamos sobre a importância de cuidar bem dos livros, a fim de manter sua integridade. Conforme vão crescendo a familiarização e o gosto pelos livros, proporcionalmente os danos vão se reduzindo e percebemos que as crianças vão se apropriando deles, a ponto de respeitar, entender como se cuida e, então, cuidar e preservar, para que os tenhamos sempre disponíveis, permitindo-nos adentrar seus palcos e vivermos contos maravilhosos, como diz Benjamin na citação compartilhada anteriormente.

É importante também destacar que temos um projeto permanente em nossa Umei, que já é praticamente uma marca registrada, é o "Ler por Ler". Ele define bem a intenção de viabilizar e provocar a leitura pelo prazer da leitura e não apenas para abordar algum assunto a ser desdobrado em atividades pedagógicas.

Obviamente, às vezes, trazemos leituras com algum interesse, pensando em propor alguma atividade, mas é um movimento a mais, pontual, que não substitui, mas que se soma ao "ler por ler", que acontece diariamente em um momento planejado, em que as crianças escolhem títulos e a leitura acontece, exatamente pelo prazer da leitura, pelo prazer de ouvir uma boa história!

Dessa forma, acreditamos que a promoção da leitura vai acontecendo e o desejo leitor vai sendo alimentado. Nesse movimento, diferentes gêneros literários são considerados: poesias são declamadas; receitas são pesquisadas e seguidas na preparação de um bolo para o lanche da tarde, por exemplo; notícias de algum acontecimento que tenha despertado atenção do grupo são lidas. Acreditamos que a apreciação de diferentes gêneros literários permite ao ouvinte-leitor perceber o que mais lhe toca, além de descortinar na literatura uma outra forma de linguagem e comunicação, seja ela artística, informativa, histórica. Não raramente, percebemos a leitura se tornando a brincadeira escolhida por crianças que demonstram mergulhar em suas páginas: sorriem, assustam-se, comemoram.

Música: Ouvir, sentir, envolver-se

Considero importante priorizar o deixar-se envolver pelo ouvir, pelo fazer e pelo embalar-se pela música. Seja de forma exclusiva, ao reservar um momento para se dedicar a ouvir determinada música, seja de forma secundária, ao sentir prazer com determinada ambientação sonora durante atividades diversas, é necessário que a música seja uma fonte de prazer e não de um simples barulho.

> O professor que propõe a atividade de música e movimento não precisa de técnicas ou de meios complicados. Precisa sentir prazer em fazer música e em se movimentar, mesmo que em um nível muito simples. Precisa de um certo repertório de material adequado. Precisa ser capaz de aproveitar as exigências do momento e responder com flexibilidade e agilidade às situações que vão aparecendo. (Staccioli 2013, pp. 194-195)

Às vezes, apenas ouvimos, cantamos, dançamos. Às vezes, acompanhamos o tempo e o ritmo da música com nosso corpo, com materiais ou brinquedos, estruturados ou não. Às vezes, temos o privilégio de apreciar pessoas dançando ou tocando determinado instrumento e, assim, deixamo-nos levar, vivendo o quanto a música pode embalar nossos corpos e nossas mentes. Seja com apresentações feitas para o grupo, seja em espetáculos transmitidos pela TV,[1] primamos por dar espaço às músicas de forma intencional, e não apenas reproduzir o que já é comumente consumido e reproduzido para as crianças.

Potencializando momentos, ambientando espaços, alegrando, emocionando, trazendo tantos para um mesmo tom em determinado instante, marcando uma experiência ou embalando um espaço-tempo e em tantas outras situações, ali está a música. Uma vez, ouvi que música é muito diferente de barulho, e é verdade. Não precisamos ser musicistas para reconhecer a grande importância da música, também na educação infantil. De modo que se faz necessário que ela tenha um espaço reservado no planejamento das atividades, não apenas no sentido de reproduzir repertórios apenas porque as crianças gostem – não que o gosto delas não seja importante –, mas é importante ir além do que já é conhecido e comumente reproduzido para as crianças. Nesse sentido, temos vivido experiências muito interessantes, com a valorização de contribuições das crianças e, ainda, compartilhamento de diferentes estilos e gêneros musicais, que acabam se desdobrando em ampliação de repertórios, o que possibilita às crianças, além de apreciar, perceber suas preferências ao se identificar ou não com determinado gênero.

Certa vez, em uma formação, a professora Luciana Ostetto provocou um grupo de professoras com uma reflexão que me marcou bastante: "Gosto se refina". Concordo com essa afirmação, ela dialoga com alguns dos pilares que abordei aqui e me provoca ainda mais, como educadora que sou, quando leio o seguinte trecho: "Como as portas e janelas, no espaço-tempo da educação infantil, poderão se abrir, rumo aos

---

1. Temos uma TV em nossa Umei. Em forma de escala, ela é utilizada pelos oito Greis durante quatro dias na semana, sendo um Grei durante o período da manhã e outro no período da tarde. Assim, sabendo o dia e o horário que nosso Grei poderá utilizar a TV, planejamos qual será a finalidade de sua utilização, preparando antecipadamente o que será transmitido para o grupo.

mistérios do mundo, aos gostos desconhecidos? A mão que trava, para abrir ou fechar, é do professor, sem dúvida" (Ostetto 2004, p. 57). Eis a nossa responsabilidade: não apenas reproduzir o que já é conhecido pelas crianças, simplesmente "porque elas gostam", mas apresentar-lhes outras opções, que ampliem repertórios, que possibilitem outras experiências e que, no processo, garantam-lhes o direito de conhecer e constituir outros sentidos, refinar o gosto, perceber identificação com aquele novo som ou, realmente, descartá-lo.

Arte é experiência, é deixar marcas!

"Fazer arte é deixar marcas", ouvi da professora Ana Angélica Albano em 2017, em um dos encontros do Fiar.[2] Essa fala provocou bastante reflexão acerca do que essencialmente compreendemos como artes, que passaram a ser concebidas como experienciação, e não apenas como produção de algo, com a intenção de abordar algum tema ou para ser exposto em algum momento. Venho compreendendo que arte é mais que isso! É realmente marcar! É deixar marcada, registrada a sua inspiração, sua motivação ou seu ímpeto daquele momento, e esse é um movimento singular, único, já que, no momento seguinte, não seremos mais os mesmos, pois vamos nos constituindo constantemente.

Esse entendimento de artes que tenho assumido também é influenciado por outros nomes, como a artista-educadora da Dinamarca, Anna Marie Holm (2005), que me ajudou a ver a implicação dos fazeres na arte, que nem sempre precisam ter o registro, a materialidade da produção artística, já que intensas produções são vivenciadas e nem sempre podem ser arquivadas. Compreendemos que o principal é a experimentação no contato com os materiais. Não depende do professor uma produção estar pronta ou não: às vezes, as crianças criam, recriam,

2. O Fiar – Círculo de Estudo e Pesquisa Formação de Professores, Infância e Arte é um grupo de pesquisa da Faculdade de Educação da Universidade Federal Fluminense que, em suas ações, promove encontros e rodas de conversas da perspectiva da formação docente. Para saber mais: http://fiar.sites.uff.br/.

desmontam, para utilizar o material em outra criação, e assim seguem livremente seu processo criativo, que é o que de fato importa.

Sempre que possível, fotografamos os processos. Esse movimento é também libertador, pois cada um cria com liberdade de materiais, fazendo comparação, relativizando o conceito de bonito e feio, do qual temos nos esforçado para fomentar cada vez mais o distanciamento, já que o que importa para a criança envolvida em sua experiência é o sentido impregnado em cada criação, e não as noções preconcebidas dos adultos.

Assim, quando as criações artísticas são expostas, é por meio de negociações coletivas para, então, chegarmos à decisão de expor ou não; já o objetivo maior é criar, e não expor. O que sentimos ao criar pelo prazer de criar é bem definido nas palavras do artista Olafur Eliasson, trazidas por Holm (2005, p. 9): "Esta forma de trabalhar – testando coisas, fazendo experiências – está aperfeiçoando o meu trabalho, quer eu faça exposições ou não". Percebemos exatamente uma maior familiarização das crianças com os riscadores, com o manuseio dos materiais, além de gosto ao criar livremente, sem pressão de tempo e sem designação de materiais ou formas.

A desobrigação da exposição resulta em mais liberdade para experimentar e explorar os recursos de diversas formas, gerando processos ricos e vivos. As descobertas vão encantando enquanto acontecem. As vivências acontecem impregnadas de significações, seja ao observar que a água muda de cor quando lavamos as mãos cheias de tinta, seja ao explorar as cerdas do pincel antes de mergulhar na tinta e perceber que elas são macias, podem fazer cócegas e até ser um brinquedo antes de ser um riscador. Como bem apontou Gandhy Piorski (2016, p. 74): "A criança não se impressiona com a superficialidade formal. Há sempre, de sua parte, um interesse maior pela substância e menor pelo resultado".

E assim vamos vivendo artes plásticas, conhecendo artistas, não para reproduzir suas obras, mas para conhecer e apreciar suas obras, inspirar-nos e seguirmos fazendo nossas próprias criações. Para criar, utilizamos materiais e suportes diversos, como argila, gesso, carvão, pedras, conchas, tintas, mãos, papelão, madeira e outros elementos naturais. O material, para a criança, assim como para o artista, é linguagem, pois "criar é, basicamente, formar. É poder dar uma forma a algo novo" (Ostrower 2014, p. 9). Assim, criamos brinquedos, criamos arte, protagonizamos!

FIGURA 2. ARTE É EXPERIÊNCIA

Fonte: Arquivo da autora.

Cuidar e educar: Conhecer, acolher, interagir, apoiar

Até que ponto o bebê nos autoriza a nos relacionarmos com ele sem sermos invasivos? Essa pergunta deve nos acompanhar sempre, em especial ao tocar o corpo de uma criança. Entendemos como fundamental que a aproximação se dê de forma respeitosa, como deve ser em todos os demais momentos também. Olhar para a criança e combinar com ela que a fraldinha será trocada, onde será realizada a troca e conversar sobre esse movimento são, por exemplo, cuidados importantes na construção de uma relação.

Já no que tange ao desfralde, entendemos que a criança deve ser observada e, no momento certo, em que ela começar a sinalizar controle dos esfíncteres, apresentar a utilização do sanitário, desfraldando naturalmente, no tempo dela. Em meio a esses pilares, seguimos cuidando e educando.

Eis aqui um dos pontos mais fortes na construção das relações com os bebês: o colo que acalma, acalenta, acolhe. O ato de envolver o bebê, de preferência no corpo do professor, esse corpo que acalma e acalenta, que possibilita relações, que é uma potência! A disponibilidade do adulto em acolher o bebê é que faz o colo ser especial e, de fato, acolher. No colo, o bebê se sente seguro, amparado, protegido, às vezes único! Naquele momento, ele tem o professor para si, o que faz com que sinta que não está sozinho e que alguém além de seus familiares também terá para com ele cuidado, atenção, afeto. Assim, vai sendo gradativamente construída uma relação de segurança. Quando o bebê está seguro, ele se entrega. Entregue, fica disponível para experienciar, de fato, as atividades desenvolvidas ali. O afeto na educação não deve ser conduzido por uma visão romantizada, mas como uma potência.

Ao ter uma criança no colo, é importante olhar em seus olhos, tratar com atenção a confiança que ela está ensaiando lhe entregar. Poucas são as crianças que não recorrem ao colo do adulto. Quando a criança sente que aquele adulto está disposto a cuidar dela, ela se aproxima, ela o acompanha, ela quer ter a certeza de que ele estará por perto na ausência de seus familiares: "Junto do olhar, o contato físico buscado pela criança é mais uma forma de fazer-se presente e buscar a relação. (...) Trata-se de uma experiência de confirmação e acolhida, alimento para diálogos mediados pelo corpo e para explorações posteriores" (Guimarães 2011, pp. 182-183). Quando ela sente verdade e sentido na interação com o adulto, continua querendo tê-lo a seu alcance visual, mesmo depois de adquirida a segurança; assim, essa segurança poderá ser alimentada e, portanto, mantida. O colo é um forte aliado nas relações com os bebês. Como a quantidade de professores não é equivalente à quantidade de bebês, não raramente precisamos construir outros tipos de "colo". No sentido do colo que acolhe, olhar no olho é colo, abraçar é colo, abaixar para falar com a criança pequena é colo, tocar é colo. Isso tudo porque as emoções contagiam e, quando, por exemplo, o adulto olha no fundo dos olhinhos de uma criança para falar com ela, a importância dada a ela a contagia e ela se sente importante para aquele adulto e, portanto, acolhida. Na mesma proporção, a superficialidade na interação com a criança também a contagia, transmitindo uma mensagem superficial, podendo resultar em rasura na relação a ser construída.

Abrindo um parêntese para o momento pandêmico que vivemos, compartilho a minha maior inquietação em relação ao retorno às atividades presenciais antes da imunização de todos, pois, apesar de existirem tantas formas de colo, como fazer quando uma criança cair, por exemplo? Sentir medo de algo ou ter um pesadelo? Em meio às demais formas de acolher, há momentos em que realmente tudo o que a criança demanda é um colo clássico com envolvimento nos braços, acompanhado de olho no olho. Temo ao imaginar a reação da criança ao ter esse colo negado. Temo também ao imaginar a reação do professor ao ter de negar esse colo.

Na impossibilidade do colo físico, do envolvimento da criança em seus braços – que potencializa tanto a construção e a manutenção dos vínculos –, devemos cuidar para manter nossa intenção de acolhimento com nosso olhar, nosso tom de voz, nossa atenção ao assunto trazido por ela e também (talvez principalmente) ao seu silêncio. Os vínculos são essenciais para uma educação infantil com sentido, não podemos deixá-los esmorecer. Quando queremos de fato acolher, acolhemos. Que não deixemos de acolher nossas crianças!

> Cuidar é dirigir e interpretar os atos dos bebês ou acompanhá-los e dialogar com eles, assegurando o valor de suas iniciativas. (...) Responsividade e atitude ética entrelaçam-se como perspectivas importantes nas relações de cuidado na creche, para além da simples transmissão de técnicas, também significativas na perpetuação da cultura. (Guimarães 2011, pp. 198-199)

Comunicação: O corpo fala. É preciso aprender a ouvi-lo

Mantendo o foco nas crianças pequenas, temos de ter clareza no fato de que nem todas as crianças começam a se comunicar verbalmente ao mesmo tempo. Nesse sentido, é de suma importância o entendimento de que as reações corporais e emocionais dos bebês são significadas como forma de comunicação. O adulto tenta entender de acordo com sua interpretação e, para que consiga interpretar da forma mais assertiva possível, são necessários muita observação, envolvimento e disponibilidade. O semblante fala, o corpo fala, o olhar fala, o choro fala, o sorriso fala, o silêncio fala, a forma de manuseio dos objetos fala. A mesma mensagem que uma criança passa com seu silêncio, outra passa com choro, de modo que não existe uma regra de interpretação, e sim mensagens que vão sendo passadas pelas crianças (as que verbalizam ou não) e que, num contexto de observação e escuta, o adulto vai interpretando e viabilizando formas de comunicação.

É importante mencionar que o fato de a criança não se comunicar verbalmente não impede que o adulto o faça em relação à criança, afinal, a criança não começa a se comunicar quando fala, mas quando o adulto fala com ela. Ao se comunicar com a criança, é importante fazê-lo com movimentos bucais claros e palavras pronunciadas corretamente. Os "inhos" e "inhas" podem até ser "bonitinhos", mas são dispensáveis. A criança conhece o mundo também através do adulto que interage com ela. É importante apresentarmos esse mundo de forma correta. É perfeitamente possível sermos carinhosos, empáticos e afetivos com sorrisos verdadeiros, acompanhados de envolvimento e de olhares profundos. Isso aproxima muito mais que as pronúncias de tantas palavras no diminutivo e com entonação extremamente aguda.

Comunicamo-nos com as crianças durante todo o tempo em que estamos com elas. Se estamos de costas, já comunicamos algo. A criança nos observa, ela capta as mensagens que passamos com nossa postura, nosso olhar e nosso falar. A reação do professor também exprime algo para a criança. Dessa forma, nunca é demais salientar a importância do envolvimento físico, mental e emocional. As crianças percebem quando estamos envolvidos, e geralmente correspondem se envolvendo também. O contrário também se aplica.

Percebemos diversas demonstrações disso nas vivências presenciais e, recentemente, também no ambiente remoto, quando, nos encontros afetivos, uma criança de 2 anos pedia repetidamente para a mãe "colocar grande" uma das professoras e sorria lindamente quando a mãe colocava o rosto da professora em questão ocupando toda a tela. Refletindo sobre esse acontecido, percebemos que é possível a construção de vínculos mesmo em ambiente remoto. Embora muito desafiador e tão longe de ser o que sonhamos e acreditamos, de alguma forma é possível e devemos nos agarrar a qualquer chance e ter esperança de que vínculos sejam construídos, pois eles são realmente essenciais, seja qual for a forma de contato que estiver sendo praticada. A comunicação sempre vai existir em alguma intensidade. Que entre a intensa e a superficial, possamos optar pela primeira.

Espaço como um elemento do currículo

Seguimos o conceito de organização de *espaços semiabertos*, em concordância com nosso atual referencial curricular (Niterói 2010), que aponta o espaço como um elemento do currículo e, por isso, precisa ser pensado e planejado. Como professoras, debruçamo-nos a pensar na melhor forma de organização do espaço para recebimento das crianças, tomando como palavras principais nesse movimento: brincadeiras, observação, escuta, reflexões, estética e funcionalidade.

A organização dos espaços não é algo estático. Ela é dinâmica e vai se alterando sempre, de acordo com as demandas do grupo. Na Umei, antes da chegada das crianças, fazemos uma proposição inicial, de acordo com cada faixa etária. No decorrer do ano, juntamente com o grupo, as modificações vão acontecendo, afinal, o espaço é das crianças, nada mais justo que seja organizado de acordo com o interesse delas. Como aponta Loris Malaguzzi (2016, p. 94): "Os professores seguem as crianças, não os planos". A observação e a escuta atenta, mais uma vez, apresentam-se como fundamentais.

> Tudo no ambiente escolar é preenchido com potencial para aprendizagem das crianças. Ao mesmo tempo, as diferentes partes do ambiente nem sempre recebem atenção e valor. Como Professores, cabe-nos tentar não enxergar esses obstáculos como barreiras que os impeçam de experimentar, mas, pelo contrário, como catalisadores

que podem produzir soluções novas, inesperadas e inovadoras. (Gandini *et al.* 2012, p. 171)

Observação, registro e planejamento

A observação é, sem dúvida, a ferramenta-chave para uma prática pedagógica qualitativa, pois alimenta o registro que embasa a avaliação e o planejamento das atividades seguintes.

> Para elaborar um projeto de trabalho é preciso realmente conhecer o grupo de crianças e para isso é necessário estabelecer uma escuta e uma observação atentas, a fim de fazer uma interlocução com o que as crianças nos dizem e nos mostram no cotidiano do grupo. Esse olhar à criança é realmente o ponto de partida, pois só assim podemos traçar objetivos claros respeitando não só sua faixa etária como também o que lhe é significativo e o que é importante para sua interação com o mundo. (Magdaleno 2000, p. 87)

Dessa forma, é ela que dá luz ao trinômio planejamento, registro e avaliação. Não estamos tratando aqui de um olhar frio, distante ou de cunho estatístico, mas principalmente da sensibilidade que é importante ao olhar e ao escutar atentamente os detalhes, semblantes, processos, porquês e interesses. Escolher o que observar também é parte do processo, a ponto de, assim, podermos eleger dias para observar mais atentamente determinado assunto e outros dias para outro assunto. Dessa maneira, vamos formando um processo mais sólido de observação, capaz de embasar outras etapas da prática pedagógica.

Observar o interesse das crianças em relação a algo nos auxilia no planejamento das atividades seguintes, assim como observar as reações das crianças diante das atividades propostas nos ajuda a entender se ela foi bem aceita pelo grupo ou não, se é necessário sugerir outro percurso ou permanecer nesse. "Para retroalimentar as atividades das crianças, é preciso que o professor esteja atento aos projetos que cada criança ou grupo de crianças esteja empreendendo" (Fochi 2015, p. 139). Ou, como complementa Piorski (2016, p. 19): "Se bem observado, é possível detectar linguagens, corporeidades, materialidades e sonoridades do brincar associadas ao inconsciente natural que mora no imaginar e, constantemente, se mostra no fazer da criança". Concluo que, bem observando o fazer da criança e estando junto com ela, munimo-nos de informações privilegiadas que podem nos ajudar a chegar cada vez mais perto do mundo da criança, que é a sua imaginação.

De pouco adianta observar e não registrar os saldos das observações. A memória às vezes nos trai e é um ledo engano achar que vamos nos lembrar de tudo depois. Assim, a grande importância da observação se confirma e é validada no ato de registrar. Como bem demonstrado no livro *Zoom*, de Istvan Banyai (2002), a cada novo olhar nós nos afastamos mais do objeto observado, e mais chances temos de esquecer algum detalhe. Daí a importância de registrar o que foi observado tão logo possível. Nesse sentido, tem sido muito válido ter sempre no bolso um bloquinho com um lápis. Na dinamicidade dos dias, não dá para fazer grandes anotações, mas às vezes uma palavra já é o bastante para nos ajudar a lembrar algo que poderá ser detalhado no caderno de registro em momento oportuno. O ato do registro não se resume a anotações. Ele acontece e ganha sentido no processo de seleção sobre o que registrar, como registrar e que tipo de registro fazer, analisar os registros feitos e perceber nesse registro/análise um instrumento importante para o planejamento das propostas seguintes e ainda para a elaboração de relatórios avaliativos. Tenho compreendido, na prática, que esse é o ciclo que compõe a relevância da documentação pedagógica: "A documentação e o tempo para seu estudo são essenciais para um projeto bem-sucedido" (Forman *et al.* 2016, p. 232).

Os registros imagéticos também são de grande valia. Muitas vezes, vemos na prática a velha história de uma imagem valer mais que mil palavras. Em momento pandêmico, reinventamo-nos e temos feito outra forma de registro também, a virtual. Através do *padlet*, até mesmo as famílias podem acompanhar a trajetória do grupo. Cada um registra na forma com a que mais se identifica. O que importa é registrar com comprometimento e, assim, esculpir essa valiosa e importante ferramenta que pode representar o enriquecimento da prática pedagógica, tanto ao registrar, quando o professor reflete, quanto ao revisitar os registros, reconhecendo neles a devida importância para o planejamento e a avaliação.

> Para além de uma tarefa a ser executada ou técnica a ser aplicada, o registro diário, compreendido como espaço privilegiado da reflexão do professor, converte-se em atitude vital. Quando vivenciado no seu sentido profundo, com significado, dá apoio e oferece base para o professor seguir sua jornada educativa junto com as crianças. Nesses termos, é verdadeiramente um instrumento do seu trabalho, articulando-se ao planejamento e à avaliação. (Ostetto 2012, p. 13)

Os registros também podem ser feitos juntamente com as crianças, o que geralmente provoca um movimento muito fértil. As crianças costumam reconhecer e revisitar os registros de cuja feitura participaram, legitimando sua importância como marca de uma vivência. O blocão tem sido uma valiosa ferramenta para esses registros coletivos.

Em nossa Umei, o blocão é feito pelas professoras, com a união de várias cartolinas ou qualquer papel grande, formando realmente um bloco de grandes proporções, como o próprio nome sugere. Cada professora usa sua criatividade para a montagem, mas a finalidade é sempre a mesma: ter um local para registrar coletivamente o que tenha sido significativo para o grupo, como alguns combinados, receitas que se pretende preparar, gráficos de votação etc.

É verdade que, na educação infantil, as crianças brincam o tempo todo. E é assim que o desenvolvimento vai acontecendo e tantos aprendizados vão sendo construídos, pois "a função da criança é viver a experiência (seja uma brincadeira, seja outra situação qualquer); a do adulto, é criar condições para a experiência" (Fochi 2015, p. 142). É nesse sentido que o planejamento se apresenta como um diferencial, pois o que caracteriza a educação é realmente a ausência de improviso e a presença de intencionalidade. Através da observação, aproximamo-nos da familiarização e do conhecimento do grupo. A observação gera reflexão, registro, avaliação e, de forma cíclica, estes geram o planejamento das atividades seguintes. Estas, por sua vez, novamente são objeto de observação, reflexão, registro, avaliação, planejamento. Assim, continuamente, a educação infantil vai acontecendo como uma engrenagem movida pelo que faz sentido para a criança.

FIGURA 3. BLOCÃO

Fonte: Arquivo da autora.

No planejamento, geralmente utilizamos o mapa conceitual para lançar os assuntos que têm despertado interesse no grupo e estes vão se entrelaçando, formando uma verdadeira rede, que é pensada e transcrita de forma sistematizada em tabelas nas quais organizamos o planejamento semanal. Respeitamos o entendimento de que se trata de um planejamento e não de um "gesso". Caso algo tenha mais representatividade no interesse do grupo, reorganizamos o planejamento, registrando no caderno de registros o porquê de tais alterações, pois a flexibilidade é uma característica do planejamento significativo, como pontuou a pesquisadora:

> (...) a flexibilidade é característica do processo de elaboração desse mapeamento e do seu encaminhamento. As crianças com vez e voz ativas confirmam ou redefinem, no dia a dia, as linhas traçadas no mapa conceitual, entrelaçando desejos e interesses que não se esgotam na rede inicialmente mapeada. (Ostetto 2017, p. 36)

Cotidiano pedagógico e formação docente: A conversa que continua após a conversa com os estudantes

A Umei Rosalda Paim, como instituição pública, tem contribuído para a formação de futuros professores por meio da acolhida de estagiários que chegam de diferentes lugares, universidades e cursos de ensino médio. Já recebi em minha sala diversos estagiários e sempre me senti instigada a tentar minimizar possíveis lacunas que eu mesma vivi na formação inicial e na atuação docente. Pensava no estágio como possibilidade de cada um também viver o sentido da docência, de construir o entendimento do contexto pedagógico, e não apenas da execução dos fazeres na educação infantil, conhecidos como atividades.

Lembro que tantas vezes senti vontade de conversar mais com eles, dar informações sobre a organização do trabalho e as especificidades dos bebês, a fim de provocar reflexão. Por tantas vezes, meu desejo era não apenas responder sim ou não às perguntas de alguns estagiários, que, na dinâmica da formação inicial, viviam um ritmo acelerado, com pouco tempo. Isso não permite uma efetiva inserção no cotidiano, nem o efetivo acompanhamento e envolvimento com a proposta que desenvolvemos. Gostaria de explicar sobre os tempos das infâncias, convidar para olhares demorados que ajudam a aprender com/sobre as crianças.

Compreendendo que a prioridade é a criança, simplesmente não dava para explicar com a riqueza de detalhes que o assunto merece naquelas poucas horas que o estagiário estava com a gente. Eu queria explicar, contar dos meus processos e, quem sabe, dar espaço à reflexão sobre os seus processos, de professores em formação, e não só informar sobre o resultado, o fim de uma atividade que estavam vendo. Muitas vezes, quis aprofundar comentários, falar sobre o porquê de estarmos procedendo daquela forma naquele dia, sobre como estávamos experimentando determinado rito (elemento da rotina), a fim de perceber a melhor forma de fazê-lo no dia a dia etc. Mas, mesmo percebendo importância, não conseguia aprofundar tais reflexões, pois os ritos construídos coletivamente e vividos no dia a dia da educação infantil em atendimento de horário integral são realmente bem intensos e a prioridade da nossa atenção não pode deixar de ser a criança, de modo que geralmente não dava para falar de forma mais abrangente com os estagiários e outros adultos enquanto estávamos com as crianças.

Juntando a intensidade dessas vivências em horário integral (cerca de nove horas diárias), com a carga horária do estagiário (cerca de duas horas semanais), o resultado era o acompanhamento de apenas um recorte do vivido. Assim, não raramente, ao me despedir de algum estagiário, futuro colega de profissão, ou registrar a estada dele com o nosso grupo naquele dia, pegava-me pensando no quanto eu, professora, contribuí de fato para a formação dele. Será que o tempo que ele esteve conosco, presenciando um ínfimo tempo, um recorte do complexo cotidiano, foi suficiente para desencadear aprendizagens sobre o que, de fato, estava sendo vivido pelas crianças? Eram reflexões que comumente aconteciam e que acabavam sendo vencidas pela certeza de tentar diariamente fazer o melhor possível pelas crianças, e torcia para que os estagiários tivessem ao menos capturado, nem que fosse de modo vago, as razões de nossos fazeres, a fundamentação, os pilares que sustentavam nossa prática.

O convite para estar com os estudantes do curso de Pedagogia da UFF no contexto de um componente curricular que seria o estágio docente e que, por razões impostas pela pandemia de Covid-19, não pôde ser desenvolvido presencialmente, pareceu-me uma rica oportunidade para dar destaque às tantas aprendizagens que vinha construindo junto com as crianças, às tantas experiências que, ao longo dos anos, foram me constituindo professora de bebês. O espaço de encontro para falar de educação infantil, trazendo as cores, os sabores, as formas, os sons do cotidiano de uma unidade de educação infantil pública, apresentando os fundamentos que sustentam a prática, poderia, sim, abrir a conversa para as reflexões que considero fundamentais aos futuros professores, e que por tantas vezes desejei partilhar com os estagiários que recebia. Não era uma situação ideal. Ao contrário, era uma situação que trazia dor, como já escrevi. Mas, como na prática pedagógica, precisávamos aproveitar todas as oportunidades e transformar em possibilidade o que era limite.

Tanto eu poderia falar sobre essas oportunidades de encontro com duas turmas de estudantes-estagiários do curso de Pedagogia da UFF, no primeiro e no segundo semestres de 2020! A gratidão pelo convite, pela confiança e pelo encorajamento recebido da professora, tão querida; a escuta atenta, a interação e as pertinentes colocações dos estudantes. Essas e outras são, sem dúvida, lembranças e emoções reais que carregarei para sempre em minha bagagem, como uma experiência que contribuiu significativamente para minha constituição profissional. Afinal, desde a seleção das imagens e a organização do conteúdo a ser apresentado nos encontros com os estudantes, vivi a oportunidade de reflexão e avaliação da minha prática, pude fazer parte dessa grande aventura coletiva de partilha, que a educação nos oportuniza, como elucidado por Rubens Alves no início deste capítulo. É, realmente, em tudo na vida, temos um lado bom e outro ruim, como no *yin-yang*.[3] Esses encontros com os estudantes na universidade e sua potência estão, certamente, na listinha dos escassos acontecimentos e das escassas experiências que foram bons na desafiadora fase pandêmica. Com muita humildade, já que ainda há tanto, e sempre haverá, a viver, estudar, refletir, (des)construir, (re)aprender, poder compartilhar parte do vivido e pensado até aqui e abordar a inteireza do cotidiano na educação infantil com atendimento em horário integral foi, para mim, sem dúvida, um verdadeiro privilégio. Uma inesquecível troca.

Lembro que, em relação ao respeito necessário ao combinar com a criança a troca de fraldas, uma das estudantes contribuiu com uma fala

3. Na cultura chinesa, par de forças ou princípios fundamentais do universo, ao mesmo tempo antagônicos e complementares, em perpétua oscilação de predominância (supremacia relativa ou passageira do *yin* ou do *yang*), presentes nas manifestações orgânicas, psicológicas e sociais do ser humano e na dimensão inorgânica da natureza.

sobre respeito ao próprio corpo e ao corpo do outro. Como foi rica a reflexão coletiva sobre o quanto é necessário conversar com as crianças, desde sempre, sobre esse assunto. Essa colocação certamente enriqueceu muito a conversa sobre troca de fraldas. Que rica complementação! Lembro, ainda, de outra estudante que compartilhou, na roda de conversa, o fato de os bebês reproduzirem as atitudes dos que convivem com eles, como foi válido refletirmos sobre o quanto temos de cuidar de nossas palavras, nossos gestos e nossos procedimentos ao estar com as crianças. Um outro estudante questionava sobre até onde o PPP contemplava e embasava algumas das mediações abordadas. Que riqueza refletir sobre a importância da participação ativa na construção coletiva desse documento, e ainda sobre não aceitarmos que esteja "engavetado", mas que seja vivo, continuamente (re)visitado e reescrito sempre que necessário para que, de fato, retrate as concepções de criança praticadas na instituição. Essas representaram mais algumas comprovações de que assuntos relevantes para a educação infantil estão extremamente interligados. Um assunto vai se desdobrando em outros igualmente importantes e dignos de reflexão, e a soma deles reflete em melhores condições de atendimento às crianças, que são a prioridade.

Como foi bonito, importante e significativo ver assuntos tão caros ao meu cotidiano educativo com as crianças serem alvo de reflexões e trocas entre a educação básica e a universidade. Que auspiciosa essa aproximação! Muitas cabeças refletindo, com olhares de ângulos diferentes, mas com um mesmo objetivo: a criança. São muitas lembranças e muita gratidão que me fazem ter ainda mais certeza de que juntos somos mais fortes! Viva a aventura coletiva de partilhas! Viva a educação como encontro e diálogo!

Referências bibliográficas

ALVES, R. (2012). *A escola com que sempre sonhei sem imaginar que pudesse existir.* 13ª ed. Campinas: Papirus.

BANYAI, I. (2002). *Zoom.* São Paulo: Brinque-Book.

BENJAMIN, W. (2002). *Reflexões sobre a criança, o brinquedo e a educação*. Trad. Marcus Vinicius Mazzari. São Paulo: Duas Cidades/Editora 34.

EDWARDS, C.; GANDINI, L. e FORMAN, G. (2016). *As cem linguagens da criança: A abordagem de Reggio Emilia na educação da primeira infância*. Porto Alegre: Penso.

GANDINI, L. *et al.* (2012). *O papel do ateliê na educação infantil: A inspiração de Reggio Emilia*. Porto Alegre: Penso.

GUIMARÃES, D. (2011). *Relações entre bebês e adultos na creche: O cuidado como ética*. São Paulo: Cortez.

HOLM, A.M. (2005). *Fazer e pensar arte*. São Paulo: Museu de Arte Moderna de São Paulo.

FOCHI, P. (2015). *Afinal, o que os bebês fazem no berçário?*. Porto Alegre: Penso.

FORMAN, G. *et al.* (2016). "Cidade na neve: Aplicação da abordagem multissimbólica em Massachusetts". *In*: EDWARDS, C.; GANDINI, L. e FORMAN, G. (2016). *As cem linguagens da criança: A abordagem de Reggio Emilia na educação da primeira infância*. Porto Alegre: Penso, pp. 232-251.

MAGDALENO, A.B. (2000). 'Por encanto, cantando contos... Histórias de um projeto de trabalho". *In*: OSTETTO, L.E. (org.). *Encontros e encantamentos na educação infantil: Partilhando experiências de estágio*. Campinas: Papirus, pp. 83-97.

MALAGUZZI, L. (2016). "História, ideias e filosofia básica". *In*: EDWARDS, C.; GANDINI, L. e FORMAN, G. *As cem linguagens da criança: A abordagem de Reggio Emilia na educação da primeira infância*. Porto Alegre: Penso, pp. 59-104.

NITERÓI. SECRETARIA MUNCIPAL DE EDUCAÇÃO. FUNDAÇÃO MUNICIPAL DE EDUCAÇÃO (2010). *Referenciais curriculares para Rede Municipal de Ensino de Niterói: Educação infantil, uma construção coletiva*. Niterói: FME.

OSTETTO, L.E. (2000). *Encontros e encantamentos na educação infantil*. Campinas: Papirus.

________ (2017). "No tecido da documentação, memória, identidade e beleza". *In*: OSTETTO, L.E. (org.). *Registros na educação infantil: Pesquisa e prática pedagógica*. Campinas: Papirus, pp. 19-53.

OSTETTO, L.E. (org.) (2012). *Educação infantil: Saberes e fazeres da formação de professores*. 5ª ed. Campinas: Papirus.

OSTETTO, L.E. e LEITE, M.I. (2004). *Arte, infância e formação de professores: Autoria e transgressão*. Campinas: Papirus.

OSTROWER, F. (2014). *Criatividade e processos de criação*. 30ª ed. Petrópolis: Vozes.

PIORSKI, G. (2016). *Brinquedos do chão: A natureza, o imaginário e o brincar*. São Paulo: Peirópolis.

RITSCHER, P. e STACCIOLI, G. (2017). "Um laboratório da maravilha: Marcas do cotidiano para a construção de uma pedagogia que acolhe o universo das crianças". Entrevista realizada por Paulo Fochi. [Disponível na internet: https://www.researchgate.net/publication/322132011_Um_laboratorio_da_maravilha_marcas_do_cotidiano_para_a_construcao_de_uma_pedagogia_que_acolhe_o_universo_das_criancas, acesso em 11/6/2021.]

STACCIOLI, G. (2013). *Diário de acolhimento na escola da infância.* Campinas: Autores Associados.

13
QUANDO É PRECISO REFLORESTAR A IMAGINAÇÃO: ENCANTAMENTO, ESCUTA E REINVENÇÃO DOS CAMINHOS DOCENTES

Roberta Ferreira de Souza Vilela
Mariana Soler C. Carvalho

Este capítulo conta a história de duas professoras que atuam na Unidade Municipal de Educação Infantil (Umei) Rosalda Paim, localizada no centro de Niterói, no Rio de Janeiro. Aqui, falamos de encantamentos – com a educação infantil, com a beleza do encontro, com as possibilidades da vida; de escuta – como prática necessária à atuação docente e de reinvenção – que implica desafio, aprendizagem diante do novo, do desconhecido.

Articulando encantamento, escuta e reinvenção, está a ideia de "reflorestar a imaginação" (Núñez 2020). É nessa direção que vai nossa escrita, que começa com a narrativa de nosso encontro, antes mesmo de trabalharmos juntas na Umei Rosalda Paim, e segue até nos encontrarmos com as crianças, com as profissionais da escola e, por fim, com a turma de estudantes de Pedagogia da Universidade Federal Fluminense (UFF), justo no momento desafiador em que vivemos uma pandemia, que exigiu reflorestamento de imaginação.

Fomos convidadas para conversar com os estudantes no espaço do componente curricular Pesquisa e Prática Educativa II (PPE II) Educação Infantil, que estava sendo desenvolvido de maneira remota, via encontros virtuais. A proposta era compartilhar nossa prática docente e, para tanto, foi necessário organizarmos os temas, as questões, as experiências vividas com as crianças no dia a dia da educação infantil, e isso nos fez revisitar o começo de tudo.

Somos muito gratas por essa oportunidade que a vida nos proporcionou, a de poder contar esta história. Saiba que todas as vezes que contamos como se deu o nosso encontro, cheio de leveza, sincronia e simplicidade, nós nos emocionamos, pois ali estava nascendo uma grande amizade e uma parceria pedagógica que nos dá forças para recriar, a cada dia, a prática docente.

O primeiro encantamento: Educação infantil e o começo de uma amizade

Mais um ano estava se iniciando e, para nós, era um começo muito especial, pois trazia consigo a realização de um grande sonho, daquele tipo que a gente coloca no papel e vai à luta para conquistar, sabe? Era janeiro de 2019, finalmente, havíamos sido convocadas para assumir nossa primeira matrícula como professoras concursadas no município de Niterói. Então, você pode imaginar como estavam os nossos corações, não é? Pulsavam felicidade!

O cenário em que nossos caminhos e nossas trajetórias profissionais começavam a se entrelaçar: a fila de espera para entrega de documentos na Fundação Municipal de Educação (FME). Enquanto esperávamos que nos chamassem, fomos conversando e tivemos uma conexão imediata, partilhamos nossos sentimentos que, naquele momento, eram os mais variados: a imensa alegria de, enfim, termos sido convocadas após o concurso que fizemos em 2016 para professor de educação infantil e anos iniciais do ensino fundamental; as expectativas de como seria o nosso fazer pedagógico na escola; os medos e os desafios que estavam por vir.

Falamos, também, sobre o dia da escolha de vaga, quando poderíamos optar por trabalhar com a educação infantil ou com o ensino fundamental. Trocamos impressões e ideias sobre isso: uma de nós estava muito tentada a escolher o ensino fundamental, pois a maior parte da sua experiência profissional fora acompanhando adolescentes, jovens e adultos por meio da pedagogia empresarial; a outra, que há dez anos já vinha trabalhando com a educação infantil, compartilhou seu amor pelo trabalho com as crianças pequenas e não tinha dúvidas de que escolheria uma unidade de educação infantil. Essa breve troca sobre nossas experiências, e a certeza de que as relações afetivas são parte intrínseca do trabalho com crianças, especialmente as pequenas, já apontava que, se tivéssemos chance, escolheríamos atuar com a educação infantil.

Continuamos a conversa e chegamos à questão de a educação infantil de Niterói se diferenciar da maioria dos sistemas de ensino público municipais e privados de nosso país, por apresentar uma estrutura pedagógica na qual as turmas são regidas, nas unidades de período integral, por duas professoras simultaneamente, o que chamamos de bidocência. A ação de implementar essa organização escolar diz muito sobre a concepção de infância e criança em que o município acredita e que defende. Eis mais um motivo que nos impulsionava a escolher a educação infantil para nossa atuação.

A prática educativa sustentada na bidocência nega a mais comum estrutura educacional, em que existe a presença de um professor para educar e um auxiliar para cuidar, pois compreende que a ação docente, principalmente nessa fase da vida, precisa do olhar atento e sensível de dois professores concursados e com suas respectivas formações. Uma prática educativa que aposta no caminhar junto, no trabalho coletivo que acolhe as afinidades e respeita as diferenças para associar os objetivos de educar e cuidar em todos os momentos do cotidiano. Tal estrutura permite enxergar a criança como cidadã, de voz ativa, protagonista e capaz de produzir conhecimento, sendo ela, e não o professor, o centro do processo educativo.

Você acredita que tudo isso aconteceu apenas no primeiro encontro? Pode acreditar! No dia da escolha de vaga, não nos encontramos. E imensas foram a surpresa e a alegria quando, em fevereiro, percebemos que faríamos parte da mesma equipe: ambas haviam escolhido a Umei Rosalda Paim para trabalhar.

O segundo encantamento: Conhecendo a Umei Rosalda Paim

> *Há escolas que são gaiolas. Há escolas que são asas. (...) Escolas que são asas não amam pássaros engaiolados. O que elas amam são os pássaros em voo. Existem para dar aos pássaros coragem para voar. Ensinar o voo, isso elas não podem fazer, porque o voo já nasce dentro dos pássaros. O voo não pode ser ensinado. Só pode ser encorajado.*
>
> Rubem Alves

No primeiro dia, por um momento, chegamos a pensar na possibilidade de compartilhar a bidocência, assumindo juntas um grupo de crianças, mas depois entendemos que, por estarmos chegando à escola, o mais razoável seria trabalharmos com professoras mais experientes, docentes que já atuavam na Umei e poderiam ser boas parceiras, ajudando-nos a entender a dinâmica da escola. E assim foi feito. Em nosso primeiro ano, trabalhamos com profissionais incríveis, que nos ajudaram a entender como era ser professora nessa escola que achamos muito diferente de tudo o que já tínhamos vivido como docentes.

Com o tempo, fomos percebendo as peculiaridades da Umei Rosalda Paim. Nessa unidade de educação infantil, as crianças não fazem fila para entrar e sair da sala; as atividades não são realizadas todas de forma coletiva, em que todos ao mesmo tempo têm de cumprir as tarefas propostas; a professora não é considerada a única com saberes a partilhar; as crianças não utilizam cadernos e folhinhas com atividades prontas; não há carteiras individuais enfileiradas; as salas e os murais não estão ornamentados com imagens de E.V.A. feitas pelas professoras; a escola não segue um modelo curricular baseado em efemérides, entre tantas outras descobertas que, nos primeiros momentos, causaram estranhamento.

Na contramão dessas concepções, que tradicionalmente embasam o trabalho com as crianças pequenas, fomos impactadas com o jeito "Rosalda" de pensar a prática educativa. Parecia que Rubem Alves (2001) vinha nos visitar com sua poesia: estava muito claro que essa escola não queria ser gaiola, e sim asa. Com a mediação das professoras, as crianças podiam transitar nos espaços da forma como mais se sentiam à vontade. Cada criança em seu tempo podia descobrir a potência de seu corpo, sem aprisioná-lo.

A organização espacial foi outro elemento que, desde o início, chamou nossa atenção. A proposta era construir, na sala de referência dos grupos, um ambiente acolhedor com vários cantos, nos quais as crianças pudessem interagir, sem a intervenção (ou o controle) do adulto o tempo todo. Esse jeito de organizar a sala, inspirado na presença de zonas circunscritas, trazia um convite à participação ativa de todos, adultos e crianças. As professoras planejam esse ambiente para receber as crianças e também planejam com elas os cantos, com base nos interesses e nas peculiaridades do grupo. Havia ali, na organização do espaço, um cuidado estético tão profundo, que, ao entrar nele, todos os nossos sentidos eram aguçados, gerando uma sensação de aconchego e o desejo de estar ali.

O mais interessante é que as professoras organizavam esse ambiente com afetividade para acolher as crianças, mas não faziam tudo por elas. Muito pelo contrário. A partir do primeiro dia do ano letivo, quando conheciam as suas salas, as crianças passavam a construir seu pertencimento a esse mundo, que, pouco a pouco, ia sendo marcado pela autoria infantil. A tentativa, no trabalho docente, era construir um espaço-mundo em que os fazeres das crianças fossem respeitados, sua voz ou silêncio fossem escutados, sua produção fosse valorizada. O espaço é um educador e o olhar atento passa a balizar as interlocuções das professoras com as crianças, acreditando no potencial criativo delas.

A cada dia que passava, íamos compreendendo a organização do currículo da Umei, percebíamos os eixos temáticos que o sustentam, tais como literatura, arte e natureza. A aprendizagem ia acontecendo em contextos pedagógicos por meio das interações e das brincadeiras, planejadas e realizadas com intencionalidade, de modo que a maior preocupação da equipe gestora era proporcionar um espaço onde as vozes das crianças tivessem espaço e fossem acolhidas, que a vida fosse afirmada, com o desenvolver de novas relações e aprendizagens, na mediação do adulto, parceiro com mais experiência, que organiza, propõe, cuida, orienta, mas não perde de vista o centro da ação docente: a criança.

Vivemos momentos de muito aprendizado e observação durante aquele ano de 2019. Foi um período em que fomos captando a essência da escola, fomos percebendo que havia ali um projeto que orientava o caminho. Continuávamos encantadas, mas tínhamos um sonho que pulsava: formar uma parceria de trabalho em 2020.

O terceiro encantamento: O sonho da docência compartilhada

A equipe gestora da escola é muito aberta ao diálogo e sempre, ao final de cada ano letivo, chama cada funcionário para uma conversa miúda. Juntos, fazem o balanço do ano vivido e também têm a oportunidade de falar sobre desejos e expectativas para o ano que está por vir. Ao final de 2019, claro que expressamos o nosso desejo de trabalharmos juntas, considerando nossas afinidades.

O tão esperado ano de 2020 chegou e, no primeiro dia de volta ao trabalho, a equipe gestora fez o anúncio das duplas de trabalho e dos Greis. Essa é uma tarefa árdua para a pedagoga e as diretoras, que, além de nos ouvir, também ponderam muitos outros aspectos, afinal, compor uma parceria envolve questões formativas, culturais, afetivas e de concepção pedagógica. Estávamos apreensivas e esperançosas. E, sim, fomos presenteadas com essa parceria e com um grupo de crianças com o qual uma de nós já tinha atuado no ano anterior. A alegria foi tão grande, que ficou estampada em nossos rostos. Não imaginávamos quantas coisas lindas e também difíceis viveríamos a partir daquele dia.

O quarto encantamento: O Grei 5A e a descoberta das aranhas

As crianças do Grupo de Referência de Educação Infantil (Grei) 5A, que já estavam juntas desde o ano anterior, viveram muitas experiências na natureza e se encantaram. Com olhares sensíveis e curiosos, exploravam o pequeno espaço aberto existente na escola, onde três árvores residem, o sol bate e pedrinhas e areia cobrem o chão. Naquele ano, observaram e exploraram lagartas, casulos, borboletas, abelhas; colheram folhas, sementes, pedras e galhos. Em contato com esses elementos, a imaginação e a criatividade puderam fluir e um trabalho cheio de potência foi nascendo e foi desenvolvido ao longo do ano de 2019.

Sabendo das aventuras que as crianças do grupo viveram no ano anterior, já nos primeiros dias notávamos a curiosidade pelos espaços abertos, por tudo que as rodeava. Estar com elas despertou em nós outro jeito de compreender as infâncias e a escola, especialmente se consideramos a educação das crianças pequenas como uma fase diferente da vida, que necessita e merece muita atenção, cuidado, afeto e respeito. É a prática cotidiana que tem nos mostrado que há possibilidade de sonhar e viver projetos e ações pautados nesses valores.

Com base nesse outro jeito de ver a educação infantil, passamos a refletir cada vez mais sobre a nossa prática, perguntando-nos: como colocar a criança no centro do processo pedagógico? Responder a essa pergunta não é fácil; exige busca, diálogo com teóricos, exercício de documentar e registar as ações pedagógicas. Na nossa busca, estudamos, experimentamos observar as crianças, ter uma escuta atenta aos seus interesses para, então, proporcionar ações que pudessem diversificar seu repertório cultural e ampliar os conhecimentos de si e do mundo.

Com isso, passamos a desconstruir conceitos preestabelecidos sobre as infâncias e nos colocamos como interlocutoras da aprendizagem, entendendo que ser professor não é impor ideias e vontades ao grupo, e que tampouco se trata de conduzir o grupo de crianças baseadas em ações espontaneístas. É, sim, manter-nos sensíveis para perceber especificidades, procurando escutar as crianças e seus interesses, planejando ações com intencionalidade.

E por falar em interesse... veja se consegue responder à pergunta: é possível maravilhar-se com uma aranha? Antes da experiência que vivenciamos com esse aracnídeo, talvez respondêssemos que não, por conta do medo que esse animal provoca em nós. Porém, certo dia, percebemos as crianças entusiasmadas ao avistar o bicho tecendo sua teia na parede do pátio da escola. Era tanto o encantamento delas, que ficamos imediatamente maravilhadas e contagiadas com tamanha euforia! Era apenas o primeiro dia letivo do ano de 2020, e já fomos presenteadas com essa aparição tão singela e, por vezes, ignorada por nós, adultos, no cotidiano, mas que pode ser tão significativa para as crianças.

Envolvidas pelo encantamento, as crianças ainda estavam no pátio quando surgiram as primeiras perguntas, que revelavam suas hipóteses, o que conheciam e o que pensavam sobre a aranha. Tem quantas patas? Quatro? Cinco? Como elas produzem suas teias? Com as patas? Estávamos começando a jornada e, claro, aproveitamos o levantamento dessas primeiras questões, que também demonstravam curiosidade. Vamos pesquisar! Pesquisamos juntos, assistimos a um vídeo em que uma criança contava algumas curiosidades sobre as aranhas: ficaram surpresas ao descobrir que tinham oito patas e teciam suas teias através das fiandeiras e que existem muitas espécies do animal.

Depois das primeiras hipóteses levantadas, muitas outras questões se apresentaram: as aranhas têm olhos e boca? Se elas nos picam, a gente morre? Existem muitos tipos de aranhas? Como é formado o corpo da aranha? Fomos fazendo o registro de todas as perguntas, as hipóteses e as conversas que tínhamos nas rodinhas em nosso blocão (uma espécie de quadro móvel, feito com algumas folhas de cartolina, presas por uma fita, que depois é pendurado na parede). As curiosidades aumentavam. Então, começamos a buscar na literatura, nas artes, na natureza e nos vídeos materiais que pudessem dialogar conosco sobre o tema.

O assunto era tão empolgante e pulsante entre nós, que as crianças não queriam descer para o parquinho após a rodinha de conversa e a pesquisa. Elas pediam para desenhar aranhas no papel, na lousa; apoiamos a proposta e, após desenharem, fotografamos e expusemos em sala suas produções. Escolhemos três espécies muito intrigantes para estudar: armadeira, marrom e viúva negra. Elas ficaram encantadas com a história da viúva negra, que matava o marido com o seu veneno. Logo a história se desdobrou em uma produção coletiva, com direito à eleição de um nome para a aranha, que foi chamada de Duda. Todos nós estávamos empolgados e imaginávamos viver muitas experiências.

Estávamos iniciando a parceria que tanto desejamos, tínhamos tantas coisas para refletir, tantos planos, nossa cabeça fervilhava, nosso coração estava a mil e, de repente, sem aviso prévio, deparamo-nos com a interrupção abrupta do nosso trabalho em razão da pandemia do novo coronavírus.

O dia 13 de março de 2020 ficou marcado em nossos corações. Precisamos nos afastar da escola e, inicialmente, achávamos que seria por 15 dias. Não tínhamos, naquele momento, a dimensão da gravidade do que estava por vir.

Um vírus, o medo, o distanciamento: Mudança de rumos

Os dias foram se passando e cada vez ficava mais difícil a possibilidade de um retorno presencial. O medo se instalou no mundo e em nossos corações. Era necessário que ficássemos recolhidos em nossas casas, junto com nossas famílias.

A partir dessa situação inesperada, passamos a rever os nossos planos e a reavaliar o nosso trabalho. Tivemos de refinar ainda mais a nossa escuta para acolher os sentimentos, as necessidades e as vivências das crianças e de suas famílias nesse momento. A forma brusca com que fomos afastados do convívio da escola, o medo da doença, as perdas vividas, as experiências de luto eram questões que precisavam ser tratadas de maneira especial.

Nunca foi possível ignorar as questões emocionais que envolvem a relação entre crianças e adultos, mas a situação que se apresentou mostrou que reconhecer o quanto a emoção faz parte das nossas vivências era imprescindível e urgente. Por isso, a nossa intenção era reencontrar as crianças com alegria, leveza e esperança. Fomos percebendo, com o passar dos dias, como era grande o nosso desafio: para que pudéssemos alcançar as crianças, precisávamos encontrar maneiras de nos aproximar cada vez mais dos familiares e responsáveis, pois, agora, já não tínhamos o livre acesso que a escola presencial nos proporciona.

Precisamos confessar que aprender a lidar com a circunstância e percorrer esses novos caminhos não foi tarefa fácil. Resistimos, sofremos, angustiamo-nos, mas conseguimos nos apoiar e, juntas, reinventamo-nos em prol do nosso sonho maior: uma educação infantil em que as crianças possam viver plenamente suas infâncias.

Aí vieram os questionamentos: como faríamos para que essa escola sonhada não se perdesse em meio ao caos que estávamos vivendo? Como manter o vínculo com nossas crianças? Eram muitas perguntas que só conseguiríamos responder pensando junto com toda a equipe da Umei Rosalda Paim. A frase "Juntos somos mais fortes!" nunca fez tanto sentido para nós.

Foi preciso organizar o trabalho pedagógico considerando outras formas de interações e brincadeiras. Não foi fácil! Os desafios foram muitos, precisamos nos reinventar, mas, aos poucos, coletivamente, encontramos uma forma de manter o vínculo com as crianças e suas famílias, de manter viva a memória de seus amigos, do espaço escolar e das professoras.

Foi preciso transformar e, para transformar, foi necessário escutar

> *Ouvir é uma faculdade sensorial e passiva, escutar exige receptividade, mas é, sobretudo, uma atividade. Escutar é uma disposição a reverberar, pontuar, ecoar, tencionar ou participar da fala do outro.*
> Christian Dunker e Cláudio Thebas

A escuta pelas janelinhas virtuais

As reuniões de planejamento coletivo que sempre aconteciam às quartas-feiras, presencialmente, agora seriam realizadas de forma remota. Esse processo de adaptação foi muito difícil, tantos medos e questionamentos surgiram. Mas a equipe se uniu através das janelinhas virtuais, iniciando um processo de escuta, acolhimento e reflexão sobre os nossos medos, as nossas coragens e as nossas expectativas de futuro.

Conversamos sobre o vírus e as formas de prevenção, fizemos uma campanha com toda a comunidade escolar, promovendo o uso da máscara e do álcool em gel, orientamos o isolamento e o distanciamento social. Porém, a nossa escuta do outro começou a ser construída quando a equipe gestora nos convidou a recitar poemas de Roseana Murray, escritora que foi escolhida para ser homenageada em 2020 pela Umei.

> Troca-se um homem aranha de mentira
> Por uma aranha de verdade.
> Uma aranha competente
> Que teça belas teias transparentes,
> Que pegue moscas, mosquitos
> E não entenda nada de bandidos.
> Uma aranha que seja
> Uma aranha simplesmente.
> (Murray 2010)

Em meio aos desafios vivenciados em tempos tão difíceis, marcados por incertezas, tivemos a oportunidade de encontrar a poesia, o que acalentou nossas vidas e plantou em nossos corações a semente da esperança em dias melhores. Essa ação emocionante se desdobrou na confecção e na ornamentação de mandalas individuais. De um lado, registramos uma palavra que representasse o nosso medo e, do outro, a nossa coragem. Foi um período de reflexão criativa e empática, que nos ajudou a escutar os medos e as coragens dos outros e a falar sobre os nossos. A poesia conseguiu nos oferecer a força necessária para continuarmos nossa caminhada.

Nesse momento delicado, sentimos que nossas dores e nossas angústias foram acolhidas com respeito, empatia e sensibilidade. A equipe gestora nos acolheu, adentrando nossas casas pelas janelas virtuais. Nenhum funcionário da Rosalda Paim ficou de fora desses encontros, pelo contrário, o convite se estendeu a todos: cozinheiros, equipe administrativa e limpeza e professoras.

A cada encontro, estávamos nutrindo esperanças, formando-nos e fortalecendo, como um grupo de educadores, independentemente das nossas funções dentro da escola. Nós nos sentimos ouvidas, e isso representava muito mais do que uma reunião de planejamento da área educacional, era um espaço de interação, afetividade e segurança.

Foi nesse contexto que inúmeras oportunidades de novos processos formativos docentes se anunciaram e são eles que nos ajudam a contar esta história, dando início a um processo de conhecimento de nós e do outro com o intuito de reflorestarmos pensamentos, atitudes e relações mais transparentes e potáveis.

O pontapé inicial se deu com a leitura e a discussão dos referenciais para a educação infantil na nossa escola. Também acompanhamos o nascimento do Coletivo de Educação Infantil de Niterói em maio de 2020, um espaço virtual com reuniões semanais através do Facebook ou do Meet, em que profissionais e pesquisadores da área de educação infantil em Niterói e outros municípios, de escolas públicas e privadas, de universidades, de diferentes formações e funções constituíram um movimento social em que os participantes traziam para debate suas posições e suas preocupações sobre o momento que vivemos, dedicando-se a pensar coletivamente a educação infantil nesse tempo de excepcionalidade trazido pela pandemia.

Também participamos do curso de extensão "Infâncias brasileiras", promovido pelo Nina/Unirio em parceria com a FME. Foram sete encontros repletos de aprendizados e reflexões sobre a educação infantil, discutindo novos modos de viver, de educar e de reinventar a escola. O curso nos apresentou formatos curriculares comprometidos com o livre brincar, a autonomia e a liberdade. Entendemos que ainda tínhamos um longo caminho a ser trilhado, mas começamos a perceber a importância de proporcionarmos à criança o aprendizado do cuidado de si, do outro e da natureza.

Estudamos juntos as Diretrizes Curriculares da Educação Infantil, da Educação Ambiental, da Educação Escolar Indígena e da Educação em Direitos Humanos, com vistas à criação de metodologias brincantes. Refletimos sobre os conflitos entre natureza e cultura, mente e corpo e sobre os efeitos dessas separações nas concepções e nas práticas escolares.

É possível pensar em uma educação para a liberdade e no desejo das crianças. Elas são capazes de escolher no que estão interessadas em brincar e nós, educadores, precisamos refletir a respeito de que tipo de material estamos oferecendo para potencializar essas brincadeiras. É preciso desemparedar a escola e repensar o currículo para atender aos diferentes tipos de infâncias.

O curso nos permitiu dialogar com o processo de escrita do nosso próprio PPP. Para isso, fomos convidados a revisitar o documento e refletir sobre quais são os referenciais que marcam a identidade da nossa Umei. Partimos do pressuposto de que historicamente o corpo foi negado na sociedade. A razão foi supervalorizada e a emoção ficou em segundo plano. O teórico ficou mais presente que o prático. As instituições escolares até hoje constroem conhecimento com pouca participação corporal. Geralmente, o ensino é obediente, estático, em fila e calado. Essa educação não é aquela em que acreditamos para as crianças. A educação infantil precisa ser lúdica, ter movimento e criatividade.

A escuta da criança: Aprendizagem

> *Coloque-se de lado por um momento e deixe espaço para aprender, observe cuidadosamente o que as crianças fazem e então, se você entendeu bem, talvez ensine de um modo diferente de antes.*
>
> Loris Malaguzzi

Comunicamo-nos por gestos, olhares e todas as emoções que transbordam de nosso corpo. Não é um corpo mecânico. O corpo expressa a personalidade, a cultura, o momento histórico e político dos seres humanos. É impossível a separação de mente e corpo.

Então, perguntamo-nos, o que define um corpo? De acordo com Núñez (2020), há inúmeras definições, antigas e atuais. Ele fala de um autor, Merleau-Ponty, que chama atenção para a reflexibilidade como fundamento corpóreo. Por exemplo: se escuto, sou escutada e me percebo escutando, há aí um processo de três dimensões. Essa violência, essa separação de corpo e mente causa a quebra da reflexibilidade, da reciprocidade.

Na educação infantil, a construção do conhecimento acontece, na sua essência, por meio de expressões corporais, jogos e brincadeiras. É preciso que o profissional de educação infantil entenda o seu papel social, a fim de permitir que a criança se expresse, explore e brinque com brinquedos e brincadeiras que possibilitem as descobertas desse corpo, tais como: alto/baixo, frente/trás, perto/longe, sucatas, materiais reciclados e não estruturados. Assim, a criança pode explorar a si própria como corpo, o outro e o espaço. Porém, por vezes, nós, educadores, estamos tão preocupados em controlar as ações e seguir o planejamento que não escutamos as crianças, os seus desejos, hipóteses e pesquisas.

Não há como entender a criança como produtora de conhecimento. É um corpo domesticado, apenas de pés calçados e no chão de cimento, pouco ou nenhum contato com a natureza. É muito tempo trancafiada dentro da sala de aula. Para que a criança possa desfrutar de todas essas possibilidades corpóreas a que tem direito, precisamos apresentar outros ambientes e espaços naturais. Segundo Léa Tiriba,[1] é necessário desemparedá-las para que elas se sintam parte da natureza e não superiores. O desemparedamento potencializa, desnaturaliza as rotinas e faz com que as crianças aprendam em estado de liberdade.

Nós, professores, precisamos pensar em atividades em que as crianças possam conhecer o seu corpo, deixá-lo livre, experimentar sensações, ter contato com diversos elementos como água e terra, por

---

1. Anotações pessoais de palestra proferida pela professora Léa Tiriba, no curso *on-line* "Infâncias brasileira", realizado no dia 21/10/2020 pelo Núcleo Infâncias Natureza e Arte (Nina-Unirio), em parceria com a Secretaria de Educação de Niterói/RJ, através do aplicativo Sympla.

exemplo. Propor possibilidades que tenham significado para as crianças, para que possam não somente explorar seu corpo, mas também guardar memórias da infância.

Assim, os processos formativos foram ganhando corpo e movimento, o que nos possibilitou um mergulho em nós mesmos. Tivemos a chance de conhecer as nossas motivações e as nossas necessidades mais autênticas. Começamos a construir uma ponte com o autoconhecimento, o elo com o abraço que não podia ser dado fisicamente, e por vezes foi feito virtualmente. Fomos encontrando guarida e aconchego uma na outra.

Com isso, a vontade de buscar conhecimento nesse campo da escuta foi crescendo e nos colocamos disponíveis para exercitá-la, primeiro, entre nós. Por isso, fomos tecendo juntas um sistema de apoio mútuo, em que era possível expressarmos as nossas necessidades. Reuníamo-nos com periodicidade para expor e compartilhar os nossos medos, os nossos anseios, os nossos questionamentos e as nossas reflexões, e essa teia formada por uma escuta empática foi se fortalecendo a ponto de poder oferecer a empatia e o acolhimento necessários às nossas crianças. Entendemos que a escuta empática é uma oportunidade para o nosso desenvolvimento pessoal e interpessoal, pois, ao estender a mão ao outro, estamos permitindo a expressão dos nossos potenciais e aprimorando os nossos pontos de desenvolvimento.

Envolvidas com a aprendizagem que os novos tempos impunham, estávamos atentas a toda oportunidade de vivenciarmos experiências de escuta empática. Compartilhamos aqui uma história de escuta, vivida com uma criança do nosso grupo durante os primeiros contatos virtuais.

Tudo começou quando, tentando resgatar um pouco da história vivida presencialmente, a qual já narramos, enviamos um vídeo para as crianças, contando uma história sobre aranha. Como proposta de interação, solicitamos que as crianças desenhassem as suas aranhas. Um menino nos enviou uma foto com o seu desenho e também um áudio no qual dizia: "Tias, eu não fiz a aranha certa, como a da história. Mas fiz a minha aranha. Do meu jeito, tudo bem?".

Era um desenho de uma "astroaranha", com cabelo multicolorido. Para compor o cenário, ele fez um céu de algodão doce, para adornar os seus sonhos nos dias ruins, considerando os tempos desafiadores que vivemos. Emocionadas, respondemos ao áudio dizendo que era isso mesmo, que o desenho tinha ficado do seu jeito e era *uma aranha de respeito*. "Ficou ótima! Parabéns!".

Da poética produção do menino, com seu desenho e suas palavras de autoria, nasceu uma poesia em nós:

> Olhe para trás, respeite!
> Se coloque no lugar do outro
> Esse mundo louco não te dá o direito de invadir outra vida, mexer na ferida
> Respeite a história vivida!
> Seja luz, dê guarida, atenção e acolhida
> Já tem gente demais perdida
> Não podemos ignorar estas partidas
> O sofrimento alheio é real, não é uma invenção para revelar o caos
> Olhe para trás, respeite!
> Cada um reage de um jeito
> O que é confortável para você pode doer em mim
> Seja refúgio e não estopim
> E se tudo escurecer, não pense que é o fim
> Se reinvente à la Jean Pierre
> Nosso querido menino da Rosalda Paim
> Que desenhou do seu jeito uma aranha de respeito
> Pintou num céu de algodão doce
> Uma astroaranha de cabelo multicolorido
> Para adornar os seus sonhos nos dias ruins
> Olhe para trás, respeite!
> E seja feliz agora
> Porque o amanhã pode não chegar
> Limpe o coração e só deixe ficar
> A maior beleza desta existência
> O amor que você tem para dar.

Essas palavras poéticas, que brotaram da interação virtual com as crianças no ano pandêmico de 2020, foram compartilhadas no encontro com os estudantes de Pedagogia da UFF, depois de nossas narrativas. Foi emocionante também.

Ao ensaiar a escuta, assustamo-nos com o convite para sermos escutadas

O nosso processo de estudo em torno do campo da escuta estava latente, pois, a cada formação, pesquisa e leitura que fazíamos acerca do assunto, ficávamos mais encantadas com a temática e com a descoberta de como isso é fundamental em nossa prática pedagógica, mas nunca havíamos imaginado que poderíamos estar do outro lado, sendo escutadas.

Ao longo de quase uma década, a Umei Rosalda Paim tem recebido estagiários do curso de Pedagogia para acompanhar o dia a dia do trabalho. O estágio é presencial, junto com professoras e crianças de cada grupo. Mas como isso seria feito em tempos de pandemia? Foi quando fomos surpreendidas por um convite: compartilhar com os estudantes-estagiários nossas práticas e nossas vivências. Os encontros seriam de forma remota. Ficamos impactadas! E vários questionamentos, medos e inseguranças surgiram: o que nós teríamos a dizer? Estávamos em processo de formação. Então, chegamos juntas à conclusão de que compartilharíamos o nosso inacabamento. Como inspiração, lembrávamos das palavras de Paulo Freire (2001, p. 55): "O inacabamento do ser ou sua inconclusão é próprio da experiência vital", pois "onde há vida, há inacabamento".

E assim foi feito. Organizamos uma apresentação com tudo o que achamos relevante e, ao final, percebemos quantas experiências enriquecedoras havíamos vivido. O encontro com os estagiários nos proporcionou um exercício de avaliação que revelou a potência da experiência. Participamos dessa dinâmica com duas turmas, nos dois semestres de 2020, e cada encontro com os grupos de estagiários permitiu novas reflexões e trocas.

Os encontros aconteceram de forma leve, apesar do nosso nervosismo. Quando começamos a compartilhar nossas experiências, nossos corações transbordaram amor, e assim foi mais fácil tentar mostrar um pouquinho da nossa história e do nosso trabalho, iniciado de forma presencial e continuado de forma remota.

Percebemos encantamento nos estagiários, o que nos encantou ainda mais e, então, fomos surpreendidas por mais um convite: duas estagiárias nos convidaram para uma conversa miúda, pois queriam conhecer um pouco mais a Umei Rosalda Paim, para um trabalho que estavam realizando em outra disciplina que cursavam. Combinamos um encontro virtual, que aconteceu em forma de bate-papo. Elas nos fizeram algumas perguntas e fomos compartilhando nosso fazer diário. Tivemos mais uma oportunidade de revisitar nosso trabalho e refletir sobre ele. O diálogo e a troca com os estudantes foram extremamente potentes, pois impulsionaram-nos a refletir sobre nossa prática e a valorizar nossos saberes e fazeres. Foi possível concluir que, quando a universidade se encontra com a educação básica, em diálogo, em escuta mútua, todos saem ganhando.

Essa foi uma nova forma de estarmos com os estagiários, de tentarmos contribuir para sua formação. Muitas vezes, quando eles estavam acompanhando presencialmente a rotina da Umei, não tínhamos oportunidade dessa conversa que conta sobre nós, sobre nosso cotidiano, nossas dificuldades e nossas pequenas vitórias, por conta da demanda corrida do nosso dia. Muitas vezes, gostaríamos de estar mais disponíveis para os estudantes que estão nesse processo tão importante de formação, mas precisávamos estar atentas às diferentes necessidades de cada criança.

A experiência dos encontros virtuais foi uma oportunidade de diálogo com a universidade, carregada de extrema importância para nossa formação continuada. Foi mais uma forma de alimentar nosso desejo de pesquisar e aprender mais sobre a educação infantil. Abrindo espaço para ampliar nossas reflexões, essa experiência permitiu afirmarmos que estamos em constante processo de aprendizagem e evolução. Nossos corações estão repletos de gratidão por todas as experiências enriquecedoras que vivemos.

Referências bibliográficas

ALVES, R. (2001). "Gaiolas e asas". *Folha de S.Paulo*, 5/12/2001. [Disponível na internet: https://www.revistaprosaversoearte.com/escolas-que-sao-asas-nao-amam-passaros-engaiolados-o-que-elas-amam-sao-os-passaros-em-voo-rubem-alves/, acesso em 20/8/2021.]

DUNKER, C.I.L. e THEBAS, C. (2019). *O palhaço e o psicanalista: Como escutar os outros pode transformar vidas*. 9ª ed. São Paulo: Planeta.

FREIRE, P. (2001). *Pedagogia da autonomia: Saberes necessários à prática educativa*. São Paulo: Paz e Terra.

MALAGUZZI, L. (1999). "Teorias de aprendizagem". *In*: EDWARDS, C.; GANDINI, L. e FORMAN, G. (orgs.). *As cem linguagens da criança: A abordagem de Reggio Emilia na educação da primeira infância*. Porto Alegre: Artmed.

MURRAY, R. (2010). *Classificados poéticos*. São Paulo: Moderna.

NÚÑEZ, G. (2020). "O que define um corpo?". [Disponível na internet: https://web.facebook.com/geni.nunezlonghini, acesso em 4/9/2021.]